中華文化思想叢書

中國文化概論
（修訂版）
下冊

張岱年、方克立　主編

目次

中編

第十章　中國古代藝術 ………………………………… 261

下冊

下編

第十五章　中國文化的類型和特點 ⋯⋯⋯⋯⋯⋯ 393

第十六章　中國文化的基本精神 ⋯⋯⋯⋯⋯⋯⋯ 423

第十一章
中國古代史學

第一節　中國古代史學是中國文化的寶藏

　　中華民族是具有深刻的歷史意識的民族。自這個民族跨進文明的門檻以來，經過封建社會漫長的發展道路，出現了眾多的歷史學家，豐富的歷史典籍，完備的修史制度，優良的史學傳統。

一　中國古代史學的光輝歷程

　　在文字出現之前，先民對歷史的記憶、認識和傳播，僅僅依靠口耳相傳，輔以結繩刻木，這種遠古的傳說是史學的源頭。有了文字、歷史記載方成為可能。卜辭和金文，是中國歷史上目前所知最早的歷史記載。卜辭是殷、周奴隸主貴族占卜的記錄，因刻於龜甲、獸骨之上，故稱甲骨文。金文因是鑄在銅器上的銘辭，故有銘文、鍾鼎文之稱。這些記載已包含時間、地點、人物、事件等後世歷史記載所必須具備的基本因素，因而可以被看做歷史記載的萌芽。負責記載的史官，擔當起草公文、記錄時事、保管文書之責，也擔任一些宗教活動，他們是最早的歷史學家。繼甲骨、金文之後，《尚書》是較早且更具有官書性質的歷史記載，所記皆殷、周王朝的大事。《詩經》是西周至春秋時期的詩歌總集，包含風、雅、頌三個部分。其中〈大雅〉裏的一些詩篇，反映周族和周王朝某些發展階段的傳說和歷史，可以視為史詩。

　　西周末年，周王室和各諸侯國都有了國史。春秋末年，孔子以魯國國史為基礎，編撰成《春秋》一書。《春秋》作為我國古代第一部編年史，它的出現具有劃時代的意義。孔子開創私人講學和私人撰史之風，開拓了中國史學的道路，是中國古代第一個大史學家。繼孔子之後，戰國時代，私人歷史撰述有了大的發展，最有代表性的是《左傳》、《國語》、《戰國策》。

　　如果說，先秦時期是中國史學的童年，那麼，秦漢時期則是中國史學成長時期。這一時期史學的顯著特點是規模鉅集富的紀傳體通史和斷代史的出現。《史記》創造了中國史學上紀傳體表現形式，以其規模宏大的通史概括了三千年社會經濟、政治、軍事、民族、思想、文化、社會風貌及各階層人物群像，從而奠定了中國古代史學發展的基礎。《史記》的「成一家之言」標誌著史學已卓然成為一家。班固因《史記》而撰《漢書》，斷代為史，由此開創了皇朝史撰述的先河。世以《史記》為通史的開山，《漢書》為斷代的初祖。紀傳一體，後世奉為圭臬，其發凡起例之功，不可輕視。此外，荀悅的《漢記》又創編年體斷代先例。還有劉向、劉歆父子的《別錄》、《七略》，是中國目錄學的開端。

　　魏晉南北朝時期，史學得到初步發展，私家修史之風盛行，史書極其繁富，門類廣泛，史學真正擺脫了經學附庸的地位而蔚為大觀。就史學門類言，除紀傳、編年外，又有民族史、地方史、家史、譜諜、別傳以及史論、史注等，顯示出史學多途發展的盎然生機。

　　隋唐五代時期，中國史學出現了重要轉折。統治階級重視修史，設館修史完善了史官制度，官修史書成績斐然。二十四部正史有八部成書於唐初，便是一個例證。當然，設館修史表明皇家對修史的壟斷，私修之風受到抑制。總結性著作的出現，是此期史學發展的又一個特點。劉知幾的《史通》、杜佑的《通典》為史學開闢了新路。

　　宋元時代，尤其是兩宋，史學發達，堪稱盛世。在通史撰述、當代史撰述和歷史文獻學方面都有巨大成就，在民族史、域外史、學術史和史學批評方面也取和重要成果。這一時期，史體廣泛，應有盡有。《資治通鑑》是編年體通史，袁樞新創紀事本末體，還有《通志》、《文獻通考》。方志在兩宋特別是南宋大量湧現。金石學是宋代學者開闢的新園地。官修實錄、國史、會要等書，皆較前代為詳。

　　明代史學同此前不同的是方志撰述的興盛和稗史的空前增多，經濟史撰述的繁富，以及史學的通俗化和歷史教育的廣泛展開，顯示出明代史學進一步走向社會深層的趨勢和特點。比如，明代學人通過對前人歷史撰述的節選、摘錄、重編，由此產生出來的節本、選本、摘錄本、類編本，以至蒙學讀物，對普及歷史教育有很大作用。

　　清代學風，以考據為盛，乾嘉時期是其黃金時代。乾嘉學者對中國有史以來的全部學術文化進行了一次最大規模的清理與總結，反映在史學方面，著述甚豐，學者如林。

二　史學在中國傳統文化中的地位

　　梁啟超在〈中國歷史研究法〉中說：「中國於各種學問中，惟史學為最發達；史學在世界各國中，惟中國為最發達」。此說符合歷史實際。中國古代史學是座瑰麗的寶庫，是中國古代文化的重要組成部分。中國傳統目錄學的發展是中國傳統文化發展狀況的反映。《隋志》著錄文化成果，四部分書，確定經、史、子、集的順序，由此直至清代編《四庫全書總目》，史書一直位居第二位，這一點足可看到史學在傳統文化中的地位。我們說中國是世界文明古國，正是因為她有著悠久的歷史和燦爛的古代文化，而這悠久的歷史和燦爛的古代文化，在很大程度上則是通過歷代的歷史學家記錄和保存下來的。歷史

著作作為史學的社會表現形態，具有記錄、綜合人類文化創造、積累和發展的職能。流傳至今的中國歷史文化典籍，諸如廿四史、正續通鑒、十通等，可說是中國古代文化的淵海，大都是古代史家的傑作。這說明一個事實：歷史著作涵蓋了中國文化的方方面面。不僅因為任何一個文化領域的具體部門本身都有其發生、發展的歷史，這發展史就是史學的具體研究對象，如經學史、哲學史、文學史、宗教史等，而且各具體門類，如文學、藝術、宗教等，也同史學發生密切關係，都要從歷史的研究中加以闡述。就中國古代史學而言，它深受儒家經學的影響、制約，長期以來，經學曾經是史學的指導思想，儒家的政治倫理是史書通過歷史經驗反覆闡明的史義。而史學之求真、經世的傳統也影響著儒家經學。以宗法色彩濃厚和君主專制制度高度發達為主要特徵的中國傳統社會政治結構，導致中國文化形成倫理型範式，突出地表現為「內聖外王」的心態，即「修齊治平」的人生理想和追求。在這裏，經史二者分別從倫理和歷史的層面互相補充地充當了中國傳統文化的重要內容。這種人文主義的文化，它既需要理論的概括，更需要歷史的印證。至少從隋唐以來，所謂經史之學便成了中國傳統學術的代名詞。中國古代史家特別注重史文，講求文字表述之美，文史結合成為優秀史家的傳統。可見，經史關係、文史關係甚至子史關係都是中國史家向來就十分關注的課題。對這些學問的把握以及它們彼此關係的瞭解，乃是中國學人最基本的文化素養。老一輩史學家，於經、於史、於子，皆功底深厚，故而在史學研究中，便能視野開闊，左右逢源，於學術的普遍聯繫中得出符合實際的結論。

第二節　中國古代史學的巨大成就

中國古代史學是一座瑰麗的寶庫，其內容之豐富，形式之多樣，

制度之完備，史家之傑出，理論之精善，在世界歷史上是僅見的。這充分說明中華民族是一個富於歷史傳統的民族。

一　豐富的內容多樣的形式

中國古代史學在其發展的光輝歷程中，湧現出數以百計的史家和浩如煙海的史籍。

豐富的歷史內容和多樣的表述形式之結合，是中國古代史學的特點和優點之一。

中國古代史籍分類的體制在《隋書・經籍志》裏大致確定下來。《隋志》析史書為十三類：正史、古史、雜史、霸史、起居注、舊事、職官、儀注、刑法、雜傳、地理、譜系、簿錄。此後不久，劉知幾以編年、紀傳為正史，另有「偏記小說」十品，即偏記、小錄、逸事、瑣言、郡書、家史、別傳、雜記、地理書、都邑簿。這說明，在初唐時期，中國史書的積纍已極繁富，分類亦相當細緻。

《隋志》史部的分類原則是內容和體裁的結合。正史指紀傳體。古史，多依《春秋》之體，《新唐書・藝文志》，即稱編年類。雜史，據《四庫全書總目》所釋，「義取乎兼包眾體，宏括殊名」，體例雜；內容所述大抵皆帝王之事，但不像正史那樣完整，且頗涉瑣事遺文入史，內容雜。《宋史・藝文志》稱別史。霸史，特指十六國的記注。起居注，指「錄紀人君言行動止之事」之書；《新唐書・藝文志》把歷朝實錄、詔令，都放在起居注類。舊事、職官、儀法、刑法大都是有關制度之書。雜傳是關於世俗、佛、道各種人物傳記。地理紀州郡、山川、物產、風俗，譜系紀姓氏，簿錄著文獻目錄。劉知幾探討史書源流，把唐以前史籍歸為六家，即《尚書》家，《春秋》家，《左傳》家，《國語》家，《史記》家，《漢書》家。六家演歸為二體，即

編年體、紀傳體，為史書最主要的體裁。隨著史學的發展，新的史體不斷出現。劉知幾撰《史通》，確立了史評體的規模。中晚唐有典制體、會要體的崛起。宋代創立了紀事本末體和綱目體。明清有學案、圖表、史論的發展。乾隆時期編《四庫全書總目》，其史部分類，較之《隋志》更為細緻。《總目》史部分為十五類，即正史、編年、紀事本末、別史、詔令奏議、傳記、史抄、載記、時令、地理、職官、政書、目錄、史評。總之，豐富的歷史內容和多樣的編纂形式的有機結合，全面地、連貫地反映了中國歷史的進程。比如，二十四史是一部珍貴的歷史巨著，它記載了上起傳說中的黃帝下迄明朝末年長達四千餘年的歷史，其中包括了中華民族發展史上的氏族公社制、奴隸制、封建制幾個歷史階段。它記事久遠，內容豐富，前後銜接，自成系統，包括了各個歷史時期的政治、經濟、軍事、民族、文化等各方面的大事，以及成千上萬的歷史人物，是一部貫通古今、包羅萬象的巨著。貫通古今、上下連接的各類史籍，為我們提供了豐富而系統的歷史資料，是研究中華民族歷史的基礎。

二　貫通古今的編年史

編年體是中國史書的主要體裁之一，它以時間為中心，依照年月順序記述史事。這種體裁的優點是史事和時間的緊密結合，給人以明確的時間觀念，容易明瞭史事發生、發展的時代背景及因果關係。中國歷史之有確切紀年是公元前八四一年，而在此之後，各諸侯國都有按年記事的編年史，這些編年史，大抵皆名為「春秋」，春秋即編年之意。當然也有別定他名的，如晉國稱「乘」，楚國稱「檮杌」。

《春秋》是我國現存最早的編年史，它以魯國為主，兼及周王室和其它諸侯國，是魯人系統敘述春秋時期歷史的著作。《春秋》原出

於魯國史官之手，後來經過孔子整理。孔子修《春秋》，體現了他的政治立場，達到「懲惡揚善」的目的，這就是「寓褒貶，別善惡」的春秋筆法。

《春秋》文句簡短，措詞隱晦。後來學者引申闡釋，出現各種解《春秋》的書，稱之為「傳」，《春秋》本文則稱為「經」。流傳下來的《左傳》、《公羊傳》、《梁傳》，合稱為「春秋三傳」。《左傳》的作者相傳為左丘明，全書十八萬字，用編年體的形式，比較翔實地記載了上自魯隱公元年（前公元722年），下迄魯悼公四年（前464年）共二五九年的歷史，是一部相當完備的編年史，具有珍貴的史料價值。

到東漢末年，荀悅的《漢紀》問世。《漢紀》是關於西漢一朝的編年體斷代史。荀悅在編年體的寫法上有所創新，在敘事時能突破時間界限，根據需要補敘前因或備述後果，且兼及同類人和事。這樣，如同紀傳一樣，備載歷史人物、歷史事件和典章制度，從而擴大了編年史記敘範圍，為編年史寫人找到了一條道路。袁宏的《後漢紀》也是一部斷代編年史名著。袁宏博取眾家之長，且治學嚴謹，在《漢紀》「通比其事，例繫年月」的基礎上，採取「言行趨舍，各以類書」的敘事方法，擴大了編年史的容量。故此書一出，後來居上。

兩《漢紀》的出現，完備了編年史體的規模，從而促進了漢唐之際編年史的發展。至北宋司馬光，打破斷代格局，撰寫編年通史《資治通鑒》，上起戰國，下終五代，按年記載，上下貫通，是中國史學史上一部劃時代的名著。鑒於司馬光的巨大成就，人們把他同司馬遷相提並論，視為中國古代史學的兩大偉人，並稱為「兩司馬」。

《通鑒》是《史記》之後包容年代最長的通史之一，該書專詳治亂興衰，著重敘述歷代重大的政治事件和戰爭，也記載一些重要人物的事蹟、言行，兼及有關國計民生的制度和文化狀況，是一部以政治為中心，比較全面反映歷史內容的通史。《通鑒》行世後，影響很

大，補撰、續作、改編、仿製、注釋、評論之書絡繹不絕，蔚為大觀，很快在史壇掀起「編年熱」。南宋李燾竭四十年之精力私撰《續資治通鑑長編》九八○卷，記載了北宋九朝一六八年的歷史。南宋李心傳接續《長編》，撰《建炎以來繫年要錄》二○○卷，是關於宋高宗一朝的編年史。到了清代末，畢沅在李燾、李心傳的著作以及清初徐幹學所撰《資治通鑑後編》的基礎上，參用宋、遼、金、元四史，歷二十年，撰成《續資治通鑑》二二○卷。這部上自建隆元年（960年），下迄元順帝至正三十年（公元1370年）的宋、元編年史一經出現，史家便認為可取代諸家續作，把它同《通鑑》合刊，稱《正續資治通鑑》。

畢沅是清朝人，照理而論，他續《通鑑》，應以明末為限，但明清相距不遠，易代之際，語涉忌諱，弄不好就會受到文字獄的懲罰，因而缺而不載。到了清末，文網漸疏，陳鶴編《明紀》、夏燮編《明通鑑》等明代編年史。陳書早出，卷帙較簡，所以後來蘇州書局合刊《正續通鑑》時，取《明紀》相配，以使一系相聯。從《春秋左傳》到《正續通鑑》、《明紀》，形成了自春秋至明末近二千四百年前後銜接的編年史。這是世界史學史上的奇蹟。

漢以後的編年體史書還有一個重要系列，這就是歷朝的「起居注」和「實錄」。「起居注」按照時間順序專門記載帝王的言行，「實錄」是歷代所修每一皇帝在位期間的編年大事記，它們常被史家採入正史，或引入編年，發揮了重要的史料功能。

三　列朝相承的紀傳史

《隋志》把司馬遷的《史記》和班固的《漢書》視為紀傳體之祖。因為《史記》以人物為中心，分為本紀、表、書、世家、列傳五

體，開創了紀傳體的史書體例。班固因《史記》作《漢書》，斷代為史，改「書」為「志」，廢去「世家」，整齊為紀、表、志、傳四體，而紀、傳是這種體裁的主體。班書以下，表、志或有缺略，但一定有紀有傳。凡屬於這一體例的，都叫做紀傳體。紀傳體實質上是一種綜合體。本紀，基本上是編年體，敘述帝王事蹟，排比歷史大事。世家，記述諸侯、勳貴和特殊人物的大事，兼用編年和列傳的寫法。列傳主要是記載各類歷史人物的活動。這些人物傳記有專傳、合傳、類傳和寄傳等類型，也有民族史傳和外國傳。表是用譜諜的形式，條理歷史大事。書志，以事為類，主要記載各類典章制度的發展過程和有關自然、社會各方面的歷史。另外，自司馬遷創「太史公曰」的史評形式，歷代紀傳史皆加仿傚，劉知幾歸結為「論贊」，實際上它是史家對歷史人物和歷史事件的評論，是紀傳史的有機組成部分。紀傳史諸體交相補充，互相配合，構成一個完整的體系。較之編年體，它具有顯著的優點，以人物為中心，便於考見各類人物活動情況，且有範圍更寬廣的歷史容量，便於通觀歷史發展的複雜局面。此外，也便於讀者閱讀。因此，紀傳體成為我國封建社會最流行的史書體裁。

中國古代所謂「廿四史」，都是紀傳體史書。《隋志》首先以「正史」一名概括紀傳史一類，記錄南北朝末年各史籍。後世各朝陸續增加，到了宋代，定為十七史，即《史記》、《漢書》、《後漢書》、《三國志》、《晉書》、《宋書》、《南齊書》、《梁書》、《陳書》、《魏書》、《北齊書》、《周書》、《隋書》、《南史》、《北史》、《新唐書》、《新五代史》。及至明代，又把元、明修的《宋史》、《遼史》、《金史》、《元史》加上，合為二十一部，因有「廿一史」之稱。清乾隆初年，《明史》修成，又有「廿二史」之稱。後詔《舊唐書》列為正史，又從《永樂大典》中輯出《舊五代史》，合為「廿四史」。再加上《新元史》、《清史稿》，又有「廿六史」之稱。

　　從《史記》到《明史》，總共四千萬字左右，三二四九卷，記載
了從傳說中的黃帝到明朝末年（公元1644年）共四千餘年的歷史，成
為一部銜接不斷、包羅萬象的巨著。它篇幅宏偉，史料豐富，完整而
系統地記錄了中國古代歷史的發展歷程，展現了廣闊的歷史畫卷。

　　紀傳體史書創始於《史書》，它的作者司馬遷是中國古代文化的
傑出代表，中國歷史學之父。

　　《史記》發凡起例，開創了紀傳體的史書體裁，是一部貫通古今
的通史，上起傳說中的黃帝，下至漢武帝太初一三〇篇，五十二萬多
字。《史記》貫穿著一個重要思想，就是中國境內從傳說的五帝，經
夏、商、周三代至秦，不僅是世代相傳，而且包括吳越和周邊少數民
族，都有一個共同的祖先──黃帝。《史記》真實地記錄了中華民族
的歷史，並以紀傳史法為後世史家樹立了光輝榜樣。所以說，《史
記》是我們中華民族的史詩和頌歌，是我們民族智慧的結晶，也是民
族精神的源泉和經驗總結。

　　魯迅先生評價《史記》是「史家之絕唱，無韻之《離騷》」，這是
非常貼切的。司馬遷以擁抱整個民族文化的寬廣胸懷，熔三千年政
治、經濟、文化於一爐，完成這部氣魄雄偉、包羅萬象、博大精深的
百科全書式的通史巨著，成為歷代史家競相學習、仿傚的楷模。

　　繼《史記》之後，東漢班固沿用《史記》體例而略有變更，寫出
我國第一部紀傳體斷代史《漢書》，以十二帝紀、八表、十志、七十
列傳，記載了西漢一朝歷史。《漢書》體例完整，記載系統完備，體
現了「文贍而事詳」的特點。特別是它的「十志」，取法《史記》八
書，但有重大發展，開拓了新領域，補充了新內容。如《藝文志》，
著錄了西漢官府藏書，分析了學術源流，是我國現存最早的圖書總目
錄。紀傳部分內容詳實，遠勝《史記》。總之《漢書》博洽，記載翔
實，不愧為一部重要的歷史名著。范曄的《後漢書》、陳壽的《三國

志》亦為史家所重，二書和《史記》、《漢書》並稱為前四史。

　　以後各代正史，均以紀傳為體，以斷代為史，大體上沿襲《史》、《漢》體例，但根據需要也有或多或少的變革。如《晉書》採北魏崔鴻《十六國春秋》撰五胡十六國史，成「載記」三十卷，這是在體例上的創新。《宋書》撰有九志，上溯三代，近及漢魏，頗有特色。《魏書》的〈序紀〉、〈釋志志〉乃為創見。

四　典章制度的淵海

　　我國古代史家非常重視典章制度的記錄，《史記》有八書以記天文、地理、文物制度，其後許多斷代史皆沿「八書」體制，設志以記歷代典章制度。但制度的演變有很大的繼承性，斷代為書或原委不明，或反覆取厭。到了唐代，杜佑衝破束縛典制史發展的局面，著成我國第一部專記歷代經濟、政治、文化等典章制度沿革的專史《通典》。《通典》記載歷代制度沿革，上起傳說中的黃帝、唐虞，下迄唐代天寶年間，肅宗、代宗時的變革，亦間有附載。全書二百卷，分為食貨、選舉、職官、禮、樂、兵刑、州郡、邊防八門。每門之下又分若干子目，綜合各代，其中以唐代敘述最詳。

　　《通典》敘述歷代典章制度，內容翔實，源流分明，既補歷代史志之未備，又會通古今，為史書編纂開闢了新的途徑，特別是把食貨放在典制的首位，充分反映了其進步的史觀和卓越的史識。

　　南宋史學家鄭樵承司馬遷通史家風，撰成二百卷的紀傳體通史《通志》。其紀、傳部分，幾乎全部摘抄諸史原文，並無新意。鄭氏功力最深的得意之作是「二十略」，「略」即各史的「志」。他在〈通志總序〉中說：「凡二十略，百代之憲章，學者之能事，盡於此矣。」二十略包括氏族、六書、七音、天文、地理、都邑、禮、諡、

器服、樂、職官、選舉、刑法、食貨、藝文、校讎、圖譜、金石、災祥、昆蟲草木，把經學、禮樂、天文、地理、文字、乃至生物等各方面的知識都彙集進去了。這些研究吸取了勞動人民的智慧，擴大了史學研究的範圍，提供了豐富的有價值的史料。而且，「二十略」意在「總天下之大學術而條其綱目」（〈通志總序〉），充分體現了「會通」的史學思想。

宋末元初的史學家馬端臨，仿傚《通典》體例，增廣門類，或續或補，竭二十年之精力，撰成一部「貫通二十五代」，統紀歷代典章的通史《文獻通考》。《文獻通考》記載了從上古到宋寧宗嘉定末年的典章制度沿革，共三四八卷，凡分二十四門：田賦、錢幣、戶口、職役、征榷、市糴、土貢、國用、選舉、學校、職官、郊社、宗廟、王禮、樂、兵、刑、經籍、帝系、封建、象緯、物異、輿地、四裔。田賦等十九門，依《通典》舊例，詳加增補；經籍、帝系、封建、象緯、物異五門，屬馬氏獨創。馬端臨搜集材料，一是靠書本的記載，就是「文」；二是學士名流的議論，就是「獻」。作者詳加考證，去偽存真，區分類目，排比編纂，就是「通考」。這種方法實開後世歷史考證學的先河。《通考》的史料價值高於《通典》，可以說《通典》一書的精華，全包括在《通考》中了。

《通典》、《通志》、《文獻通考》、目錄學家合稱為「三通」。清代乾隆三十二年（公元1767年）敕撰《續通典》一百五十卷，起於唐肅宗至德元年（756年），與《通典》相銜接，迄於明思宗崇禎末年（公元1644年）。同時又官修《清通典》一百卷，起於清初，終於乾隆五十年（公元1785年）。又官修《續通志》六百四十卷，《清通志》一百二十六卷。《續通志》和《通志》體例大體相同，分本紀、列傳、二十略，紀傳部分從唐初至元末，二十略從五代到明末。《清通志》只有二十略。乾隆十二年（公元1747年）敕撰《續文獻通考》二百五十

卷，起於宋寧宗嘉定末年，至明崇禎末年。又於乾隆二十六年（公元1761年）撰《清朝續文獻通考》二百六十六卷，起於清初，迄於乾隆二十六年。後劉錦藻更私撰《清朝續文獻通考》四百卷，上續《清通考》，下迄清末。這樣，人們把「三通」、「續三通」、「清三通」和《清朝續文獻通考》合稱為「十通」。「十通」卷帙浩翰，共二千六百六十卷，貫通中國幾千年文物制度的歷史，實是典章制度的淵海。

　　《通典》、《文獻通考》屬於通史範疇，此外歷朝還有專詳一朝典章制度的史書。私人撰修的，多稱「會要」；出於官修的，多稱「會典」。這些斷代制度史書，與貫通古今的制度通史配合，相得益彰。

五　紀事本末與史評

　　除了上述史籍外，還有很多重要的歷史典籍。比如，在紀傳、編年以外，還有第三種史書體裁，即紀事本末體。這是以歷史事件為中心的一種史書體裁。南宋史學家袁樞喜讀《資治通鑒》，卻「苦其浩博」，於是自出新意，以事為綱，以類排纂，將《通鑒》中千餘年史蹟，按時間順序，分編為二百三十九個題目。「每事各詳起迄，自為標題，每篇各編年月，自為首尾」（《四庫全書總目》），撰成《通鑒紀事本末》。《通鑒紀事本末》及其體例，曾贏得史家好評，以為這種體裁的好處是「因事命篇，不為常格」，而「文省於紀傳，事豁於編年」。在袁書的影響下，明清兩代，頗多仿傚之作。因而，紀事本末體史籍也自古及今，上下貫通，成為一類系統的史籍。《通鑒紀事本末》之上有《繹史》（從遠古至秦末）、《左傳紀事本末》（春秋時期），下有《續通鑒紀事本末》（北宋至元末）、《宋史紀事本末》、《明史紀事本末》、《清史紀事本末》，與編年、紀傳相配合。

　　所謂「史評」，係指評論史事或史書的著作。史評大體上可分為

兩類，一類重在批評史事，一類重在批評史書。批評史事者，是指對於歷史事件和歷史人物加以評論。這種評論，《左傳》、《史記》開了一個頭，後來紀傳體正史以及編年史都繼承了下來。西漢初賈誼的《過秦論》，便是較早的史論專篇。唐宋以來，評史之風頗盛，許多文人學者都有史論之作，也出現如唐代朱敬則《十代興亡論》、宋代呂祖謙《東萊博議》、明代張溥《歷代評論》等史論專著。清代王夫之的《讀通鑑論》、《宋論》更是史論的代表作，其中蘊含有深刻的歷史哲學思想。批評史書者，主要是指人們對史家、史書或某一種史學現象、史學思想的評論，它在中國古代史學史上也佔有重要地位。這種史學評論，司馬遷的〈太史公自序〉是開端，《漢書‧司馬遷傳》是其發展，《文心雕龍‧史傳篇》更為系統，但作為史學評論之系統而全面的專著則以唐代劉知幾的《史通》、宋代鄭樵《通志總序》和清代章學誠《文史通義》為代表。

作為我國古代第一部史學理論專著的《史通》，是史評傑出的代表作。作者劉知幾是唐代著名的史學理論家，所撰《史通》二十卷，內容廣泛，論及史書編撰、史學家修養、史學準則、史學史、史學流派等問題，特別評論了史書編撰中的體例、書法、史料、行文和史家修養問題，是對唐以前史學理論之系統而全面的總結，標誌著中國古代史學理論的確立。

清代著名史學理論家章學誠的《文史通義》，是史學理論的又一代表作。該書不僅談史，而且論文。特別是對於編纂方志，頗多創造性的見解。與劉知幾強調「史法」不同，章學誠強調「史意」，對於治史的宗旨、任務、態度等都有獨到的認識，因而對古代史學理論有傑出貢獻。

此外，還應該提到清代學者錢大昕的《廿二史考異》、王鳴盛的《十七史商榷》和趙翼的《廿二史札記》等史評著作。《廿二史札

記》不但對二十四史作了全面介紹和評價，而且能把握重大歷史事件，綜合分析，探究一代政治利弊和興衰變革的原因，因而對後代學人有很大幫助。

綜上所述，可見中國古代史學成就輝煌，諸般史書，應有盡有，逐步完善，各有源流，自成系統，互相補充，彼此印證，在中國史學史上，猶如簇簇盛開的鮮花，爭妍鬥豔，交相輝映。中國史籍之豐富多彩，中國古代史學之發達，是任何國家都不能比擬的。黑格爾曾說：「中國『歷史作家』的層出不窮，繼續不斷，實為任何民族所不及。」[1]李約瑟在《中國科學技術史》第一卷〈導論〉中也寫道：「也許不用多說，中國所能提供的古代原始資料比任何其它東方國家、也確比大多數西方國家都要豐富。譬如印度便不同，它的年表至今還是很不確切的。中國則是全世界偉大的有編纂歷史傳統的國家之一。」這是中國史學的驕傲！

第三節　中國古代史學的優良傳統

在我國古代史學漫長的發展過程中，逐漸形成了許多優良傳統，它是以往史學家們優良的思想、品德、學風和經驗的集中表現。我們所說的批判繼承古代史學遺產，不僅是指古代史家所積纍的資料、撰述的成果，還應包括反映在史學家身上的優良史學傳統。

一　學兼天人會通古今

中國古代有代表性的史家及其撰述，一般都具有恢廓的歷史視野。他們學兼天人，會通古今，用包容一切的氣勢和規模，闡述歷史

1　黑格爾：《歷史哲學》。

的發展過程，探究歷史的前因後果。司馬遷撰《史記》就明確提出
「究天人之際，通古今之變，成一家之言」的著史宗旨。不論是通史
家，抑或是斷代史家，在他們的著作裏，都力圖展示其學兼天人和會
通古今的恢宏氣象。《史記》自然是視野恢廓的，它貫通古今，範圍
千古，牢籠百家，網羅宏富。《漢書》斷代為史，不如通史那樣遼
遠，但也頗具恢宏氣象。劉知幾稱讚它「究西都之首末，窮劉氏之廢
興，包舉一代，撰成一書。言皆精練，事甚該密」（《史通‧六家》）。
正是肯定它博通的內容，廣闊的視野。

　　中國古代史學自始至終不是純粹的社會科學，它不但記敘了人類
社會生活的豐富內涵，而且還記載了自然歷史，包含了天文地理的變
化。這種既講天（自然）又講人的史學內容，是中國古代天人合一思
想的體現。作為民族文化精神的主導觀念和民族文化特質典型表現的
天人合一思想曾是史家著史的指導思想，史家的富有文化史學特色的
史著也正是這種天人觀的貫徹與實踐。

　　會通古今，重視通史著述，是中國古代史學的主潮。隨著條件的
成熟（客觀的需要，資料和經驗的具備等）和通人的出現，新的通史
之作便會應時而生。就是不推崇通史撰述的劉知幾也以「總括萬殊，
包吞千有」之勢縱論古今史書，品評其得失利弊，寫出了《史通》這
樣一部古代史學批評通史。此後，杜佑撰典章制度體通史《通典》，
司馬光撰編年體通史《資治通鑒》，鄭樵以紀傳體撰成《通志》。袁樞
別開生面，以事為主，撰成《通鑒紀事本末》，馬端臨撰典制體通史
《文獻通考》。這些著作，都發展了「會通」之旨，展示了恢宏的歷
史視野。《漢書》以下的斷代史也不乏鴻篇巨製，如《續漢書》、《宋
書》、《魏書》、《晉書》及《五代史志》，都展現了史家學兼天人、會
通古今的宏大氣魄。中國古代史家的這一傳統，不僅促進了中國史學
的繁榮，而且也影響、造就了許多通人、名家。

學兼天人，會通古今這一優良傳統源於中國傳統思想，特別是儒家的天人觀、古今變通觀，而作為史家的歷史觀，經過他們的驗證，使這種思想更深刻更系統。

二　以古為鏡經世致用

會通古今的目的在於鑒古知今，也就是「以古為鏡」，「古為今用」。中國古代史家非常注重當代史的研究，非常注重史學研究的古為今用，這是中國古代學的又一優良傳統。

詳今略古、注重當代史的研究，可以說是我國史學的一貫傳統。司馬遷寫《史記》，就是著重寫當代史。《史記》一百三十篇，寫了三千年的歷史，其中有關漢代史的內容就超過半數。再如《漢書》，是寫前朝的歷史，此後歷代紀傳體正史大都如此。「實錄」、「國史」都是當代史。只是到了後來，撰寫「國史」和前朝歷史的工作為史館獨佔，私家修史方漸轉向古代。尤其是清代，屢興文字獄，致使一些學者不敢談論現實問題，於是便把精力集中在古典文獻的整理和考訂上，即使如此，清代還是有不少著名史家重視對近現代史的研究和撰著。浙東史學的幾位大家如黃宗羲、萬斯同、章學誠等，就是光輝的代表。

我國自古以來，對於歷史遺產和記事寫史，很注意借鑒和垂訓的作用。《尚書‧召誥》說：「我不可不監於有夏，亦不可不監於有殷。」《詩經》上也有「殷鑒不遠，在夏后之世」的詩句。隨著史學的發展，以史為鑒成了一個重要的史學傳統。唐初君臣以史為鑒，當時史館修《隋書》就貫徹了這一宗旨。貞觀十年（公元636年），房玄齡、魏徵等修五代史成，唐太宗大為高興。他說：「朕睹前代史書，彰善癉惡，足為將來之戒。」「欲覽前王之得失，為在身之龜鏡。公

輩以數年之間，勒成五代之史，深副朕懷，極可嘉尚。」（《冊府元
龜》卷五五四《國史部‧恩獎》）唐太宗的話很可代表統治者對修史
目的的看法。唐太宗說他有三面鏡子：「以銅為鏡，可以正衣冠；以
古為鏡，可以知興替；以人為鏡，可以明得失。」（《舊唐書‧魏徵
傳》）「以古為鏡」就是「古為今用」，就是發揮史學的經世作用。司
馬光寫《通鑒》的目的就是給帝王「周覽」，從中鑒戒得失，神宗皇
帝特賜名為《資治通鑒》，強調以史為鑒的作用。

　　在中國古代史學發展史上，史學家向來都對國家治亂興衰給以極
大關注，表現出飽滿而深沉的政治情懷。這種政治情懷，大多以經世
致用為其出發點和歸宿。孟子論及孔子作《春秋》說：「世衰道微，
邪說暴行有作，臣弒其君者有之，子弒其父者有之。孔子懼，作《春
秋》。」（《孟子‧滕文公下》）說明孔子作《春秋》就有自覺的社會目
的。這一目的就是史學為現實服務，包括以理想來批判現實，也就是
經世致用。

　　另一方面，史學滿足現實政治的需要，因而又得到國家政權的提
倡和支持，這就是政治關注史學。上面提及的唐太宗就是典型的例
子。政治關注史學，對史學的發展有促進作用，同時也出現政權對史
學事業的控制，在一定程度上扼殺了史家的創造精神。史家以考論政
治得失、勸善懲惡為己任，這也就決定了他們所撰史書的主要內容是
現實社會中實實在在的政治和人事。像《資治通鑒》，司馬光「專取
關國家盛衰，係生民休戚，善可為法、惡可為戒者，為編年一書」，
儘管其篇幅宏偉，內容豐富，總離不開政務這個中心。這是中國史學
的民族特色之一。

　　經世致用的史學傳統起初主要是注重史學的鑒戒作用，至中唐杜
佑則發展為比較全面的經世目的。杜佑撰《通典》，突破了在史書中
從歷史事件方面總結治亂得失的模式，深入到社會的經濟制度和上層

建築領域，從各種制度的沿革變遷中探討經驗教訓，從而對歷史上的治亂得失作全面而深入的考察；同時也突破了歷來所強調的鑒戒模式，提出了以史學「經邦」、「致用」、「將施有政」這一具有直接實踐作用的認識模式。

史學經世源於儒家，而儒家學說從整體而言，也是經世的學說。儒學，從它的創始人孔子開始，都有一種經世的傳統和特色。

三　求實直書書法不隱

秉筆直書是我國古代史學的又一優良傳統。我國古代史家歷來把秉筆直書視為持大義、別善惡的神聖事業和崇高美德。他們以直書為榮，曲筆為恥，為了直書，不避強禦，不畏風險，甚至不怕坐牢，不怕殺頭，表現了中國史家的高風亮節。

早在中國史學開始興起之時，秉筆直書就成為史家的崇高美德而受到稱讚。《左傳》記述了齊國太史、南史氏直書不惜以死殉職的故事：「太史書曰『崔杼弒君』，崔子殺之。其弟嗣書而死二人，其弟又書，乃舍之。南史氏聞太史盡死，執簡以往，聞即書矣，乃還。」（《左傳》襄公二十五年）這種直書的精神就成為後世史家遵循的傳統。劉知幾在《史通》中，寫了《直書》、《曲筆》的專篇，總結唐以前史家直書的優良傳統，表彰南、董仗氣直書，不避強禦，韋、崔肆情奮書，無所阿容的直書精神。劉知幾說：「雖周身之防有所不足，而遺芳餘烈，人到於今稱之。」（《史通·直書》）南史氏冒死以往的「仗氣」已如前言，董孤「書法不隱」，被孔子譽為「古之良史」。三國史家韋昭，主撰《吳書》，孫皓要求為父作「紀」，韋昭不幹，其理由是「執以和不登帝位，宜名為傳」（《三國志·韋曜傳》）。北魏崔浩主修魏史，無所阿容，因遭殺害。這種直書精神有很大影響力，正直

的史官、史家都自覺效法，付諸實踐。貞觀年間，褚遂良負責記錄太宗言行。太宗欲索取過目，褚以「不聞帝王躬自觀史」為由加以拒絕。太宗問他：「朕有不善，卿必記之耶？」褚答曰：「臣職當載筆，君舉必記。」（《舊唐書・褚遂良傳》）《貞觀政要》的作者吳兢曾參與《則天皇后實錄》，如實記載了魏元忠事件的原委，宰相張說感到此事於己不利，想讓史官「刪削數字」，吳兢義正辭嚴斥之：「若取人情，何名為直筆！」吳兢被時人譽為「昔者董狐之良史，即今是焉」（《唐會要・史館雜錄下》）。南宋袁樞曾兼國史院編修官，負責修宋朝國史的傳，原宰相章　的後人以同里故，婉轉請「文飾」章傳。袁氏當即拒絕：「吾為史官，書法不隱，寧負鄉下，不可負天下後人公議！」（《宋史・袁樞傳》）言如金玉，擲地有聲。

　　劉知幾指出直書與曲筆的對立，認為「直書」是實錄的前提，而「曲筆」則會造成實錄難求。劉知幾正是從歷史撰述是否是「實錄」這一根本點來區分直書和曲筆的界限。所以，直書集中地反映了中國古代史學的求實精神。從《史記》被譽為「實錄」之後，這種求實精神便成為大多數史家追求的目標。自然，曲筆也是史學上的客觀存在，劉知幾剖析了它的種種表現，或者以實為虛，以是為非，或者虛美諱飾，任意褒貶。造成曲筆的原因，主要是史家為當權者的威勢所懾，也因史家品德修養所致。古來惟聞以直筆見誅，不聞以曲詞獲罪。「世事如此，而責史臣不能申其強項之風，勵其匡躬之節，蓋亦難矣。」（《史通・直書》）但是，在整個封建社會，曲筆在任何時期都不可能成為公開提倡的行為，任何得計於一時的曲筆作史，終究要被後人揭露，而直書精神，千百年來，贏得人們的讚揚，成為史家效法的傳統，始終是中國史學的主流。

四　德識為先才學並茂

　　中國古代史學之所以興旺發達，是同史家十分注重業務和思想修養分不開的。重視史家修養，是中國古代史學又一優良傳統。

　　關於史家修養問題，歷來史家都十分關注，他們在總結、評論前人的史學成果時，也同時就史家修養作了評論。比如班固評論司馬遷《史記》說：「自劉向、揚雄，博極群書，皆稱遷有良史之才，服其善序事理，辨而不華，質而不俚。其文直，其事核，不虛美，不隱惡，故謂之實錄。」（《漢書・司馬遷傳》）這裏既肯定《史記》是部「實錄」，又高度評價了司馬遷的歷史責任感，肯定他有「良史之才」。再如，《隋志》史部後序說：「夫史官者，必求博聞強識、疏通知遠之士，使居其位，百官眾職，咸所貳焉。是故前言往行，無不識也；天文地理，無不察也；人事之紀，無不達也。」可見，作為一名史家，學識上要「博聞強識」，見識上要「疏通知遠」。不過，從理論上明確而全面地提出史家修養的問題還是劉知幾。劉知幾認為，史家必須兼有史才、史學、史識三長。所謂「史才」，是指修史的才能，主要是指歷史編纂和文字表達方面的才華和能力。所謂「史學」，是指佔有史料和掌握歷史，要能搜集、鑒別和運用史料，要有廣博豐富的知識，還要深思明辨，擇善而從。所謂「史識」，是指史家的歷史見識、見解、眼光、膽識，即觀點和筆法，包括「善惡必書」的直筆論，也包括其它的歷史觀點。後來，章學誠肯定了「三長」理論，又補充了「史德」。所謂「史德」，即高尚的道德，章學誠解釋為「著書者之心術」。什麼是心術呢？章學誠說：「蓋欲為良史者，當慎辨於天人之際，盡其天而不益以人也。盡其天而不益以人，雖未能至，苟允知之，亦足以稱著書者之心術矣。」（《文史通義・史德》）這裏的「天人之際」，是指客觀歷史與史家的主觀之間的關係，史家應尊重

客觀歷史，不能用主觀的好惡去影響對歷史客觀的忠實反映。儘管劉知幾早已在史識中包涵了史德的思想，章學誠以心術論史德，無疑是理論上的一個發展。總之，德、才、學、識是對史家素質的全面要求，因而它就成為史家的奮鬥目標和評論史家的標準。

孟子論《春秋》說：「其事則齊桓、晉文，其文則史。孔子曰：『其義則丘竊取之矣！』」（《孟子‧離婁下》）歷代學者評論史書都從事、文、史三要素入手，而章學誠講得最深刻。他說：「史所貴者，義也；而所具者，事也；所憑者，文也。」這個「義」就是史義，大體相當於我們所說的理論觀點。這個「事」是史事，即歷史事實。這個「文」是「史文」，即寫史的文采。義是最重要的，事是具體的，文是表達的。事為基礎，文以表事，義從事出，三者血肉相連。章學誠打過一個形象的比喻：「譬人之身，事者其骨，文者其膚，義者其精神也。」（《文史通義‧方志立三書議》）其相互關係與主次地位非常清楚。史學中的義理之學與考據之學，雖各有所長，但如果雙方「自封而立畛域」，就有兩傷之敝。詞章家注重文，考據家崇尚事，而孔子最重義。從這裏我們可以體會到，寓論於史，史論結合，文史兼修是我國史學的基本要求。一部史學作品是否達到高品質，傳世不朽，這要看其事、文、義的水準及其結合狀況，「非識無以斷其義，非才無以善其文，非學無以練其事」（《文史通義‧史德》）。這當然取決於史家德才學識的素質。史家要有遠見卓識，善於繼承，勇於創新。沒有遠見卓識，便鉅細莫辨，是非不分，方向不明；沒有批判的創新精神，因襲舊慣，謹守繩墨，便不敢攀登史學的高峰。一般說來，中國古代史學中許多閃爍真理光輝的史學觀點都是史家遠見卓識的具體體現。

需要指出，無論是劉知幾論「識」，還是章學誠論「德」，其衡量識、德的標準無一不是儒家的倫理道德觀。在中國重倫理道德的思想

文化的薰陶下，史家向來以修身立德為己任，史書以表彰忠臣孝子為要務。儒家修齊治平的政治人倫正是貫穿中國古代史學的精神支柱。歷史上善惡是非之裁斷的主要標準就是儒家的倫理道德。司司遷說《春秋》「採善貶惡，推三代之德，襃周室」，是「禮義之大宗」(《史記・太史公自序》)，便是從倫理上評論的。司馬遷寫《史記》，遵循其父的教誨，著重表彰明聖盛德和功臣世家賢大夫的功名、道德。他選擇和評論歷史人物的功業和品德的標準正是儒家的君臣父子之義。班固撰《漢書》，把儒家禮教視為「所以通神明，立人倫，正情性，節萬事者也」(《漢書・禮樂志》)。荀悅撰《漢紀》，明確宣佈：「夫立典有五志焉：一曰達道義，二曰彰法式，三曰通古今，四曰著功勳，五曰表賢能。」(《後漢書・荀悅傳》)意在宣揚儒家倫理道德，表彰統治階級的代表人物。袁宏撰《後漢紀》，則明確宣佈：「夫史傳之興，所以通古今而篤名教也。……今因前代遺事，略舉義教所歸，庶以弘敷王道。」(《後漢紀・自序》)至劉知幾總結史學功用，討論史才三長，其衡量是非善惡、進行褒貶的標準，仍帶有濃厚的倫理色彩和森嚴的等級觀念。中國古代史書沒有不宣揚綱常名教的，而宋明史學則較前代尤甚。如司馬光的《資治通鑒》、歐陽修的《新五代史》和朱熹的《通鑒綱目》等都滲透著儒家倫理綱常的內容。

儒家學說支配中國思想界幾千年，影響極其深遠。經學是儒家思想的集中表現，它是封建社會的理論基礎和行為準則的學說，並且成為修纂史書的指導思想，也是這些史書企圖通過歷史經驗反覆闡明的史義。這裏不可避免地包含一些思想糟粕，表現了中國古代史學的歷史局限性。

參考文獻

〔唐〕劉知幾著，〔清〕浦起龍釋　史通通釋　上海市　上海古籍出
　　　版社　1978年

〔清〕章學誠著，葉瑛校注　文史通義校注　北京市　中華書局
　　　1985年

白壽彝主編　史學概論　寧夏人民出版社　1983年

尹達主編　中國史學發展史　北京市　中州古籍出版社　1985年

瞿林東　中國古代史學批評縱橫　北京市　中華書局　1994年

許淩雲　讀史入門（修訂本）　北京市　北京出版社　1989年

思考題

1 如何認識中國古代史學在中國傳統文化中的地位？

2 為什麼說中國古代史學是一座瑰麗的寶庫？中國古代有哪些著名的
　史家和史學名著？

3 中國古代史學有哪些優良傳統？它對當今中國史學的發展有何借鑒
　意義？

4 試述中國古代史學在史家修養論上的理論貢獻。

第十二章
中國傳統倫理道德

在文化係統中，倫理道德是對社會生活秩序和個體生命秩序的深層設計。倫理道德是中國傳統文化的核心，也是中國文化對人類文明最突出的貢獻之一。即使在今天，經過批判揚棄和創造發展的中國傳統倫理道德智慧，對於人類社會的價值提升仍具有普遍意義和時代意義。

第一節　傳統倫理道德與中國文化

如前所述，中國傳統文化的形成有兩個重要的基礎：一是小農自然經濟的生產方式；二是家國一體，即由家及國的宗法社會政治結構。在這個基礎上產生的必然是以倫理道德為核心的文化價值係統。因為家族宗法血緣關係本質上是一種人倫關係，是建立在倫理的基礎上通過人們的情感信念來處理的關係。家族本位的特點，一方面使得家族倫理關係的調節成為社會生活的基本課題，家族倫理成為個體安身立命的重要基礎；另一方面，在家國一體社會政治結構中，整個社會的組織係統是家族—村落（在一般情況下，村落是家族的集合或膨脹）—國家，文化精神的生長路向是家族—宗族—民族。家族的中心地位使得倫理在社會生活秩序的建構和調節中具有至關重要的意義。在傳統社會中，人們社會生活是嚴格按照倫理的秩序進行的，服式舉止，灑掃應對，人際交往，都限制在「禮」的範圍內，否則便是對「倫理」的僭越。這種倫理秩序的擴充，便上陞為中國封建社會政治

體制的基礎——家長制。家長制的實質就是用家族倫理的機制來進行政治統治，是一種倫理政治。

與此相適應，倫理道德學說在各種文化形態中便處於中心地位。中國哲學是倫理型的，哲學體係的核心是倫理道德學說，宇宙的本體是倫理道德的形而上的實體，哲學的理性是道德化的實踐理性。因此人們才說，西方哲學傢俱有哲人的風度，中國哲學家則具有賢人的風度。中國的文學藝術也是以「善」為價值取向的。「文以載道」，美善合一，是中國文化審美性格的特徵。即使在科學技術中，倫理道德也是首要的價值取向。中國傳統科技的價值觀是以「正德」即有利於德性的提升為第一目標，然後才考慮「利用、厚生」的問題。因此，中國文化價值係統的特點是強調真、善、美統一，而以善為核心。在文化史上，雖然世界上沒有一個民族的文化不要道德或不講道德，但也確實沒有一個民族像中國這樣把道德在文化價值體係中抬高到如此重要的地位。中國文化的普遍信念是「人為萬物之靈」。而人之所以能為萬物之靈，就是因為有道德，因而特別重視人與人之間的「道」，以及遵循這種「道」而形成的「德」。老子曾從本體論的高度說明「萬物莫不尊道而貴德」的道理。孟子說：「飽食暖衣，逸居而無教，則近於禽獸。聖人憂之，使契為司徒，教以人倫。」（《孟子‧滕文公上》）在中國家國一體的社會結構中，尊卑、長幼、德性成為確定人的地位、建立秩序的三個要求：「天下有達尊者三：爵一、齒一、德一。朝廷莫如爵，鄉黨莫如齒，輔世長莫如德。惡得有其一，以慢其二哉。」（《孟子‧公孫丑下》）三者之中，官級、年齡輩分是外在的既定的，惟有德性方能主觀能動地實現自己。尊道貴德的基本精神，就是強調人獸之分，突顯人格尊嚴，以德性作為人獸區分的根本。孔子說：「富與貴，是人之所欲也，不以其道得之，不處也；貧與賤，是人之所惡也，不以其道得之，不去也。」（《論語‧裏仁》）

因而中國人都以成德建業、厚德載物為理想。早在孔子前，魯國大夫叔孫豹就提出過「立德、立言、立功」的「三不朽」思想：「太上有立德，其次有立功，其次有立言，雖久不廢，此謂三不朽。」(《左傳・襄公二十四年》) 由此形成一種以道德為首要取向的具有堅定節操的文化人格。「君子謀道不謀食」，「君子憂道不憂貧」(《論語・衛靈公》)，為追求仁道，雖簞飯陋巷，不改其樂，這是一種道德至上的價值取向與文化精神。

第二節　中華民族的傳統美德

中華民族的傳統美德，是中國古代道德文明的精華，是中國這個民族大家庭共存共榮的凝聚劑和內聚力，它在價值的意義上形成中華民族道德人格的精髓或精魂。傳統美德的總結與認同，是繼承和發揚民族憂良倫理道德傳統的關鍵，也是現代中國道德文明建設極為重要的源頭活水。

一　傳統道德規範與傳統美德

中華民族在漫長的歷史發展中，建構起了十分成熟的道德價值體係，形成了豐富多樣的個人倫理、家庭倫理、國家倫理，乃至宇宙倫理的道德規範體係，從內在的情感信念，到外在的行為方式，都提出了比較完備的德目。傳統美德就是傳統道德規範體係中的基本內核或合理內核。

一般說來，傳統道德規範或德目有兩種：一是由倫理學家概括出來的，或者由統治階級提倡並上陞為理論的規範；二是那些雖然未能在理論上體現和表述出來，上陞為德目，但在世俗生活中得到了廣泛

認同與奉行的習俗性規範。前者比後者更自覺，後者比前者更豐富，並且往往比前者更純樸、更直接地體現著某個民族的品格。在中國道德史上，《尚書‧皋陶謨》把人的美德概括為九項：寬而栗，柔而立，願而恭，亂而敬，擾而毅，直而溫，簡而廉，剛而塞，強而義。孔子建構起了第一個完整的道德規範體係，他以知、仁、勇為三達德，在此基礎上提出禮、孝、悌、忠、恕、恭、寬、信、敏、惠、溫、良、儉、讓、誠、敬、慈、剛、毅、直、儉、克己、中庸等一係列德目。孟子以仁、義、禮、智為四吉德或母德，將它擴展為「五倫十教」，即君惠臣忠，父慈子孝，兄友弟恭，夫義婦順，朋友有信。法家代表人物管仲則提出所謂「四維七體」。「四維」是禮、義、廉、恥。「七體」為：孝悌慈惠，恭敬忠信，中正比宜，整齊樽詘，纖嗇省用，敦懞純固，和協輯睦。這些德目，後人把它們綜合為「六德」（知、仁、聖、義、中、和）「六行」（孝、友、睦、任、恤）、「四維」（禮、義、廉、恥）「八德」（忠、孝、仁、愛、信、義、和、平）。董仲舒以後，「三綱」（君為臣綱、父為子綱、夫為妻綱）「五常」（仁、義、禮、智、信）成為不可動搖的金科玉律。這些德目，當然並不都是中華民族的傳統美德，有一些是包含封建糟粕的東西，我們必須加以具體分析。所謂「傳統美德」，是指在自覺的或習俗的道德規範中那些為大多數人所接受並實際奉行的，而且是古今一以貫之的，在現代仍發揮著積極影響的那些德目。

二　中華民族十大傳統美德

　　為了對中國傳統美德進行完整的、有機的認識，我們從人與自身、人與他人、人與群體的關係三個方面來把握。據此可以概括出中華民族十大傳統美德。

（一）仁愛孝悌

　　這是中華民族美德中最具特色的部分。「仁」可以說是中華民族道德精神的象徵，雖然它曾為統治階級所利用，但並不能由此否認它是中華民族的共德和恒德。「仁」不僅在各個歷史時期，在各種道德中是最基本的也是最高的德目，而且在世俗道德生活中也是最普遍的德性標準。在中國文化中，「仁」與「人」、「道」是同一的，是人之所以為人的根本特性。「仁也者，人也。合而言之，道也。」（《孟子·盡心下》）「仁遠乎哉？我欲仁，斯仁至矣。」（《論語·述而》）「仁」發端於人類共同生活中所形成的「惻隱之心」，即「同情心」，基於家族生活中的親情。「仁」德的核心是愛人，「仁者愛人」。其根本是孝悌，「孝悌也者，其為仁之本歟」（《論語·學而》）。孝悌之德的基本內容是父慈子孝、兄友弟恭，它在社會道德生活中具有崇高的地位，得到普遍的奉行。由此形成一種濃烈的家族親情，對家庭關係，從而也對中國社會的穩定起了極為重要的作用，是民族團結的基石。中華民族之所以形成堅韌的倫理實體並經久不衰，與這種孝悌之德的弘揚及其所形成的穩固的家庭關係有著不可分割的聯繫。孝悌之情的擴展就有所謂忠恕之道。「忠恕」是由「仁」派生出來的，是「仁」由家族之愛走向泛愛的中介環節。孔子把「恕」作為「一言以終身行之」的道德準則，認為「忠恕之道」是「為仁之方」。忠恕之德的基本要求是以誠待人，推己及人。具體內容是：己立立人，己達達人；己所不欲，勿施於人。在忠恕之德的基礎上，中國人形成了「四海之內皆兄弟」、「老吾老以及人之老，幼吾幼以及人之幼」、「不獨親其親，不獨子其子」的寬廣情懷和安老懷少的社會風尚，形成中華民族大家庭社會生活中濃烈的人情味和生活情趣。愛人、孝悌、忠恕，是仁德的基本內容，也是中華民族傳統美德的集中體現。在中國

傳統社會中既出現了無數孝子慈父、仁兄賢弟，也培養了許多為民請命、殺身成仁的仁人志士。

（二）謙和好禮

中國是世界聞名的禮義之邦，「禮」是中國文化的突出精神。好禮，有禮，注重禮義是中國人立身處世的重要美德。中國文化認為，禮是人與動物相區別的標志。「凡人之所以為人者，禮義也。」（《禮記‧冠義》）禮也是治國安邦的根本。「禮，經國家，定社稷，序民人，利後嗣者也。」（《左傳‧隱公十五年》）禮同時又是立身之本和區分人格高低的標準。《詩經》言：「人而無禮，胡不遄死？」孔子更是說：「不學禮，無以立。」中國倫理文化從某種意義上可以就說是「禮儀文化」。「禮」是中華民族的母德之一。作為道德規範，它的內容比較復雜。作為倫理制度和倫理秩序，謂「禮制」、「禮教」；作為待人接物的形式，謂「禮節」、「禮儀」；作為個體修養涵養，謂「禮貌」；用於處理與他人的關係，謂「禮讓」。「禮」根源於人的恭敬之心、辭讓之心，出於對長上、對道德準則的恭敬和對兄弟朋友的辭讓之情。作為一種倫理制度，「禮教」在歷史上曾起過消極的作用；但作為道德修養和文明的象徵，禮貌、禮讓、禮節是中華民族傳統美德的體現。「禮」和仁德是相互聯繫、分不開的。

禮之運作，包含有「謙和」之德。謙者，謙虛也，謙讓也。中國人自古就懂得「滿遭損，謙受益」的道理。老子曾以江海處下而為百谷王的事實，告誡人們不要「自矜」、「自伐」、「自是」。謙德亦根源於人的辭讓之心，其集中體現就是在榮譽、利益面前謙讓不爭，以及人際關係中的互相尊重。中國歷史上的許多故事，如「將相和」、劉備三顧茅廬等都是以謙德為主題。與此相聯繫，有所謂「和德」。「和德」體現在待人接物中為「和氣」，在人際關係中為「和睦」，在價值

取向上為「和諧」，而作為一種德性為「中和」。「喜怒哀樂之未發謂之中，發而皆中節謂之和。」（《中庸》第一章）中國傳統文化以「和」為重要的價值取向。孔子言：「禮之用，和為貴。」（《論語·學而》）《中庸》也把「致中和」作為極高的道德境界。「和」被認為是君子的重要品質：「君子和而不同，小人同而不和。」（《論語·子路》）由此和睦家族、鄰裏，最終協和萬邦。「禮」、「謙」、「和」都體現了中華民族的美好情操。

（三）誠信知報

中國美德由於性善的信念占主導地位，強調發揮自主自律的精神，所以特別重視「誠」與「信」的品德。「誠」即真實無妄，其最基本的含義是誠於己，誠於自己的本性。《大學》言：「所謂誠其意者，毋自欺也。」「誠」既是天道的本然，也是道德的根本。「誠者天之道也，思誠者人之道也。」（《孟子·離婁》）真實無妄是天道，而對誠的追求則是人道，故「養心莫善於誠」（《荀子·不苟》）。以「誠」為基礎，中國人形成了許多相關的道德，如為人的「誠實」，待人的「誠懇」，對事業的「忠誠」。正如《中庸》所說，「不誠無物」。「信」與「誠」是相通的品德。《說文解字》云：「信，誠也，從人言。」孔子把它作為做人的根本。「人而無信，不知其可也。」（《論語·為政》）「信」之基本要求是言行相符，「言必信，行必果。」「信」可以訓練人誠實的品質，也是取得他人信任的前提。「朋友有信」歷來是中國人交友的基本準則。孔子就把「老者安之，朋友信之，少者懷之」（《論語·公冶長》）作為自己的志向；在為政中，把「足食、足兵、民信之矣」作為三個要領。三者之中，「信」又是最根本的，因為「自古皆有死，民無信不立」（《論語·顏淵》）。董仲舒以後，中國傳統道德更是把「信」和仁、義、禮、智並列為「五

常」之一。守信用、講信義是中國人公認的價值標準和基本的美德。
在人倫關係中，中華民族不僅有誠與信的德目，還有「報」的德性。
「報」即知恩思報。回報既是中國人的傳統美德，也是道德生活的重
要原理與機制。中國古人早就有「投之木瓜，報之桃李」的道德教
訓。孔子把「孝」的準則訴諸回報的情理。「滴水之恩，當湧泉相
報」在世俗生活中是公認的美德，是「義」的重要內容。中國人強調
要報父母養育之恩、長輩提攜之恩、朋友知遇之恩、國家培養之恩等
等。與此相反，「忘恩」與「忘本」、「負義」是同義的，必然會受到
嚴厲的道德譴責。在漫長的文化積澱中，「知報」已經成為中國人道
德良知和道德良心的重要組成部分，是中國道德質樸性的重要表徵。

（四）精忠愛國

中華民族在長期的生存和發展中，逐步凝結成對祖國深厚的愛國
主義情感，形成精忠愛國的浩然正氣和民族氣節。這種愛國主義可以
說是最質樸的情感和品性，它是愛親愛家愛鄉之情的直接擴充。因為
在中國社會中，家—家鄉—國家是直接貫通的，中國人總是把自己的
國家稱作「祖國」，不僅是衣食之源，而且是情感之源，對其具有強
烈的依戀意識。愛國主義作為一種「千萬年來鞏固起來的對自己的祖
國的一種深厚的感情」，它是愛親愛家情感的昇華，由此形成一種捍
衛民族尊嚴、維護祖國利益的崇高品德。在中國傳統道德中愛祖國、
愛民族歷來被看做是「大節」。雖然在封建社會中它與忠君聯繫在一
起，具有時代的局限性，但它在本質上是把君作為國家的代表，「忠
君」的背後，是一種深層的國家意識。這種精忠愛國的精神是中華民
族的巨大凝聚力，也是推動民族發展的巨大精神力量。特別是當國家
民族處於危急存亡之際，各族人民都起來反對外來的侵略和壓迫，
「保家衛國」，不屈不撓，不惜以身殉國。中華民族在幾千年的發展

中，在多次外族入侵面前之所以沒有亡國，與這種愛國主義傳統有著
直接的聯繫。我國歷史上曾出現過許多著名的愛國主義者和民族英
雄，如愛國詩人屈原、陸游，不辱使節的蘇武，前赴後繼抵禦外族入
侵的楊家將，精忠報國的岳飛、文天祥，還有鴉片戰爭時期的林則
徐、關天培，中日甲午戰爭中的鄧世昌等，都是中華民族愛國美德的
傑出代表。

（五）克己奉公

　　中華民族由於家族本位的社會結構和禮教文化的傳統，培育了一
種整體主義的精神，並在此基礎上形成克己奉公的美德。在傳統宗法
社會中，由於家族的整體利益關乎每一個家族成員，因此要求把維護
家族整體利益作為首要的價值取向。「禮」的精神本質上是一種秩序
的精神，突出的是整體秩序對個體的意義，要求個體服從並服務於整
體。中國倫理道德歷來強調公私之辨，把「公義勝私欲」作為道德的
根本要求，乃至把「公」作為道德的最後標準。朱熹曾說：「凡事便
有兩端，是底即天理之公，非底即人欲之私。」（《朱子語類》卷一
三）「公」之核心是去私意，「背私之謂公」。因而奉公就必須克己，
克盡己私便是公，亦即是天理。「克己」即剋制己私超越自我，服從
整體。當然，傳統倫理中的公私觀具有整體至上主義的傾向，它被統
治階級利用後便成為封建專制主義的工具。但中國道德並不完全反對
私利，關鍵看它是否合乎道德。孟子說：「非其道，則一簞食不可受
於人；如其道，則舜受堯之天下，不以為泰。」（《孟子‧滕文公
下》）克己奉公的精神，本質上是先公後私，個人私利服從社會公利
的精神，中國人歷來以「廓然大公」、「天下為公」作為價值理想。中
國文化中的大同境界，其基本精神就是一個「公」字。「大道之行
也，天下為公，選賢與能，講信修睦。故人不獨親其親，不獨子其

子，使老有所終，壯有所用，幼有所長，矜寡孤獨廢疾者皆有所
養⋯⋯是謂大同。」(《禮記‧禮運》) 這種「公」的精神培育是強化
對社會、民族的義務感和歷史責任感。在這種精神培育下，我國歷史
上曾出現過無數愛國愛民，為民族為社會舍小家顧大家的傑出人物，
他們創造了無數可歌可泣的業績，成為中華民族的驕傲。

（六）修己慎獨

　　性善的信念和性善論的傳統，使得中國倫理道德，乃至整個中國
文化，都建立在對人性尊嚴的強調與期待上。中國傳統倫理深信，人
性中具備了道德的一切要素與可能，因而「為仁由己」，只要安倫盡
份，反躬內求，便是道德的完成。由此形成向內探求的主體性道德精
神，集中體現為以律己修身為特徵的道德修養學說。這種修養學說強
調自主自律、自我超越以維護人倫關係和整體秩序，建立道德自我，
其基本精神是「求諸己」。孔子說：「君子求諸己，小人求諸人。」
(《論語‧衛靈公》) 君子「不怨天，不尤人」(《論語‧憲問》)，「躬
自厚而薄責於人」(《論語‧衛靈公》)。儒家把修己、養身看做是立身
處世、實現人的價值的根本，「自天子以至於庶人，壹是皆以修身為
本」(《大學》第一章)。「知所以修身，則知所以治天下國家矣」(《中
庸‧第二十二章》)。在中國倫理史上，形成了一整套富有民族特色的
修養方法，如慎獨、內省、自訟、主敬、集義、養氣等等，最有代表
性的就是曾子所說的「吾日三省吾身：為人謀而不忠乎？與朋友交而
不信乎？傳不習乎？」(《論語‧學而》) 中國傳統道德歷來有「慎
獨」的告誡：「君子戒慎乎其所不睹，恐懼乎其所不聞。莫見乎隱，
莫顯乎微，故君子慎其獨也。」(《中庸》第一章) 慎獨就是在自我獨
處時要嚴於律己，戒慎恐懼，「如臨深淵，如履薄冰」。修己慎獨的修
養傳統培養了中華民族踐履道德的自覺性與主動性，造就了許多具有
高尚品質和堅定節操的君子人格。

（七）見利思義

　　對義利關係的處理集中體現了中國倫理道德的價值取向。傳統義利觀的內容十分復雜，重義輕利的傾向也曾影響中國社會經濟的發展，但應當說先義後利、以義制利才是傳統義利觀的基本內容和合理內核，也是中華民族十分重要的傳統美德。孔子強調「見利思義」，並把它作為區分君子小人的重要標準。孟子要求「先義而後利」，培養「配義與道」的浩然正氣。荀子明確提出：「先義而後利者榮，先利而後義者辱。」（《荀子‧榮辱》）宋明理學在把義利與公私聯繫的同時，又把義利與天理人欲等同，一方面強調「正其義不謀其利」；另一方面又認為「正其義而利自在，明其道而功自在」，從而得出了「利在義中」、「義中有利」的結論。宋明理學雖有重義輕利的傾向，但整個傳統價值觀的基調和主流是先義後利。明清之際的思想家批判了宋明理學的義利觀，提出「正義謀利」，「天理寓於人欲之中」，強調的仍然是「義中之利」，實際上還是遵循「先義後利」的原則。以義為人的根本特點和價值取向，是中華道德精神的精髓，它昇華為「生以載義」、「義以立生」的人生觀：「將貴其生，生非不可貴也；將舍其生，生非不可舍也。⋯⋯生以載義，生可貴；義以立生，生可舍。」（王夫之《尚書引義》卷五）它昇華為中華民族「殺身成仁」、「捨生取義」的崇高道德境界。孟子的表述，集中體現了這一精神境界：「魚，我所欲也；熊掌，亦我所欲也。二者不可得兼，舍魚而取熊掌者也。生，亦我所欲也；義，亦我所欲也。二者不可得兼，舍生而取義者也。」（《孟子‧告子上》）由此形成「以身任天下」的堅貞之志，「寵不驚而辱不屈」，「生死當前而不變」。這種道德觀念是鼓舞志士仁人為民族大業義無反顧地獻身的重要精神力量，也是中華民族崇高道德人格的光輝寫照。

（八）勤儉廉正

　　中國人民歷來就以勤勞節儉、廉明正直著稱於世。他們以勞動自立自強，形成了熱愛勞動、吃苦耐勞、誠實勤奮的憂秀品質。與此相聯繫，中華民族又有尚儉的傳統。對勞動者來說，「儉」是對自己勞動成果的珍惜。「鋤禾日當午，汗滴禾下土，誰知盤中餐，粒粒皆辛苦」的詩句就反映了「儉」與「勤」的天然聯繫。孔子把「溫、良、恭、儉、讓」作為重要的德目，強調勤儉戒奢。老子提出為人處世的「三寶」是：「一曰慈，二曰儉，三曰不敢為天下先」（《老子》第六十七章），要求「去甚，去奢，去泰」（《老子》第二十九章）。比較接近下層勞動人民的墨家更是主張「節用」、「節葬」。三國時，諸葛亮提出「儉以養德」的思想，要求「淡泊明志，寧靜致遠」。對為政者來說，「儉以養德」的德，主要是廉德。廉既是對為政者的要求，也是一般人應有的品德，因為無「廉」則不「潔」，無「廉」則不「明」。「廉者，清不濫濁也。」（《周禮‧小宰注》）清白不污，純正不苟，為「廉潔」；能辨是非，以義取利，是「廉明」；能自我約束而不貪求，是「廉儉」。「廉猶儉也。」（《淮南子‧道訓》）「廉」的根本是在取予之間，取道義，去邪心，嚴格自我約束。孟子把這樣的人格稱為「廉士」。正因為如此，法家把「禮、義、廉、恥」作為「國之四維」。有了「廉」，便可能做到「正」。「正」體現在品格上是「正直」，表現在待人是「公正」，作為境界又有所謂「正氣」。正人必先「正己」、「正心」，是為根本。「正」即是遵循公義和道德，因而又與「誠」、「中」等德目相通。「大學之道」就把「正心」作為重要的條目。勤儉廉正既是中華民族共同的價值取向，也是中國人共有的美德。中華民族之所以能在極其艱苦的條件下和各種困難的環境中不斷發展，與這些美德的具備是分不開的。魯迅先生曾把那些埋頭苦幹、拼命硬幹、為民請命、舍生求法的人稱為我們民族的脊樑。歷史上的

那些清官諫臣，在某種程度上正是體現了「廉正」的美德，才受到人民的稱頌和尊敬。

(九) 篤實寬厚

中國是一個以農業為主要生產方式的國家，長期的農耕生產，形成了中華民族質樸的品格和務實的精神。中國傳統道德崇尚質樸、樸素，儒家雖然重視「禮」的節文，但也要求以質樸為基礎。道家更是主張「見素抱樸」，以「返樸歸真」為最高境界。中國人在為人處事方面，以「實」為標準，反對虛偽、虛妄。老子說「信言不美，美言不信」，孔子認為「巧言令色，鮮矣仁」，要求君子「訥於言而敏於行」，「恥其言之過其行」。在長期的道德實踐中，中華民族形成了許多以「實」為價值標準的規範和美德，如老實、誠實、求實、踏實、平實、實在，形成崇尚實幹、反對空談的務實精神和實踐精神。在待人上，中華民族一向以寬厚為美德，嚴於律己，寬以待人，「躬自厚而薄責於人」。在人與人關係中，中國人以「將心比心」、「以心換心」為原則和原理，推己及人，設身處地為他人著想，在互動中達到人倫的和諧與人格的實現。現實生活中德化、感化、感通的實質就是以寬厚的道德人格打動別人，達到人我溝通的目的。日常生活中的「寬容大度」、「寬宏大量」、「厚德載物」、「忠厚長者」等道德評價，都是中華民族寬厚品德的體現。篤實寬厚的美德形成中國民族精神的崇實性和包容性，使得中華民族這個大家庭能夠和睦相處，形成連綿不斷的民族歷史和民族活力。

(十) 勇毅力行

這是中華民族在踐履道德方面所具有的德性和德行。或者說是在道德意志方面所體現的美德。中國自古就有「勇」的德目。孔子以

「知、仁、勇」為三達德，其中仁是核心，知所以知仁，勇所以行仁，三者形成知、情、意一體的德性。孟子認為，人格修養要達到「不動心」，即道德信念不被利益得失動搖的境界，就必須具有「勇」的品格。他把勇分為三種，憑力氣的血氣之勇，憑意志的意氣之勇，理直氣壯、恪守堅定的道德信念的「大勇」。「殺身成仁」、「捨生取義」就是這種大勇的體現。「勇」與「毅」相聯繫。「毅」即在艱難困苦中堅持下去的毅力，以及在遵循道德準則方面的毅力。孔子說：「剛毅木訥近仁。」「毅」的美德的突出體現就是養氣守節，固守高尚的情操。「富與貴，是人之所欲也；不以其道得之，不處也；貧與賤，是人之所惡也，不以其道得之，不去也。……君子無終食之間違仁，造次必於是，顛沛必於是。」（《論語‧里仁》）利害當前，擇善固執，抱持堅定信念，勇往直前，義無反顧，「見利不虧其義」，「見死不更其守」，「往者不悔，來者不豫，過言不再，流言不報」，「可親而不可劫」，「可近而不可迫，可殺而不可辱」（《禮記‧儒行篇》），這些都是說的堅毅、剛毅的品格。還有「士之為人，當理不避其難，臨患忘利，遺生行義，視死如歸」（《呂氏春秋‧士節篇》），「三軍可以奪帥，匹夫不可以奪志」，「富貴不能淫，貧賤不能移，威武不能屈」的「大丈夫」人格，也是以堅毅、勇毅為基礎和前提的。要堅持實現成聖成仁的目標，就必須強調「力行」，因此中國人十分重視「力行」的美德。中國文化認為，人格的完善，社會的進步，重心不在知與言，而在於行。「力行近乎仁。」「君子訥於言而敏於行。」「知之者不如好之者，好之者不如樂之者。」只有身體力行，才能成聖成仁。至王陽明，更是提出「知行合一」的命題，把力行的美德提高到哲學的高度。正是這種勇毅力行的美德，使得中華民族在各種險惡的環境中能夠化險為夷，自強不息，不斷前進。

三　傳統美德與典範道德人格

　　中華民族的傳統美德在中國社會的發展中起了十分重要的作用。它形成一種崇高的民族精神，建立起一種具有豐富內涵的民族道德人格。當然，對傳統美德本身也要進行歷史的分析。一般說來，傳統美德集中體現了我們民族的共性，它們具有普遍的和永恆的價值。有些德目在歷史上雖然曾經為統治階級所提倡和利用，但是，一方面要把統治階級的道德和統治階級某些成員身上體現民族共性的那些美德相區分，把統治階級的利用和傳統美德本身相區分；另一方面，統治階級之所以用某些道德來標榜自己，正說明它們是深入人心的、最有號召力的本民族共認的美德。當然，由於傳統美德長期踐履於中國傳統社會尤其是封建社會這樣一個特定的環境中，必有其歷史的局限性，如南宋的岳飛，懷著「精忠報國」的道德情操，在民族鬥爭中建立了不朽的功勳，可惜他把「精忠」擺在第一位，盲目地效忠於投降派控制的南宋王朝，結果非但沒有實現報國的抱負，反而被後人批評為「愚忠誤國」。這說明傳統美德在歷史的實踐過程中是具有兩面性的。

　　傳統美德在歷史上造就了各種道德人格，這些道德人格按照其體現道德理想的不同程度可分為聖人、賢人、仁人、大人、君子、成人、善人等等。正是這些理想人格的存在，在中國歷史上的各種生死危亡關頭才湧現出了許多挺身而出、不顧個人安危維護民族大義的志士仁人。民族英雄文天祥在〈正氣歌〉中如數家珍般地作了讚頌：「時窮節乃見，一一垂丹青：在齊太史簡，在晉董狐筆，在秦張良椎，在漢蘇武節；為嚴將軍頭，為嵇侍中血，為張睢陽齒，為顏常山舌；或為遼東帽，情操厲冰雪；或為出師表，鬼神泣壯烈；或為渡江楫，慷慨吞胡羯；或為擊賊笏，逆豎頭破裂。」（《文山全集》卷十四）他們是中華民族傳統美德的人格結晶和自覺體現。

第三節　中國倫理思想的基本原理及其歷史發展

中國是一個尊道貴德的國家，不僅整個社會的風尚重視倫理道德，尊重有德之人，而且思想家們也十分重視倫理道德方面的理論建構，總結、提升中國倫理精神，建立了豐富、多樣並且不斷發展、完善的各種倫理思想體係。中國傳統倫理思想體係，有兩個基本特點：一、它是中華民族的各種文化精神互攝整合而形成的有機體，儒家、道家、佛家是其基本結構要素，其中儒家倫理是主流與主體；二、它隨著中華民族與中國社會的發展而生長發育，在此過程中階級性與民族性、時代性與普遍性交錯並存，渾然一體，相輔相成，相補相協。把握中國倫理文化的真諦，就必須對中國倫理思想的歷史發展過程進行考察，由此才能發現中國倫理之深邃的人文原理與道德智慧。

一　中國倫理思想發展三階段

中國倫理思想的歷史發展，經歷了孕育展開—抽象發展—辯證綜合的辯證過程，它與中國社會歷史發展的三大階段（先秦—漢唐—宋明）正相符合，體現了邏輯發展與歷史發展的一致性。

（一）先秦——中國倫理精神孕育展開階段

在上古神話和《周易》中，我們可以大致發現中國倫理精神的某些基因。中國古神話有三個重要特點，一是崇德不崇力；二是懲惡揚善，善惡報應；三是重天命而輕命運。《周易》建構了中國倫理精神的原初的哲學模式：天人合一的宇宙論體係；「自強不息」「厚德載物」的精神；善惡報應的信念；陰陽二分的思維方式。它們體現了中國人最初建構自己的精神世界時的價值取向，對中國倫理思想的發展產生了普遍和永恆的影響。

　　西周確立了一個適合當時中國國情的、對中國社會與中國文化的發展產生了深遠影響的倫理秩序和意識形態，這就是周禮。周禮成功地把氏族社會的原理轉換為文明社會的倫理政治秩序，為日後中國社會建立了倫理生活的範式。西周以後，出現了春秋戰國時期的社會大變動和思想意識形態上的百家爭鳴，以此為契機，中國倫理精神得以展開，形成儒家、道家、墨家、法家等各種思想文化流派，其中以孔孟為代表的儒家的倫理設計最積極、最準確地體現了中國社會傳統的特點，故影響最為深遠。

　　孔子站在中國文化的歷史性轉捩點上，通過對春秋以前中國文化成果的總結，成功地對中國社會的生活秩序進行了倫理化、道德化的提升，創造了以禮、仁、中庸為內核的倫理思想體係，為儒家倫理提供了一個基礎。「仁」是孔子對中國倫理學最突出的貢獻，是中國倫理精神由自發走向自覺的標志。「仁」以愛人的道德意識和道德情感為根基，「仁者愛人」；其出發點是以「孝悌」為核心的親親之情；由此通過「忠恕」的環節推己及人，己立立人，己達達人，擴充為社會的倫理原理與道德情感。「仁」既是一切德性的生命根源和發端，又是最高層次的品德和德性的最高境界；同時還是道德行為的推動力。「為仁由己」，只要克己修身，篤實躬行，便可成為「仁人」。孔子以後，孟子從主觀能動的方面發揮了孔子的倫理思想。他的五倫說、性善論、修養論，以及仁、義、禮、智的價值體係，成為儒家倫理發展完善的重要環節，因而在中國文化史上，將孔孟並列，合稱為「孔孟之道」。在中國，當誕生了儒家倫理的同時，也就誕生了道家倫理，二者是一對孿生兒。在中國重血緣親情的入世文化中，儒家倫理具有必然性，但僅此還不足以使中國人確立安身立命的基地，儒家倫理精神的運作還需要道家的人生智慧作為結構上的補充。於是，入世與隱世，人倫情感與人生智慧，心與身，構成中國倫理理想性與世俗性、進取性與柔韌性的互補。中國倫理思想體係結構中還有法家與墨家。

但法家的政治倫理精神以政治代替倫理，最後導致了非道德主義。墨家的社會倫理精神代表了小生產者的理想，在精神取向與文化原理上又游離於「家」「國」之間，缺乏生長的根基，秦以後便中絕。因而只有儒道兩家才成為對日後中國倫理精神的發展產生廣泛深遠影響的兩個基本理論形態。

(二)漢唐──中國倫理思想的抽象發展和大一統、封建化階段

在先秦時期，中國倫理思想體係的基本要素已形成具備，但並沒有一家能占主導的或統治的地位。漢唐是中國倫理思想繼續發展和大一統、封建化的時期，這一社會發展的必然性與文化選擇的能動性相結合的過程又可分為三個小階段：兩漢儒家、魏晉玄學、隋唐佛學。

儒家倫理之所以能在兩漢以後占主導地位，就是因為它最能體現中國社會的特質和國情，同時其理論本身也發展得最為完備。秦漢之際，《禮記》成書，由此作為日後中國倫理精神生長的元典和本體的《四書》倫理體繫事實上已經形成。《大學》、《中庸》是《禮記》中的兩篇，它是先秦儒家倫理思想的提煉和概括。《大學》提出「三綱領八條目」，從「明明德」即復明自己光明的德性出發，經過「親民」即親親仁民的過程，最後止於君仁臣忠、父慈子孝、朋友有信的「至善」境界。這一過程具體展開為八個階段：格物、致知、誠意、正心、修身、齊家、治國、平天下。「大學之道」是培養統治階級理想人格的途徑，所謂「大學精神」就是「內聖外王」的精神，它體現了中國社會家國一體的原理和儒家倫理政治的本質。《中庸》揭示了儒家倫理「天人合一」的中庸境界與精神模式。從此，「極高明而道中庸」成為中國人修身養性的最高境界。《大學》、《中庸》是儒家倫理成熟的標志，然而，它並不就是封建倫理，中國封建倫理的真實形

態是董仲舒的「三綱五常」論。儒學的獨尊，董仲舒倫理體係的出現，標誌著中國倫理精神的封建化和抽象化的統一。「三綱五常」與以孔孟為代表的古典儒家倫理既有內在聯繫又有原則區別。「三綱」由「五倫」發展而來，它抓住了五倫中最重要的「三倫」，以此作為人倫的根本，應該說，這種提煉突出了中國家國一體的社會結構和君主專制政治體制中最本質的方面。但是，先秦儒家講的「五倫」關係是一種雙向的相對關係，而「三綱」關係則是單向的以人身依附和服從為原則的絕對關係。「五倫」雖然強調宗法等級秩序，有「夫義婦順」之類歧視婦女的內容，但它是以君臣、父子等的互惠互動和在上者的率先垂範為前提，具有較濃的人情味；而「三綱」則使倫理關係完全服從於封建政治關係，使雙向的人倫義務變成片面的等級服從，使得人對人的關係，變成人對理、人對份位、人對綱常的單方面的服從、義務關係。因此在一定意義上可以說，「三綱」是先秦原始儒家倫理思想的異化，其內容包含了封建性與民族性的深刻矛盾。

　　董仲舒以後，以「三綱五常」為核心的儒家倫理成為不可動搖的名教或禮教。魏晉南北朝時期的社會大動盪，使得儒家倫理陷入尖銳的衝突之中，道家精神的潛在，使中國倫理精神係統又出現了一種新的形態——玄學倫理。玄學倫理是試圖把儒道結合以克服人的精神和倫理生活中的矛盾的一種努力，其特點是「托好老莊」，用道家的「自然」價值觀對儒家的「名教」進行評判。但它的片面發展，形成一種苟且偷安、縱慾混世的人生態度。於是中國倫理又出現了新的精神形態——隋唐佛學。隋唐佛學以生死輪迴、因果報應的虛幻形式克服了傳統倫理中「德」與「得」、道德與命運的內在矛盾，在基本精神取向上又與儒家倫理契合，特別是禪宗的即心即佛，其宗教修行方式與儒家的修身養性理論實有相通之處，因此它又成為向儒家倫理回歸的中介環節。

（三）宋元明清——中國倫理思想辯證綜合階段

漢唐時期的社會發展表明，單一的儒家綱常倫理，或儒與道、儒與佛的簡單結合，都不能滿足中國封建社會的需要，而這一時期倫理思想的發展又為建立一個整合的倫理體係提供了可能。於是，宋明時期以儒學為核心的理學便應運而生。但這時的儒學，已不是孔孟的古典儒學，也不是董仲舒的官方儒學，而是融合了道玄與佛學的「新儒學」。

新儒學倫理最重要的學派是程朱理學和陸王心學。程朱理學建立了以「天理」為核心的倫理思想體係。「天理」是以綱常名教為核心的倫理道德本體。「人倫者，天理也」（二程《外書》卷七）。「理者，五常而已」（朱熹《晦庵文集》卷七十四）。人倫五常就是天理。經過這個轉換，人間的倫常之理便上陞為天道的法則，實現了「天道」與「人道」的統一。這種理論不僅為綱常名教找到了本然的根據，而且也使之具備了神聖性與永恆性，它表面上是以「天道」說「人道」，實際是把「人道」上陞到「天道」的高度。在此基礎上，程朱提出了「存天理，滅人欲」的口號，認為天理人欲，不容並列，其本質的區別是「公」與「私」的對立，「己者，人欲之私也；禮者，天理之公也」（朱熹《論語或問》卷一十二）。二者對立的實質就是對綱常禮教秩序的維護或破壞。這種倫理思想，一方面提倡整體價值觀，在理欲對立中突出人性的尊嚴和道德的能動性；另一方面它又與封建政治結合而淪為道德專制主義，成為「以理殺人」的工具。

陸王心學的基本範疇也是「理」，其基本宗旨也與程朱理學相同，即維護封建政治秩序的長治久安。二者的區別在於，陸王認為「理」不是外在的客觀實體，而是人的「心」或「良知」的先驗結構。心與理是一個東西，社會倫理規範與主觀道德觀念都是根源於人心，因而提出所謂「良心」概念，認為它不但是道德的根源，而且先

驗地具有辨別善惡的能力，人的道德修養不需要像朱熹那樣格物致知，大費手腳，而只要自識本心，存心明性。陸王心學的倫理思想受孟子的影響較大，而其思維方式又與禪宗的「即心即佛」一脈相承。陸王的根本目的也是要維護封建的「天理」，但「心」的主體能動性的充分發揮，在理論上又會導致對「理」的反思與理性考察，甚至導致對「理」的懷疑與否定。王陽明的「致良知」說要人們「破心中賊」，能動地進行封建道德修養，但由於他在理論上強調發揮主體的能動性，宣導懷疑精神，結果適得其反，在客觀上造成了對封建道德的離心力，最終導致了宋明理學的自我否定。所以當戴震大破理學體係，揭露其「以理殺人」的實質後，宋明理學便失去了存在的合理性，中國傳統倫理也必然要為近現代倫理所代替。

二　中國倫理學的結構和基本原理

由以上分析可知，中國倫理思想的發展，一方面受社會關係的制約，隨著社會關係的變化而變化；另一方面又有其內在的原理與發展邏輯。在中國傳統倫理思想體係中，既有時代性、階級性（主要是封建性）的內涵，同時又有某些普遍性、民族性的因素。封建性與民族性的區分是準確把握和認識中國倫理思想的關鍵。儒家倫理之所以能在中國占主導地位，當然與統治階級的利用與提倡分不開，但統治階級之所以選用它，很大程度上是因為它體現了我們民族的特點，適合於傳統中國社會的國情，就是說，它具備了相當程度的民族性。民族性構成中國倫理思想的普遍性與合理性，也就是「中國特色」的最重要的體現。

中國倫理思想體係主要由三方面內容構成：人倫關係原理，道德主體品格要求，人性的認同。概括地說，就是人倫、人道、人性。

「禮」的法則，「仁」的原理，修養的精神，構成中國倫理體係的基本結構要素。

　　「禮」是中國文化人倫秩序與人倫原理的最集中的體現和概括，可以說，中國倫理的秩序就是「禮」的秩序。中國倫理思想體係的建構過程，從某種意義上說就是「禮」的創造性轉化的過程：通過西周的維新，把氏族社會作為習俗法規的禮轉化為文明社會的秩序，即「周禮」；在春秋時期「禮崩樂壞」的背景下，孔子對「禮」進行了倫理化、道德化的提升，實現了禮的第二次轉化；兩漢時期，董仲舒把「禮」轉化為「三綱五常」大一統的封建禮教，這是第三次轉化；宋明時期，新儒學面對新的社會矛盾和倫理危機，把「禮」轉化為神聖的、絕對的「天理」。縱觀「禮」的這四次轉化，從倫理思想的層面說，其所包含的民族性因素主要有三個方面。第一，五倫設計。五倫是「禮」的基本構成，是中國倫理的範型，它貫穿於中國倫理思想發展的始終。五倫是以家族為本位，把家族血緣的情理上陛擴充為社會倫理的原理和國家政治的原理，建構起身、家、國、天下四位元一體的倫理係統，和以返本回報為原型的互惠互動的雙向的倫理關係，形成以「孝悌」為本的道德價值取向。以五倫為範型的中國倫理以仁愛為根本精神，其思路和運作過程是：親親─忠恕─仁道，從而達到個人倫理─家族倫理─社會倫理─國家倫理─宇宙倫理的貫通，建立起「親親仁民」、「民胞物與」的道德情懷。第二，整體主義。禮的精神，五倫的精神，首先是一種強調整體秩序的精神。它把整體秩序作為最高的價值取向，個體應在既有的人倫秩序中安倫盡份，維護整體的和諧。正因為如此，中國倫理從孔子開始就強調公與私的對立，並把它作為義與利的重要內容，到宋明理學更是以公私作為判斷天理人欲的標準，從而形成整體至上主義。當這種精神被統治階級所利用時，它助長了中國的封建專制主義。但是也不可否認，這種建立在家

族精神基礎上的整體主義又是愛國主義和民族凝聚力的重要基礎。第三，倫理政治。這是儒家人倫設計的實質。五倫設計的根本原理是血緣—宗法—等級三位一體，血緣—倫理—政治直接同一，把家族關係中的長幼之序上升為一般倫理法則，成為社會上的尊卑等級之別，在「親親尊尊」的基礎上形成所謂「君君、臣臣、父父、子子」的禮治秩序。於是，倫理政治化了，政治也倫理化了。一方面，政治的等級尊卑從血緣親疏中引申出來，具有神聖的、天經地義的性質；另一方面，又十分強調政治的道德價值與倫理機制。家國一體的社會結構成為「倫理政治」的基礎，因此，傳統倫理在中國社會中起到了某種準宗教的作用。

　　人倫既立，就要求按照人倫之理為人、待人，挺立道德主體，形成中國倫理的「人道」。這種「人道」的核心是「仁」，其內涵主要有：第一，人倫決定人格。中國傳統倫理認為，「仁也者，人也」。人在以血緣為本位的各種關係中確定自己的地位，如果抽掉了這些關係，抽掉了人在各種關係中的社會角色，人格就不可能存在。由於人倫設計中的家族本位、血緣親情構成道德人格的基礎，人們對人倫規範認同的過程主要就是情感內化的過程，各種倫理關係的處理，主要是家庭血緣之情的推廣。於是便使客觀倫理及其規範變成情感認同的對象，而不是理性思考的對象；也使得倫理關係和道德行為具有情感化的傾向，具有較濃的人情味。第二，仁、義、禮、智的價值體係。在中國傳統道德的發展中，雖然出現過許許多多的道德規範，價值體係也呈多元取向，十分複雜，但仁、義、禮、智總是主體，貫穿於整個中國倫理學的發展中。四者之中，「仁」是核心，其它諸德都是「仁」的運作與體現。可以說，仁、義、禮、智就是「中國四德」，它與理智、正義、節制、勇敢的「希臘四德」形成對照，體現了不同的民族精神。第三，德性主義。中國倫理道德以「修己安人」為模

式，以「內聖外王」為目標，不但追求道德人格的建立和提升，而且追求聖賢人格的實現，從盡己之性到盡人之性，從盡人之性到盡物之性，最後贊天地之化育，與天地參，實現天人合一的境界。因此，中國倫理的「人道」，不但是為人之道，待人之道，而且是治人之道。為人、待人、治人統一，才是中國式「人道」的完整結構。

　　人性論是中國倫理思想體係的基礎。中國傳統倫理植根於血緣親情，血緣親情出自人的本性，要論證倫理的合理性與道德的可能性，首先就必須到人性中去尋找根據。中國人性思想有以下特點：第一，強調人獸之分，突顯人的尊嚴。中國人性論是在人獸之分的意義上定義人性，把人性看成是人之異於、貴於禽獸者，把道德性作為人性的主要內容。性善論始終是中國人性論的主流，有的論者即使指明人性中有惡的可能，也是為了在戰勝、克服動物性的過程中突顯人性的崇高和偉大。可以說，整個中國倫理學就是建立在對人性的信任和期待上。第二，人格均等，人人可聖。中國傳統倫理雖然認為人的社會政治地位是有尊卑等級差別的，但卻認為道德人格是均等的，君子與小人在倫理生活中是可以轉化的。每個人都有道德高尚的可能，也都有成聖成賢的可能。「人皆可以為堯舜」成為中國倫理的普遍信念。這就把道德的主動權同時也把道德的責任交給了個體：既然人格是均等的，能否成聖成賢，關鍵就是自己努力不努力。第三，修身養性，向內探求。中國傳統倫理認為，人性之中具備了道德的一切要素，「萬物皆備於我」，「反身而誠，樂莫大焉」。因此，全部道德生活的實質就是如何克己修身，反求諸己，成己成人，修己治人。於是形成了中國倫理的修養傳統。「修養」的實質就是不斷超越自身，在個體欲望、現實利益與社會秩序、道德理想發生矛盾的時候，寧可剋制自己的欲望，也不放棄道德境界的追求。這種修養傳統，形成一種主體性倫理精神，這也是中國倫理思想的一大特點。

參考文獻

《論語》、《孟子》、《大學》、《中庸》

蔡元培著　中國倫理學史　東方出版社　1996年

羅國傑主編　中國傳統倫理道德（德行卷、規範卷）　北京市　中國
　　　人民大學出版社　1995年

沈善洪、王鳳賢著　中國倫理學說史（上、下卷）　浙江人民出版社
　　　1985、1988年

樊浩著　中國倫理精神的歷史建構　江蘇人民出版社　1992年　臺灣
　　　文史哲出版社　1995、1998年

思考題

1 為什麼說中國傳統倫理道德是中國傳統文化中的核心？

2 「仁」德的基本內涵有哪些？它在中華民族傳統美德中佔有什麼地
　位？試對中國倫理的「仁愛」與西方倫理的「博愛」進行文化比較。

3 「孝悌」之德對中華民族的發展具有怎樣的歷史意義？在二十一世
　紀，它是否還具有合理的道德價值？

4 在市場經濟條件下，為什麼還要講「誠信」？

5 什麼是「禮」？它有哪些倫理道德內涵？

第十三章
中國古代宗教

宗教作為一種社會意識形態，在人類文化史上一直佔有十分重要的地位。如果說，不懂得基督教就很難對西方文化有一個全面的瞭解，那麼，要深入地瞭解中國文化，就不能不懂中國古代宗教。

第一節　中國古代宗教是中國文化的重要組成部分

中國古代宗教所包甚廣，從遠古時代的自然崇拜、圖騰崇拜，到夏、商、周時期的天帝崇拜、祖先崇拜；從長期以來存在於民間的尊天、祭祖、拜鬼神，到漢魏以後廣為流傳的佛道二教，凡此均屬中國古代宗教。

一提起宗教，不少人很容易把它與求神拜佛、燒香叩頭等聯繫起來。其實，燒香禮拜、祭祀祈禱作為一種行事儀軌，固然是宗教的一個組成部分，但是，除了這些外在的表現形式之外，宗教還有其更深刻的內在蘊涵。

一　宗教也是一種文化現象

宗教一詞源於拉丁文 religare。Religare 有「聯繫」之意，故「宗教」之本義，是指人與神的一種關係。所謂「神」，是某種被神秘化了的超自然力量，如基督教的「上帝」、伊斯蘭教的「真主」、佛教中的佛、菩薩等。宗教最主要的特徵之一，是人對某種超自然力量的盲

目信仰和崇拜，這使得它與象徵人類文明之理性、理智是對立的。既然如此，為什麼說宗教也是一種文化現象呢？

在人類之初，由於智力水準極度低下，最早的原始人尚不能把自己與自然界、動物界區分開來，後來，隨著生產力的逐漸發展和智力水準的不斷提高，原始人漸漸能夠把「人」作為一個「類」同自然界、動物界區分開來，進而逐漸產生了「人類」的意識。當原始人能夠把「人類」同自然界、動物界區分開來並逐漸萌生自我意識的時候，他們才有可能抽象出一個與「人類」相對立的「神」，並祈求它的賜福與保護，正是在這個意義上，德國哲學家費爾巴哈說：「宗教根源於人跟動物的本質區別——意識。」[1]費爾巴哈這裏所說的「意識」，不是指那種某些動物乃至植物也有的自我感知或感性的識別能力，而是指對自身的本質及自身與自然界相互關係的意識，用費爾巴哈的話說，是「將自己的類，自己的本質性當作對象」的意識[2]，這種意識嚴格地說是一種自我意識。這種自我意識是人類思維發展到一定階段的產物，因此，宗教的產生本身就是人類文化活動的結果，是人類文化發展史上的一個重要環節。

宗教在其往後的發展過程中，更與各種文化現象結下了不解之緣。縱觀人類發展的歷史，幾乎所有的文化形態都與宗教有著密切的聯繫：不但那些直接標誌著人類文明的哲學、科學、文學、藝術、書法繪畫、雕塑建築等無不打上了深刻的宗教印痕，就連那些作為各個時代上層建築核心的政治制度、法律思想、道德規範等，也深受宗教的制約；至於宗教對於各個歷史時期、各個民族的生活習俗、社會心理、文化特徵的影響，就更是無處不在、難以盡說了。

1　費爾巴哈：《基督教的本質》（北京市：商務印書館，1984年），頁29。

2　費爾巴哈：《基督教的本質》（北京市：商務印書館，1984年），頁30。

　　以古代中國哲學為例，它所探討的最基本、最核心的一個問題，就是「究天人之際，通古今之變」。而中國古代哲學中的「天」，在相當程度上是中國古代宗教「天神」觀念的繼續和發展。不言而喻，如果對中國古代宗教一無所知，如果對中國古代宗教中「天神」觀念之內涵及源流遷變毫不瞭解，那就很難準確地理解和把握中國古代哲學的內在蘊涵和基本精神。

　　中國傳統學術思想向來以儒家學說為主流，而儒家學說在相當程度上是一種倫理哲學，其最核心的思想是「孝」。「孝」既包括對還活著的父母的贍養、孝敬，又包括對已故先人乃至祖宗的孝敬和祭祀。這種「慎終追遠」的傳統，實際上是中國古代宗教祖先崇拜的繼續和發展。如果對中國古代宗教中的圖騰崇拜、祖先崇拜等缺乏起碼的瞭解，那就很難較深入地去理解和把握以「孝」為基石的儒家倫理哲學。

　　宗教對中國古代文學、藝術的影響也是不可忽視的。治中國古代文學史者首先要碰到的一部著作就是《詩經》。《詩經》中的「天」隨處可見，既有讚頌上天的，更有怨天、罵天的。此中之「天」代表什麼，有何意蘊，為什麼要罵天，凡此等等，《詩經》的讀者、研究者們至少應略知一二，而要做到這一點，不能不瞭解中國古代宗教。一些長期從事中國藝術史研究的學者，更懂得瞭解中國古代宗教的重要性。因為在長期的藝術實踐中，他們深切地體會到，不懂得中國古代的宗教活動及其有關儀式，對於許多原始舞蹈、洞穴壁畫等，就很難搞清楚它的真實意蘊和創作動機。所有這一切都說明，中國古代的許多文化形式都在不同程度上受到中國古代宗教的影響，與中國古代宗教有著十分密切的聯繫。因此，要全面瞭解中國古代文化，就有必要梗概地瞭解一下中國古代的宗教。

二　中國遠古宗教

　　與世界上許多地區和民族一樣，宗教在我國有著悠久的歷史。早在遠古時代，我國就出現過自然神崇拜、動物神崇拜、鬼魂崇拜和祖先崇拜等原始的宗教形式，其中尤以自然神崇拜和鬼魂崇拜最為盛行。

　　所謂自然神崇拜，就是把諸如日月星辰、風雲雪雨乃至名山大川等自然現象神化，進而把它作為一種超自然力量加以崇拜，祈求它的保護和賜福。在世界宗教史上的各種自然崇拜中，當推日神崇拜為最盛。在我國古代典籍中，也有很多關於日神崇拜的記載，如《山海經》中關於「帝俊之妻（羲和）生十日」（《山海經‧大荒南經》）、《淮南子》中關於「堯使羿……上射十日而下殺　」（《淮南子‧本經訓》）、《楚辭》中關於「十日代出」等記載，大多與日神崇拜有關。所不同的是，有些則把太陽當做與本部族有血緣關係的善神、保護神來崇拜，有些則把太陽作為惡神、敵對者之神來對待。這種日神崇拜直至夏、商、周三代還很盛行。據有些學者考證，上古時代的一些神聖名號如伏羲、太皓、太昊、帝俊、重華（舜）等，都是古代太陽神的尊號。在記述古代祭祀及其它儀式的《禮記》中，日神曾被尊為「百神之王」，其中之《特效牲》曰：「郊之祭也，迎長日之至也，大報天而主日。」後人在解釋這段話時說：「天之神，日為尊。」「天之諸神，莫大於日，祭諸神之時，日居群神之首，故雲日為尊。」可見，日神在中國古代諸天神中曾經具有「群神之首」的地位。

　　日神崇拜所以會在中國乃至世界歷史上十分盛行，這與太陽對人類生活有著直接和強大的影響有關。太陽每天東出西沒，光芒萬丈，給人類帶來光明，帶來溫暖，但它也非一味賜福於人，三伏酷暑的烈日常常使人熾熱難熬，長年久旱，如火的驕陽更曬得大地生煙。生產力水準極度低下的原始人，既需要太陽的恩賜，又對其變化感到神秘

莫測和無可奈何，漸漸地把它作為一種神秘的超自然力量，匍匐於它的腳下，對它頂禮膜拜。這樣，與人類生活有著密切關係的太陽，就成為人類最先的崇拜對象。

除了日神崇拜外，中國古代也盛行月神崇拜，而在有些少數民族地區，月神則成為該民族或部族崇拜的主要神靈。例如，鄂倫春族先民主要靠狩獵為生，而大多數的野獸都是晝伏夜出，這種生產、生活習慣漸漸導致了鄂倫春族把月亮作為陪伴他們的主要神靈——「別亞」。每逢正月十日和二十五日，族人都要向月亮叩拜。如果一連幾天打不到野獸，飢餓的獵人就要舉行儀式，朝月亮叩拜，祈求護祐。如果發生月食，他們則非常恐懼，認為大禍即將來臨，大家競相敲響一切能夠敲響的東西，老人們則不停地叩頭祈禱。

古人對於自然神的崇拜，除了日神、月神之外，還有星神、雲神崇拜，風神、雨神崇拜，山神、地神崇拜，河神、樹神崇拜。總之，幾乎所有主要自然物和自然現象都曾經在不同時期、不同情況下被當做一種人格化的超自然存在而受到崇拜。這裏以歷史上有名的天子封禪祭天地和河伯娶婦的傳說為例，看看中國古人對山河之神的崇拜。

清代畢沅在其〈山海經新校正序〉中說：「禹與伯益主名山川，定其秩祠。」其實，祭拜山川之神並非始於夏代，在夏之前早就有祭名山大川的活動。進入階級社會以後，崇拜及祭祀山神常常成為各代最高統治者的一項重大的宗教活動，殷代卜辭中就有許多關於山神崇拜和祭祀山神的記錄，許多天子、國君登基之後都要舉行封禪天地的盛大儀式，其中最常受封受祭者，當推泰山，其次則是中嶽嵩山。《史記·封禪書》引述管仲的話說：「古者封泰山禪梁父者七十二家。」可見古代封禪祭山之盛。

對於河神的崇拜，人們很容易想到「河伯娶婦」的傳說，說的是魏文侯時，西門豹用巧計懲罰那些以替河神娶親為名敲詐民財的巫祝

和鄉紳。雖然傳說本身對河神取否定的態度，但從中卻可以看到河神
在當地歷史上的巨大影響。據有關史料記載，這種把河神人格化並對
它進行崇拜、祭祀的現象，早在戰國之前就已存在。殷墟卜辭中就有
不少關於以人、牲祭祀河神的記載。可見，河神崇拜在我國也有十分
悠久的歷史。

中國古代對於日月星辰、名山大川等自然神的崇拜，到了夏、
商、周三代後，逐漸發展為對於至上神——「天帝」的崇拜。中國古
代宗教中至上神的出現與世俗社會帝王的產生是相對應的。由於世俗
社會中出現了階級，出現了國家及作為國家最高統治者的帝王，因此
天國中也隨之出現了凌駕於眾神之上的「天帝」、「上帝」。這種現象
正如恩格斯所指出的：「沒有統一的君主就決不會出現統一的神。」[3]

在中國歷史上，與自然崇拜並存的另一種古代宗教是鬼魂崇拜。
鬼魂崇拜的理論依據是「靈魂不死」說。遠古時代的原始人由於不能
解釋做夢、生死等現象，錯誤地認為有一種獨立於身體之外或不隨形
體的死亡而消失的精神實體——靈魂，由於這種靈魂不會死亡，不受
時間和空間的限制，具有超人的能力，原始人既懼怕受到它的危害，
又希望能得到它的恩賜，久而久之，不死的鬼魂就成為遠古人普遍的
崇拜對象。出於趨利避害的本能，人們又總認為自己親人的鬼魂或自
己部落首領的鬼魂最能保護自己。慢慢地，對一般鬼魂的崇拜又逐漸
轉變為對自己祖先鬼魂或本部落首領鬼魂的崇拜，由之漸漸演化出祖
先崇拜。祖先崇拜在中國古代宗教中佔有十分重要的地位，以至到了
後來，祭祖成為古代民間最常見的一種宗教活動。

中國古代的宗教形式還有很多，諸如圖騰崇拜、占卦卜筮等，但
若大而言之，最有代表性的，當推以上所說的自然崇拜和鬼魂崇拜，

3　《馬克思恩格斯全集》，卷27，頁65。

以及由此發展起來的天帝崇拜和祖先崇拜。由於三代之前沒有留下文字記載，故遠古宗教與古代文化的相互關係，大多只能從社會民俗等方面去考察，至於三代及三代以後的天帝崇拜和祖先崇拜，則在中國古代哲學、文學、藝術等方面都打下了深刻的印痕。

第二節　道教與中國古代文化

　　宗教作為社會生活的一種反映，它的發展與社會的發展常常是相對應的，隨著古代中國逐漸由原始社會向階級社會過渡，中國古代宗教也漸漸由自然宗教過渡到人為宗教。如果說，以上所說的自然神崇拜和祖先崇拜多屬原始的自然宗教，那麼，秦漢以後所出現的道教，則是一種比較成熟、系統的人為宗教。

　　從歷史淵源說，道教是從古代的鬼魂崇拜發展而來的，但它又不僅僅是鬼魂崇拜，而是摻雜了秦漢時期的神仙信仰和黃老道術而成的。故道教的主要思想淵源有三：一是中國古代的鬼魂崇拜；二是戰國以來的神仙方術；三是秦漢時期的黃老道。

一　道教的創立及其歷史發展

　　道教之成為一個有組織的獨立的宗教，是在東漢時期。東漢順帝年間（公元126-144年），沛國豐（今江蘇豐縣）人張陵學道於鶴鳴山，依據《太平經》造作道書二十四篇，自稱出於太上老君的口授，並依據巴蜀地區少數民族的民間信仰，創立了道派。因入道均須交納五斗米，故稱「五斗米道」。據《華陽國志》記載：陵死，子衡傳其業。衡死，子魯傳其業。（《華陽國志・漢中志》）此即是歷史上所說的「三張」。「三張」所傳的「五斗米道」，主要是教人悔過奉道，以

符水咒語治病。此派教徒尊張陵為天師，故又稱「天師道」。

　　東漢時期道教還有另外一個教派叫「太平道」。此派由鉅鹿（今河北平鄉）人張角創立於漢靈帝熹平年間（公元172-178年）。史載張角信仰黃老道，自稱「大賢良師」。他在用符水咒語為人治病的同時，組織教團和「黃巾軍」。據史料記載，「十餘年間，徒眾數十萬，聯結郡國，自青、徐、幽、冀、荊、揚、兗、豫八州之人，無不畢應」（《後漢書‧皇甫嵩傳》）。太平道的基本思想是以黃老道和《太平經》的學說為中心，主要信仰咒術和內省治病。其盛衰與「黃巾軍」緊密相關，曾隨「黃巾軍」的發展而得到廣泛傳佈，後亦因「黃巾軍」的失敗而遭到致命打擊，轉為在民間秘密流傳。

　　道教在魏晉時期有一個較大的發展，東晉時的葛洪從神仙方術角度發展了道教，創立了道教的丹鼎一系。其代表作是《抱朴子》。《抱朴子》分內外二篇。內篇言神仙方藥、鬼神變化、養生延年、禳邪祛禍，屬道教；外篇言人間得失、世事臧否，屬儒家。《抱朴子》是儒道並舉之書。在神仙方藥方面，葛洪崇尚金丹輕舉，講究藥物養生，認為世人通過修煉吞丹而得道後，可不死而登仙。與葛洪同時，「天師道」在江東盛行，並逐漸向義理方面發展，先後形成上清、靈寶、三皇三支經法。這三支經法到南朝劉宋時由陸修靜匯歸一流，後陶弘景加以發揮，形成經錄係，史稱「南天師道」。

　　南北朝時，道教的最大發展是北魏寇謙之改革「五斗米道」，創立「北天師道」。寇謙之原係北魏嵩岳道士，自稱太上老君授予天師之位，命其改革、整頓道教，「除去三張偽法租米稅錢，及男女合氣之術」，而改為「專以禮拜求度為首，而加之服食閉煉」。寇謙之對道教的這一改革，使道教由原來的民間宗教一變而成為官方宗教。加之他確實革除了道教某些弊端，並制定了許多新的科儀，因此「自是道業大行」。

　　唐宋之後，南、北天師道與上清、靈寶等道派逐漸合流，形成以講究符籙為主的「正一道」。從信仰特徵和思想旨趣說，「正一道」崇拜鬼神，注重符籙，以畫符念咒、驅鬼降妖，祈福禳災為宗旨。與別的道派不同，信奉「正一道」的道士可以結婚。

　　唐宋之後道教的另一大派系是「全真道」。「全真道」與「正一道」相反，反對符籙，排斥咒術，而倡儒釋道三教合一，注重「識心見性」的內修真功。「全真道」在宋元時期是道教中勢力和影響最大的一個派系，其思想深受儒家和佛教的影響。進入明清之後，由於各方面的原因，道教日漸衰落。

二　道教的信仰特徵和基本教義

　　中國道教雖然源遠流長、派別繁多，但作為道教，又有其共同的信仰特徵和基本教義。

　　道教的基本信仰是「道」。此「道」係由被道教奉為經典的《老子》五千文而來，不過他們著重從宗教的角度去理解和闡釋老子所講的「道」，把它說成是宇宙萬物之本原，同時又是「靈而有性」的「神異之物」。道教信奉的最高神——「三清尊神」也是「道」的人格化。根據《道德經》的「道生一，一生二，二生三，三生萬物」的思想，道教把它衍化為「洪元」、「混元」、「太初」三個不同的世紀。三個世紀又進一步衍化為「三清尊神」：元始天尊手拿圓珠，象徵「洪元」；靈寶天尊身抱坎離匡廓圖，象徵「混元」；道德天尊手持扇，象徵「太初」。這樣，道教又從信仰「道」進一步演化為尊奉「三清尊神」。

　　道教的最終目標是「得道成仙」。所謂「得道」，道教解釋為「德言得者，謂得於道果」（《自然經》）。即是說，道之在我之謂「德」，

「德」者得道也。這顯然是從老子《道德經》而來。道教認為，通過修道，使人返本還原，與道合一，就可以成為神仙。道教所說的神仙，不但指靈魂常在，而且指肉體永生。因此，長生久視、全性葆真就成為道教的一個基本教義。

如何修煉才能得道果、成神仙呢？道教的不同派別有不同的修養方法。從大的方面說，丹鼎派、全真道認為通過內修、煉養，便可以達到長生久視的目的；而符　派、正一道則認為符　咒語、科儀齋醮可以禳災求福、祛病延年。至於具體的修行方法，道教有一系列的道功、道術。道功指修性養神的內養功夫，如清靜、寡欲、息慮、坐忘、守一、抱朴、養性、存思等；道術指修命固本的具體方法，如吐納、導引、服氣、胎息、辟穀、神丹、藥餌服食、符　齋醮等等。

從思想內容、信仰體系看，道教沒有什麼虛玄高深的理論。但是，作為一種土生土長的宗教，它卻保留著許多中國傳統的東西，因而與中國古代文化的關係十分密切。

三　道教對中國古代文化的影響

道教與中國古代諸文化形式中關係最密切的，首先當推古代科學。這是一種十分有趣的現象。本來，宗教以信仰為依據，而科學是建立在理性基礎之上的，從思維方式和思想理論說，二者應是相互對立的。但中國古代科學史卻為我們提供了這樣一個客觀事實，即中國古代科學中不少學科（如化學、醫學）與道教關係十分密切。

先看中國古代化學與道教的關係。道教的最終目標是長生久視、得道成仙。為了實現這個目標，道教徒們所採用的一種重要的修行方法就是服食丹藥。為了製作丹藥，道教徒們寫了許多煉造金丹的書，做了很多煉丹實驗，正是這些煉丹理論和實踐，翻開了中國古代化學

史重要的一頁。例如晉代葛洪的《抱朴子・金丹篇》對「還丹」的化學反應有一個概括，曰：「丹砂燒之成水銀，積變又成丹砂。」丹砂就是硫化汞。對丹砂進行燒煉，其中所含的硫變成二氧化碳，游離出水銀，再使水銀與硫磺化合，便生成硫化汞。這不但開了我國古代化學之先河，而且也是現代化學之先聲。

再看道教與中國古代醫學、藥物學的關係。道教煉丹家往往兼攻醫學和藥物學，葛洪在《抱朴子內篇・仙藥篇》中，詳細記述了靈芝、五玉、雲母、雄黃、珍珠、巨勝等等「仙藥」，據說服之則可延年益壽，甚至可以成仙不死。葛洪還撰有《金匱藥方》一百卷、《肘後備急方》八卷、《神仙服食藥方》十卷，這些書今天仍是藥物學研究者的寶貴參考資料。其中《肘後備急方》對於傳染病如天花、結核病等頗有研究，對免疫法也有較正確的認識。南天師道代表人物陶弘景對藥物學造詣頗深，史稱他尤善「方圖產物，醫術本草」。他所著《視農本草經集注》、《效驗方》、《藥總訣》、《肘後百一方》，對古代醫學和藥物學的發展都有重大貢獻。隋唐之際的著名道士孫思邈也精於醫藥。著有《備急千金方》三十卷、《千金翼方》三十卷，對於藥方之製作方法、疾病的診斷、治療和預防等都有詳細記載，對於今天的藥物學和中醫治療仍有積極的借鑒意義。

道教對於古代醫學的影響，還表現在氣功方面。氣功近幾年來在很多地區都頗盛行，但若要追根溯源，其源頭之一就是道教之守一、存思、服氣、內丹等修養方法。

道教對於中國古代文學藝術的影響也不容忽視。僅就小說一系言，從六朝至宋明，許多作品都深受道教的影響。如六朝出現了許多志怪小說，其中不少作品是專為道教而作的，如《漢武帝內傳》、《海內十洲記》、《洞冥記》；有些作品則與道教的思想內容關係十分密切，如《搜神記》、《後搜神記》等。六朝以降，以神仙道教為題材的

傳奇、小說代有其書，如唐代的《枕中記》、宋代的《太平廣記》、明代的《四遊記》《四遊記》除《西遊記》以佛教為題材外，其餘之《東遊記》、《南遊記》、《北遊記》均寫神仙，如八仙、靈官大帝，真武大帝等及後來的《封神演義》等等。中國古代詩歌也多有表現神仙、道情的作品，如漢代之後出現了許多遊仙詩。至唐之李白，更是「五嶽尋仙不辭遠，一生好入名山遊」，自號謫僊人，寫了很多與道教有關的詩作，且通道虔誠，頗具仙風道骨。其後的李賀、李商隱等著名詩人的不少詩作，也頗受道教的影響。

更值得一提的是，道教對於中國古代民俗的影響尤為廣泛、深刻，有些影響甚至延續至今。例如，對城隍、土地、灶君之崇拜和祭祀，幾乎遍及全國各個地區、各個民族乃至各家各戶。這種信仰就其源頭說，也許是出自原始宗教的地神崇拜，但後來都成為道教底層神靈。中國的老百姓，不管信仰道教與否，對這些神靈大都很恭敬，祭拜也頗殷勤。在一些較邊遠的地區，至今有些家庭的灶臺上還貼著諸如「上天言好事，下地保平安」的對聯，旨在請求灶神為一家人祈福保平安。每逢年末歲首，道教對於民俗的影響表現得更明顯。春節是中國人最大的傳統節日，在這傳統節日裏，從喜慶、娛樂到飲食、祭祀，集中地體現了中國民間風俗和傳統文化的特點。節日到來之前，很多人就忙於貼門神、灶馬，畫桃符、鍾馗，迎趙公元帥，十分熱鬧。此種習俗，自宋一直延續到近現代，有些甚至延續至今。其中之門神、灶馬、桃符、鍾馗等，均出自道教。

有鑒於道教對中國古代文化影響之巨大和深刻，以至有不少思想家認為，道教是中國文化根柢之所在，例如魯迅就曾說過：「中國文化的根柢全在道教……以此讀史，有許多問題可迎刃而解。」（〈致許壽裳〉）「人們往往憎和尚，憎尼姑，憎回教徒，憎耶教徒，而不憎道士。懂得此者，懂得中國大半。」（〈小雜感〉）許地山也有類似的看

法。他說：「從我國人日常生活底習慣和宗教信仰看來，道底成分比儒多。我們簡直可以說，支配中國一般人底理想與生活底，乃是道教底思想。」（〈道家思想與道教〉）

第三節　佛教的中國化與中國化佛教

與道教是一種土生土長的宗教不同，佛教則是一種外來的宗教。但是，佛教自傳入中國之後，由於受到中國古代經濟、政治傳統文化的影響，逐步走上了中國化的道路。隋唐之後，佛教與中國傳統文化相融合，進一步演化為中國化的佛教。

一　佛教的基本教義與佛法之東傳

佛教是當今世界三大宗教之一，產生於公元前六至五世紀的古印度，創始人是悉達多・喬達摩。釋迦牟尼是佛教徒對他的尊稱。他又被稱為「佛」或「佛陀」，意思是「覺者」或「覺悟了真理的智者」。據傳釋迦牟尼是古印度迦毗羅衛國淨飯王的太子，生於公元前五六五年，卒於公元前四八五年，與我國孔子所處的時代大致相當。

據有關資料記載，釋迦牟尼因親眼目睹了世間生老病死等各種苦難，因此毅然出家。先是到深山修苦行，但毫無所獲，後來在一棵菩提樹下經過四十九天宴坐沉思，悟到了一個「真理」，即世間的萬事萬物（包括人生）都是因緣（條件）和合而成的，一旦這些條件發生了變化或不存在，該事物就不復存在。因此，一切事物都是因緣而起的假象、幻影，都無自性，都是「空」的。既然如此，人們對於一切事物（包括自身）就不應該刻意追求，苦苦執著。既然對一切都無所追求、執著，又何煩惱之有！據說，當釋迦牟尼悟到這個「真理」

後，便「大徹大悟」，盡除煩惱，證成佛果了。

　　釋迦牟尼悟道成佛後，就開始收徒傳法。他所說的教法據說有八萬四千法門，但若就其根本思想說，可以用四個字加以概括，即「苦集滅道」。「苦集滅道」在佛教中也稱「四諦」、「四聖諦」。「諦」者，真實不虛之義，「四諦」即佛教的四個最基本的道理或真理。

　　所謂「苦」就是「人生皆苦」、「一切皆苦」。除了生、老、病、死諸苦外，還有「求不得苦」（即欲望得不到滿足之痛苦）、「愛別離苦」（即生離死別之苦）、「怨憎會苦」（即由於種種原因不得不與自己意氣不相投者一塊相處之苦惱）及「五取蘊苦」（由於把五蘊和合之假身執著為真實之存在所造成的種種痛苦）。在原始佛教看來，人生本身就是一個苦海。「苦海無邊，回頭是岸」，此「岸」也就是佛教所說的「涅」或者「入滅」，即「四諦」中的第三諦——「滅」。

　　當然，要「入滅」或者說要獲得解脫，首先必須弄清楚造成痛苦的原因，這就是「集」。「集」之本意是「招聚」或「集合」，意謂「招致」苦難的原因。原始佛教認為，造成人生痛苦的最根本的原因是「煩惱」，而「煩惱」之最大者即是貪、瞋、癡「三毒」，或叫「三大根本煩惱」。此外，還有慢、疑、見等諸多煩惱。因煩惱而迷於事、迷於理，此即為「惑」，有了「煩惱惑障」，遂使身、口、意做不善之業，故有三界輪迴之苦。

　　當然，僅僅懂得造成痛苦的原因還不夠，要擺脫痛苦，必須掌握脫離痛苦的方法，此即是「道諦」。「道」者，道路、途徑之謂，亦即方法。佛教認為，只要依照佛法修行，就能出生死苦海，到涅彼岸，進入一種「常樂我淨」的境界。

　　原始佛教所說的修行方法很多，最主要的有「八正道」、「三十七道品」等。後來，這些修行方法又被進一步概括為戒、定、慧「三學」。到了大乘佛教，「三學」又進一步發展為「六度」。

「四諦」法雖然是在原始佛教時期提出來的，但後來成為佛教的最基本的教義。因為所有的佛教學說和理論無非是在探討何以人生皆苦以及應該如何修行才能脫離苦海而進入涅彼岸。因此「四諦」法乃是貫徹佛教發展始終的最基本的教義。

佛教原先比較注重個人的解脫，但隨著時代的變化，逐漸由注重個人解脫發展為強調「慈悲普度」。如果說個人解脫有如一條小船，那麼「慈悲普度」則像一隻大船。故後來的佛教又稱「大乘佛教」，而稱以前的佛教為「小乘佛教」。大乘佛教的初期強調以「空」求解脫，故稱「空宗」；後來的佛教徒擔心「一切皆空」最終會把佛國也「空」掉，又提出一種「萬法唯識」的理論。在這種理論看來，雖然世間諸法都是空無自性的，但作為諸法本原之「識」（亦即「阿賴耶識」）則是真實的。相對於以前的「空宗」，此係佛教稱為「有宗」。印度佛教雖然典籍浩瀚、派別繁多，但若大而言之，不外大小二乘、空有二宗。到了公元十二世紀左右，由於佛教適應不了當時印度的社會需要，加上伊斯蘭教諸王的入侵，佛教在印度逐漸潰滅。此後，世界佛教的中心東移至中國。

當然，佛教並非到十二世紀才傳入中國，據有關史料記載，佛教早在兩漢之際就已東漸。對於佛教究竟於何時傳入，佛教界、學術界眾說紛紜，但比較一致的看法，認為佛教於漢哀帝元壽元年（公元前2年）已正式傳入中國。

二　佛教的中國化及其在中國的發展

佛教自傳入中國那一天起，受中國社會歷史條件的影響，就逐漸走上了中國化的道路。

佛教東傳之初，當時的中國人用傳統的宗教觀念去理解和接受佛

教，結果把佛教變成神仙方術的一種，釋迦牟尼被描寫成能分身散體、蹈火不燒、履刃不傷的神仙，阿羅漢也成為能飛行變化，「曠劫壽命，住動天地」（《四十二章經》）的仙家者流。本來，佛教是從反對神教中發展起來的，而其「一切皆空」的理論也不允許有什麼長生不死的神仙或永恆不滅的精神實體的存在，但在佛教剛傳入中國的相當長一段時間內，「神不滅」卻成為佛教的根本義。

東漢末年，隨著佛教的進一步傳入和流佈，佛經的翻譯日漸增多，逐漸形成安譯和支譯兩大系統。所謂「安譯」，即安世高係，屬小乘佛教，重修煉精神的禪法，比較接近神仙家言；「支譯」即支婁迦讖係，屬大乘佛教，主要傳性空般若學。「般若」是梵音，意譯即「智慧」。般若學所說的「智慧」，主要指「緣起性空」，通過悟解諸法空無自性去求得解脫。中土般若學肇端於支婁迦讖之傳譯《般若經》，但真正弘揚般若學，使它蔚為大宗的是鳩摩羅什及僧肇等高僧。

魏晉時期，玄學與佛學合流，形成「六家七宗」。所謂「六家」，指魏晉時期傳揚般若學的六個佛學派別，它們是本無、心無、即色、識含、幻化、緣會。「本元」一家後又分出「本無異」一宗，合稱「七宗」。從思想內容說，「六家七宗」都在談論、宣揚佛教「空」的道理，但具體說法卻各有不同。從立論角度、思想旨趣說，「六家七宗」又可概括為三個主要派別，即心無、即色、本無。

心無派即「心無宗」，其主要思想按僧肇在〈不真空論〉所說的，是「心無者，無心於萬物，萬物未嘗無」。也就是說，這一派主要是從破除「心執」的角度去談空，認為只要「心中無物」，即是空，至於外境外物的空與不空，可以不去管它。即色一派包括識含、幻化、緣會、即色四宗。這四宗的思想有一個共同點，都是從否定外境外法的角度去談空，認為一切外境外法本身就是緣會、幻化而有，並非實有，因而都是「空」的。本無派包括「本無宗」和「本無異

宗」。此二宗都以「本無」談空，帶有濃厚的玄學色彩。實際上，不僅本無思想接近玄學，其餘各宗在如何談「空」上，都與印度佛教的緣起性空思想不盡相同，用僧肇的話說，就是「偏而不即」，亦即偏離了正統的佛教般若學。僧肇對這些流派的思想逐一進行批判，指出般若學所說的「空」，亦即「不真」，因其無自性、不真實，故空。此說較接近於印度佛教所說的「空」之本意，僧肇也因此而成為般若學的總結者和終結者。進入南北朝後，中國佛教思想的主流逐漸轉向佛性理論。南北朝弘揚佛性學說的主要代表人物是慧遠、梁武帝和竺道生。

　　慧遠和梁武帝的佛性學說，都是建立在中國傳統的「靈魂不死」或「神不滅」的思想基礎之上的。慧遠以「法性」談佛性，而此「法性」既是永恆不滅的精神，又是無處不在的「法身」，是把印度佛教佛性理論與中國傳統的「神不滅」的思想融合在一起的典型代表。梁武帝以「真神」說佛性，以「神性不斷」說「成佛之理皎然」，其「真神論」帶有更濃厚的「靈魂不死」的色彩。只有竺道生以「理」說佛性、以「體法」為佛的思想較接近於印度佛教的佛性學說。但竺道生所大力提倡和弘揚的「一切眾生悉有佛性」理論和「頓悟成佛」思想，則深受中國傳統的「人皆可以為堯舜」思想的影響，而正是這一「眾生有性」說和「頓悟成佛」思想，自南北朝之後，逐漸入主中國佛教界，成為中國佛學的主流。

　　隋唐二代是中國佛教的鼎盛期，也是中國佛教的成熟期。這個時期的佛教學說，從某種意義上說，都是一種佛性理論，但其思想內容卻出現了一種傾向，即注重心性。可以說，隋唐時期的佛教學說的最大特點，是把佛性心性化，或者換一個角度說，是把儒家的心性佛教化。

　　就表現形式來說，隋唐時期的佛教是一種宗派佛教。此時期出現

的佛教諸宗派，大多另闢蹊徑，自造家風，以「六經注我」的精神，「說己心中所行法門派」。天台宗以「性具善惡」的佛性理論和止觀並重的修行方法，一改佛教關於佛性至善的傳統說法和「南義北禪」的分裂局面，建立了第一個具有中國特色的統一的佛教宗派；其「五時八教」說更是別出心裁、自成系統，以自家的理解，對釋迦一代說法進行重新編排。天台宗不依經教精神，以至有人責備它改變了印度佛教的本來面目。華嚴宗在糅合百家、兼收並蓄方面比天台宗走得更遠，它以「圓融無礙」的理論為法寶，調和了中土佛教史上「眾生有性」與「一分無性」的尖銳對立，使它們各得其所；根據《大乘起信論》的「心造諸如來」及「一心二門」等思想，改變了《華嚴經》以「法性清淨」為基礎說一切諸法乃至眾生與佛的平等無礙，從而使中土佛性論的唯心傾向更加明顯，為以心為宗本的禪宗的產生和發展鋪平了道路。而作為中土佛教之代表的禪宗，更是全拋印度佛教之源頭而直探心海，由超佛之祖師禪而發展到越祖之分燈禪，完全改變了傳統佛教之面貌。至此，印度佛教的中國化已發展成為中國化的佛教。

三　中國化佛教是中國文化的組成部分

籠統地說中國佛教是中國文化的重要組成部分，也許較難為人們所理解和認同，但如果把中國古代文化具體化為諸如哲學、文學、書法繪畫。雕塑建築等文化形式，那麼佛教對於中國古代文化的巨大而深刻的影響，中國佛教之作為中國古代文化的重要組成部分的問題就變得非常的顯而易見了。

以哲學為例，中國古代哲學曾被概括為這樣幾個發展階段，即先秦諸子學、兩漢經學、魏晉玄學、隋唐佛學、宋明理學。暫時撇開佛教傳入中國之前的先秦子學和兩漢經學不論，自魏晉以後，中國古代

哲學就與佛教結下了不解之緣。如魏晉之玄學，先是作為般若學傳播的媒介，進而與般若學交融匯合，最後為般若學所取代。因此，不瞭解般若學，就很難對玄學有全面深入的理解。至於隋唐二代，佛學已成為當時社會勢力極大的一個思想潮流，如果在談論隋唐哲學時把佛學排除在外，那麼，隋唐哲學就會變得十分單薄。因此，許多著名學者都主張應該把隋唐佛學與儒家哲學同等看待，都看成是中國傳統文化的嫡派真傳。至於宋明理學，從表面上看，它是屬於新儒學，但是，正如歷史上許多思想家所一再指出的，宋明理學是「陽儒陰釋」、「儒表佛裏」，亦即表面上是儒學，骨子裏是佛學。特別是在思維模式、修行方法等方面，理學受到佛教的影響就更加明顯。可以這麼說，如果不懂得佛教的本體論思維模式和「明心見性」的修行方法，對於理學就如同隔岸觀火。

再如詩、書、畫。這三者向來被稱為中國古代文化之冠冕。但無論是詩歌，還是書法、繪畫，都打下了佛教的深刻印痕。以詩為例，從魏晉的玄言詩，到南北朝的山水詩，從唐詩到宋詞，無一不受佛教的深刻影響。作為兩晉山水詩集大成者謝靈運，本身就是一個對佛教義理頗有造詣的佛教徒。唐代的幾位大詩人也多涉足佛教。李白以耽道著名，但也有「冥坐寂不動，大千入毫髮」之句；杜甫雖然崇儒，卻也有「身許雙峰寺，門求七祖禪」之詠。白居易則佛道兼修。早年白居易雖不信佛、道，但自江州之貶後，深知仕途艱險，於是寄情於山水詩酒之間，借曠達樂天以自遣，轉而煉丹服食，繼而皈依佛教，以「香山居士」自許。王維崇佛更甚，其禪詩在中國詩歌史上佔有舉足輕重的地位。宋代蘇東坡、黃庭堅等詞壇鉅子，更在他們與禪僧大德的交遊酬唱中留下了許多名作佳話。至於小說、書畫、雕塑、建築等，也都與佛教有著十分密切的聯繫。如中國古代小說，其源即出自佛教之變文；而中國古代的許多書畫名作，或出自釋門大德，或以佛

教為題材。更值得一提的是，中國古代詩、書、畫都很注重「境界」，而詩人「境界」與佛教的「禪機」多有相通之處，誠如湯顯祖所說：「詩乎，機與禪言通，以若有若無為美。」書、畫之道與佛理禪趣多遙相契合。正因為如此，唐宋之後的詩、書、畫的發展變化，常常與佛教的發展變化息息相關。

第四節　三教交融與儒學的宗教性

　　中國古代的學術文化，史籍中常有「三教」之稱。所謂「三教」，亦即儒教、佛教與道教。佛、道之為宗教，學術界似無異議。至於儒教是否亦屬宗教，學者們則見仁見智，莫衷一是。有些學者指出，「儒教」之「教」，是指教育之「教」，教化之「教」，而非宗教之「教」；有些學者則認為，儒教與佛、道二教一樣，同屬宗教。這裏不想去評判二說孰是孰非，只準備扼要介紹一下較有代表性的觀點，從中看看儒學與宗教的相互關係。

一　儒家學說的入世精神

　　儒家有傳統儒家與「新儒家」之分，但二者有一個共同點，都注重用世，具有強烈的入世精神。

　　儒家自孔子起，就主張重人事而遠「天道」。孔子的一生，一直在實踐這一主張。為了「用世」，他曾大聲疾呼：「苟有用我者，期月而可，三年有成。」（《論語‧子路》）為了「濟世」，孔子親率弟子「斥於齊，逐於宋，困於陳蔡之間」（《史記‧孔子世家》），「累累然若喪家之犬」（同上）。他雖然對管仲的越禮行為頗有微辭，但卻推崇其「相桓公，一匡天下，民至今受其賜」；子貢問：「如有博施於民而

能濟眾，可謂之仁乎？」他回答說：「何事於仁，必也聖乎。」（《論語・雍也》）其用世之心，濟世之情，溢於言表。

孟子繼承孔子的傳統，主張「用世」，提倡「濟天下」。他曾對齊王說：「王如用予，則豈徒齊民安，天下之民舉安。」（《孟子・公孫丑下》）並把自己視為「名世之士」，宣稱：「如欲平治天下，當今之世，舍我其誰也。」（同上）孟子的一句名言──「窮則獨善其身，達則兼濟天下」，後來更成為中國士大夫的座右銘和行為準則。

孔孟之後，歷代儒家均提倡「入世」、「用世」，就連董仲舒那樣的儒者，雖然一再聲稱「正其誼不謀其利，明其道不計其功」，但仍強調：「聖人之為天下者，興利也。」（《春秋繁露・考功名》）降至宋明，理學家們更把提倡「正心、誠意、修身、齊家、治國、平天下」思想的《大學》抬到了「四書」的地位。

宋明新儒學的學術重心，在於心性義理，講修心養性、成賢作聖。但是，修養到什麼樣的境界，才成其為聖賢？朱子認為：「自古無不曉事之聖賢，亦無不通變之聖賢，亦無閉門獨坐之聖賢。」（《宋元學案・朱子學案》）二程也主張聖賢應該是管事的聖賢，「入世」的聖賢，認為「世事雖多，淨是人事。人事不叫人去做，更叫誰做？」陸九淵更以「同體大心」來說明「宇宙內事乃是己分內事，己分內事乃宇宙分內事」（《宋元學案・象山學案》）。南宋永嘉學派的代表人物葉適把「憂世」看得比「仁」更重要，他說：「讀者不知按統緒，雖多無益也；為文不能關教事，雖工無益也；篤行而不合於大義，雖高無益也；立志而不存於憂世，雖仁無益也。」（《葉適集・贈薛子長》）。

兩宋之後，有感於宋之滅亡，儒門學者對於「憑空蹈虛、高談性命」更為深惡痛絕，明之宋濂便宣揚「真儒在用世」，主張「生有補於世，死有聞於世（方孝孺：〈送方生還寧海〉）；黃綰、方孝孺等更

直接提倡「經世之學」，主張「以經綸天下為己任」，明言「儒者之道……無有不達乎世務而可以為儒者」（方孝孺：〈龐統〉）。明清之際及清代的一大批儒門思想家更大講「經世致用」明確地提出了「天下興亡，匹夫有責」的響亮口號。

縱覽儒學的歷史發展，自先秦至明清凡兩千餘年，始終有一條主線貫串其中，即志存天下，積極用世。中國儒家的這種入世精神，現在有些學者將其稱之為「憂患意識」。而最能體現這種「憂患意識」的，當是宋代范仲淹在〈岳陽樓記〉中留下的那句名言：「先天下之憂而憂，後天下之樂而樂。」中國儒家的這種憂患意識，這種入世精神，確實與宗教主張離世脫俗很不相同，因此，不少學者認為儒家不是宗教。

但是，出世、入世問題雖是衡量一種學說或流派是否屬於宗教的重要標準之一，而這種標準本身也不是絕對的。例如作為中國佛教代表的禪宗，就明確主張淡泊世間與出世間的界限，認為「佛法在世間，離世無佛法。」反對離世脫俗，隱遁潛修，提倡既出世亦入世。反之，儒家雖然始終提倡積極入世，但這並不意味著儒家絲毫不具有宗教的品格和功能。

二　傳統儒學具有濃厚的宗教色彩

從思想淵源來說，儒家學說是夏、商、周三代思想的繼續，而在三代占統治地位的思想是「天神」觀念。其時之「天」，不僅是自然界眾神之首，而且是政治、道德的立法者。它雖「無聲無臭」，並不一定被人格化，但宇宙之秩序、萬物之生長、王朝之更替、軍國之大事，都要聽從於「天命」。當時之所謂「聖人」者，惟「順天命」而已！儒家創始人孔子在中國文化史上的最大貢獻是「人」的發現，他

罕言「性與天道」而注重人事，對鬼神敬而遠之，把眼光轉向現實的人生。這種思想傾向在當時確定具有一定的反宗教或者非宗教意義。但是，人類思想的發展，往往不是一蹴而就的，而新舊思想的交替，也不像「利劍斬束絲」那樣一刀兩斷。說孔子發現了「人」，在中國思想史上開始了從「天」向「人」的轉變，並不意味著孔子已經拋棄了「天」，打倒了「天」，孔子思想已不再具有任何宗教色彩。實際上，作為遠古農耕、游牧經濟產物的原始的「天神」觀念，雖經春秋時期「怨天」、「罵天」思潮的衝擊而逐漸有所動搖，但人類歷史上幾千年乃至幾萬年的思想積澱，並非一朝一夕或個別思想家就能輕易沖刷得掉的。實際上，不但孔子沒有完全拋棄或打倒「天」，整個儒家學說都沒有完全拋棄「天」這個外殼，都是在這個既「無聲無臭」又至高無上的「天」之下去談道德，做文章。儘管因時代的不同，或稱之為「天命」，或名之曰「天道」，或冠之以「天理」，但「天」一直是政治思想和人倫道德之本原，所謂「奉天承運」、「天命之謂性」等等，都說明「天」、「天命」、「天道」仍是儒學家說的最高範疇。既然「天」的宗教色彩不可能一下子洗刷乾淨，那麼儒家學說又怎能不具有相當程度的宗教色彩呢！

　　這一情況到了漢代大儒董仲舒那裏更發生了重大變化。如果說先秦儒家有意無意地在做淡化「天」的宗教色彩的工作，自覺不自覺地逐步從人格神的「天」中解放出來，那麼，董仲舒「道之大原出於天，天不變，道亦不變」思想的提出，尤其是他在「天人感應」理論下把「天」進一步神化、人格化，儒家的「天」又被宗教化了。尤有甚者，董仲舒還把世間的一切，包括政治制度、倫理綱常等，統統歸結於「天」，所謂「王者法天意」，「人受命於天」，「王道之三綱，可求於天」（《基義》）等等，把先秦儒家所建立的一整套正在逐步脫離宗教的政治、倫理學說，又重新神學化、宗教化。

　　此外，傳統儒學的宗教色彩還大量地表現在修養理論上。由於儒家把人倫道德歸諸「天」，認為人的「善性」、「善端」是一種先天的稟賦，因此，一切道德修為，無非是為了發明此先天所稟賦的「善性」、「善端」。既然如此，宗教式的主觀內省，就成為儒家的一種重要的修行方法。從孔子的「吾日三省吾身」（《論語‧公冶長》），到孟子的「反身而誠，樂莫大焉」（《孟子‧盡心上》），從《中庸》的「反求諸其身」，到李翱的「復性」論，所走的都是一條通過反省內求以上達天道的道路。

　　儒家修行方法的宗教色彩還表現在「慎獨」的修行理論中。所謂「慎獨」，即在隻身獨處、無人知曉時，也必須十分謹慎地使自己的行為舉止符合於道德準則。這種修行理論在相當程度上帶有「上帝臨汝，無二汝心」的宗教色彩。因為你在孤棲獨處時，儘管他人不能看到你之所作所為，但天地鬼神是洞察幽微的，因此君子應當「慎乎其所不睹」、「慎乎其所不聞」。

　　「寡欲」也是儒家的一種基本的修行方法。儒家認為，破壞天賦「善端」，污染澄明心性的最根本的東西，就是人的各種欲望，因此，保護澄明心性不受污染的最好辦法之一，就是要善於「養心」，而「養心莫善於寡欲」（《孟子‧盡心下》）。自孟子之後，儒家都持是說，且愈演愈烈，至後儒更出現「寡欲以至於無」的主張，認為只有這樣，才能誠立明通，成賢作聖。此種由「寡欲」而「無欲」的主張，更帶有濃厚的宗教禁欲主義的色彩。

三　宋明理學具有準宗教的性格

　　儒家學說的宗教色彩發展到宋明理學進入了一個新的階段。如果說，由於受到中國傳統宗教的影響，傳統儒學在天道觀和修養方法等

方面帶有相當濃厚的宗教色彩，那麼，由於南北朝之後儒、釋、道三教的不斷融會，由於儒家大量地吸收了佛、道二教的有關思維方法和思想內容，宋明時期的新儒學把佛、道二教的許多思想內在化了，從而使自己具有了準宗教的性格。

南北朝後，代表中國古代三大思想潮流的儒、釋、道一直處於既相互鬥爭，又相互融攝的局面。其時三教中的有識之士，都站在維護本教的立場上，一方面高唱三教一家；另一方面極力抬高自己並大量吸收對方思想，企圖建立一個包容並超越對方的思想體系。道教在「紅花白藕青荷葉，三教原來是一家」的口號下，沒有放鬆對儒佛二教的攻擊和吸收，至宋元終於建立了一個三教合一的「全真道」。佛教則在加快統一內部禪教合一步伐的同時，通過權實、方便究竟等說法，把自己變成一個凌駕於儒道二教之上的「直顯真源究竟教」。儒家則憑藉著自己在中華民族中根深蒂固的影響，以及在政治、宗法制度等方面的優勢，自覺不自覺、暗地裏或公開地把佛道二教的大量思想納入自己的學說體系之中，建立起一個熔三教於一爐的「新儒學」。

宋明新儒學之深攝佛教思想，首先表現在作為其理論綱骨之「心性」學說，實是隋唐佛教佛性理論的翻版。雖然「心性」問題本是傳統儒家最注重的，但由於隋唐佛教成功地把儒家的心性學說佛性化、本體化，使得隋唐佛教的佛性論在相當程度上變成一種佛性化、本體化了的心性理論，而這種佛性化、本體化了的心性理論又為宋明新儒學的援佛入儒提供了極大的方便，使得作為宋明新儒學最高範疇的「天理」、「天道」、「本心」、「良知」等，在思想蘊涵上，吸收了隋唐佛教的「佛性」論，從而使宋儒的「心性義理之學」，在相當程度上已是一種儒學化了的佛性理論。

其次，由於宋明新儒學把心性本體化，其修行方法也逐漸地由

「修心養性」轉向禪宗式的注重證悟的「明心見性」。故爾，朱熹有「豁然貫通」之說，陸象山「多類揚眉瞬目之機」，王陽明則明言：「本體工夫，一悟盡透。」實際上，當宋明新儒學把心性本體化並把「明本」、「反本」作為其思想之歸趣後，在修行方法上一定要走上注重證悟的道路，因為對於本體只有採用整體直觀的方法才能把握。

此外，從思想內容來說，宋明新儒學千言萬語，無非是教人「存天理，滅人欲」，此「滅欲」說無疑具有強烈的宗教禁欲主義性質。而理學家們所極力提倡的主觀內省、「主靜」、「居敬」、「半日讀書，半日坐禪」等，更具有濃厚的宗教式的面壁修行的色彩。

實際上，宋明新儒學的宗教色彩，宋明之後的許多思想家早已說得十分明確，他們或曰理學為「儒表佛裏」，或稱心學為「陽儒陰釋」，有人更直言沒有佛學就沒有宋明理學。明清之際的思想家顧炎武說：「今之所謂理學，禪學也。」梁啟超也認為理學是「儒表佛裏」。周予同指出：「吾人如謂無佛學即無宋學，絕非虛誕之論。宋學之所號召者，曰儒學；而其所以號召者，則實為佛學。」凡此諸說均表明宋明理學是一種儒學化了的佛學，是一種具有準宗教性格的政治倫理哲學。

參考文獻

朱天順著　中國古代宗教初探　上海市　上海人民出版社　1982年
任繼愈主編　中國道教史　上海市　上海人民出版社　1990年
賴永海著　中國佛教文化論　北京市　中國青年出版社　1999年

思考題

1 如何理解中國古代宗教是中國古代文化的一個重要組成部分？
2 中國佛教與儒家思想是如何相互影響、相互交融的？

第十四章
中國古代哲學

　　中國哲學在中國文化系統中起著主導的作用。中國傳統文學、藝術、教育、科學、宗教、風俗等等，莫不受哲學思想的引導和影響。中國哲學凝聚了中華文化的基本精神，是中華民族數千年文明發展的結晶。在西方文化中，宗教處於核心的地位，然而在中國文化中，宗教的功能基本上是由哲學承擔的。自古以來，中國人對宇宙的看法，對人生的看法，他們生活的意義，他們的價值信念，他們賴以安身立命的終極根據，都是透過中國哲學加以反映、凝結和提升的。要深入瞭解或把握中國文化的精髓，不能不瞭解中國傳統哲學。

第一節　中國哲學的思想資源和思想傳統

　　中國哲學思想源遠流長，博大精深；其中關於宇宙人生根本問題的最高智慧，雋永深澈，韻味無窮。古代哲學萌芽於殷周之際。西周初年的《尚書‧洪範》提出五行學說，以水、火、木、金、土為構成世界最基本的事物。殷周時期有了原始的「陰陽」觀念。《周易》古經以乾（天）、坤（地）、震（雷）、艮（山）、離（火）、坎（水）、兌（澤）、巽（風）八卦說明自然現象和社會關係。《周易》本是占卜之書，是原始宗教、原始哲學與當時的社會風俗的結合。春秋戰國時期諸子蜂起，百家爭鳴，哲學思想異常活躍，湧現出了許多重要的思想家，如孔子、墨子、老子等，形成儒家、墨家、道家、名家、法家、陰陽家、兵家、農家等學派。諸子百家各引一端，崇其所善，相反相

成，相滅相生。在三千年中國哲學發展史上，有各種各樣的思想資源
和思想傳統，成為我們民族精神文化的不同基因，至今仍起著這樣或
那樣的作用。其中影響最大的，有四大思想資源和思想傳統，即原始
儒家、原始道家、中國佛學和宋明理學。這四大思想傳統的一個共同
點是，它們的智慧都是人生的智慧。中國哲學的智慧是從偉大精神人
格中、從哲學家的實踐行為中流露或顯現出來的。中國哲學家透視現
在，玄想未來，「究天人之際，通古今之變」，把高尚的理想拿到現實
世界來實現。

一 原始儒家

原始儒家的代表人物有孔子、顏子、曾子、子思、孟子、荀子
等。原始儒學的經典，有被稱為經書的六經：《詩》、《書》、《禮》、
《樂》、《易》、《春秋》（《樂》經不傳，是為五經）。我們還可以通過
《論語》、《孟子》、《荀子》和《禮記》中的《中庸》、《大學》等來把
握原始儒家的思想。

原始儒學的精神，首先是創造性的生命精神，是人對宇宙的一種
根源感。《周易‧繫辭傳》說：「天地之大德曰生」，「生生之謂易」。
意思是說，天地的根本性質是「生生不息」。照《易傳》的看法，宇
宙是一剛健的生命，不停息地變化流行，人也應該傚仿它而自強不
息。我們人有一種剛健自強、生生不已的主體精神，能夠開拓創新、
窮通變易。人效法天地、德配天地、宏大天性，就是要發揚創造性的
生命精神，全面發揮人的稟賦與潛能。「人能弘道，非道弘人。」
（《論語‧衛靈公》）這是一種「尊生」、「主動」的傳統，肯定人的創
造可以與天地的創造相配合，相媲美。「唯天下之至誠，為能盡其
性。能盡其性，則能盡人之性。能盡人之性，則能盡物之性。能盡物

之性，則可以贊天地之化育。可以贊天地之化育，則可以與天地參矣。」（《禮記・中庸》）這就是說，一旦人能充分地護持住自己的道德理性，人就能全面發揮其本性，並且尊重每個人及每一物的生存，使之「各遂其性」；這樣就能回應天地的生命精神，提高人的精神境界，與天地鼎足而三，理性地適應並進而輔相天地。人在宇宙中的地位，人的生活意義，由此而確立。原始儒家的「天道」、「地道」、「人道」思想，「天」、「地」、「人」三才的思想，都是講創造的生命精神貫注於天上、地下、人間；人可以與天地相協調、相鼎立，完成自己的生命理想；並以平等精神體察宇宙間一切存在的價值，完成其生命；最終通過「正德、利用、厚生」，「立德、立功、立言」，在實際行動中實現人生的價值與意義。

　　孔子哲學的基本觀念是「仁」。「仁」是人之所以為人的根本，故曰：「仁者，人也」（《禮記・中庸》）。其實，「仁」就是生命的相互感通，是天、地、人、物、我之間的普遍聯繫與相互滋養潤澤。「仁」又是主體內在的意識，是自己決定自己的，所以孔子說：「為仁由己」（《論語・顏淵》）；「我欲仁，斯仁至矣」（《論語・述而》）。內在的仁具有偉大崇高的道德價值。「仁」的具體含義是「愛人」，即是一種博大的同情心。凡是人都有仁性，天生就有惻隱之心，能對別人的痛苦與歡樂產生共鳴。有仁德的人會用愛心去對待人，既自愛，又愛人，既自尊，又尊人。「仁」就是一種寬容的精神。孔子說：「己所不欲，勿施於人。」（《論語・顏淵》）「夫仁者，己欲立而立人，己欲達而達人。」（《論語・雍也》）自己要站得住，同時也讓別人站得住；自己要事事行得通，同時也讓別人事事行得通。從忠的方面說，就是推己及人、盡己為人；從恕的方面說，就是自己所不喜歡的，決不強加給別人。儒家的理想，是要把仁愛的精神，由愛自己的親人推廣到愛周圍的人，愛所有的人，愛宇宙萬物。這就是孟子所說的「老吾老以及

人之老，幼吾幼以及人之幼」（《孟子‧梁惠王上》）；「親親而仁民，
仁民而愛物」（《孟子‧盡心上》）。我們愛自己的親人，進而愛人類、
愛草木鳥獸、愛自然萬物。所以仁者把自己和天地萬物看成一體。儒
家主張通過仁愛之心的推廣，把人的精神提揚到超脫尋常的人與我、
物與我之分別的「天人合一」之境。值得注意的是，一九九三年九
月，在美國芝加哥，出席世界宗教大會的幾千位宗教領袖或代表，簽
署了〈全球倫理宣言〉，其中一條基本原則就是「己所不欲，勿施於
人」。在文明間矛盾與衝突相當普遍的當今世界，以「己所不欲，勿
施於人」的寬容誠恕之道，彼此尊重，加強溝通、理解與對話，是調
節人與人、國家與國家、族群與族群、宗教與宗教之間關係的良方，
也是克服人與自然對立所造成的生態危機的思路。

　　儒家精神是一種「極高明而道中庸」的精神，也就是偉大寓於平
凡、理想寓於現實的精神。就是說，我們要有道德勇氣，有強烈的正
義感，敢於擔當道義，甚至不惜殺身成仁。但在平常的生活中，我們
不必做什麼驚天動地的事情，在現世倫常的義務中，在某種社會角色
和社會位置上，我們每個人都可以非常崇高地生活，忠於職守，勤勞
奮發，不苟且，不偷惰。只要我們對生活有高度的覺解，我們所做的
平常事就有不平常的意義。能否成就某種外在的功業，有賴於各種機
緣；但只要我們順著本性內在的稟賦有所發揮創造，我們的內心得到
了某種精神的滿足，這就實現了我們生活的目的。儒家認為，人存在
的價值，就在於成就道德人格。只要挺立了道德自我，以良知作主
宰，我們就能超越世間各種境遇，超越本能欲望，以超越的精神，做
日常的事業。

二　原始道家

　　原始道家的代表人物是老子和莊子。《老子》文約義豐，《莊子》詼詭譎奇。《老》《莊》不獨表達了特殊的人生智慧，而且代表了特殊的中國藝術精神，以詩與寓言，以多義的比興、隱喻來表達形而上學的意涵，堪稱世界文化的奇葩。《老》《莊》詩意盎然，哲理宏博，汪洋恣肆，生機勃勃，暗示性無邊無涯，涵蓋面無窮無盡。

　　《老子》第一章曰：「道可道，非常道；名可名，非常名。無名天地之始，有名萬物之母。故常無，欲以觀其妙；常有，欲以觀其徼。此兩者同出而異名，同謂之玄。玄之又玄，眾妙之門。」「道」是一個終極實在的概念。它是整體性的，在本質上既不可界定也不可言說。不能以任何對象來限定，也不能將其特性有限地表達出來。它是不受局限的、無終止的一切事物的源泉與原始渾然的總體。「道」又不是一靜止不變的實體，而是一流轉與變遷的過程。道是整體與過程的統一。道具有否定性和潛在性，它創造和維護了每一肯定的和實在的事物。在這一歷程中，潛在變為現實，否定變為肯定，空無變為實有，一變為多。同時，又伴隨著相反的歷程。在這裏，相反相成的辯證公式決定了變遷的過程。在人生論上，老子強調「不盈」、「不爭」、「致虛極，守靜篤」。老子的這一原則叫做「無為而無不為」，即不特意去做某些事情，依事物的自然性，順其自然地去做。老子主張「為學日益，為道日損」。就是說，學習知識要積累，要用加法，一步步肯定；而把握或體悟道，則要用減法，一步步否定。道家認為，真正的哲學智慧，必須從否定入手，一層層除去表面的偏見、執著、錯誤，穿透到玄奧的深層去。也就是說，面對一現象，要視之為表象；得到一真理，要視之為相對真理；再進而層層追尋真理之內在本質。宇宙真相與奧秘，是在層層偏見剝落之後才能一步步見到的，最後豁然貫通在我們人內在的精神生命中。

　　其實道家與儒家殊途同歸，最終都是強調個人與無限的宇宙契合無間——「天地與我並生，萬物與我為一」（《莊子‧齊物論》）。與儒家努力盡自己的社會人倫義務和社會責任、積極入世、遵守社會規範的主張不同，道家通過否定的方法，否定知識、名教，否定一切外在形式的束縛，包括儒家仁義的束縛，以化解人生之憂。道家追求的自由是精神的超脫解放，不是指放縱形骸的情慾。如果執著於外在物欲、功名利祿，束縛於名言名教，那就會被物所主宰，不僅不自由，而且形成「機心」、「茫昧」，阻隔人與天地的合一。所以莊子要化解物形，才能作逍遙無待之遊，達到「獨與天地精神往來」的境界。

　　莊學討論了人的生存處境。此身有限，吾生有涯。以有形有限之生投入宇宙大化，人要面對無限的時空、知識、意義、價值，這一「無限」令它不安。在熙熙攘攘的人世和各色人等的不同欲望之追逐競爭中，人心承受了巨大的壓力和痛苦，人往往不知道自己身在何處。如何化解這些痛苦、困惑？莊子的人生哲學提示人們由現實到理想，由有限到無限，致廣大，盡精微，遍歷層層生命境界，求精神之超脫解放。莊學將人提升為太空人，超越有待，不為俗累，宛若大鵬神鳥，遺世獨立，飄然遠行，背雲氣，負蒼穹，翱翔太虛。《莊子‧逍遙遊》強調得其自在，歌頌生命自我的超拔飛越；《莊子‧齊物論》強調蘄於平等，肯定物我之間的同體融合。前者講適己性，後者講與物化。也就是說，逍遙無待之遊只有在天籟齊物之論的前提下才有可能。這一自由觀的背景是反對惟我獨尊，主張寬容。承認自己的生存、利益、價值、個性自由、人格尊嚴，必須以承認別人的生存、利益、價值、個性自由、人格尊嚴為先導。這種平等的價值觀肯定、容忍各種相對的價值系統的意義，決不抹殺其它的人的利益、追求，或其它的學派、思潮的存在空間。這樣，每一個生命就可以從緊張、偏執中超脫出來，去尋求自我超拔的途徑。人們從超時空的境界中還要再回到現實中來，道家理想也必須貫注到現實人生之中。

三　中國佛教哲學

　　印度佛教傳入後，通過由漢代到唐代六百餘年的消化，中國人創造了自己的中國化了的佛教哲學。中國佛學滲透了中國哲人的智慧，特別是道家、儒家和魏晉玄學的哲理。中國化了的佛教宗派，主要有天台宗、華嚴宗和禪宗。

　　與道家相近，佛教智慧也用否定、遮撥的方法（當然不限於這一方法），破除人們對宇宙一切表層世界或似是而非的知識系統的執著，獲得精神上的某種自由、解脫。佛教啟迪人們空掉一切外在追逐、攀援、偏執，破開自己的囚籠，直悟生命的本性、本真。佛教的反本歸極、明心見性、自識本心、見性成佛之論及一整套修行的方法，是要人們尋找心靈的家園，啟發一種內在的自覺，培養一種偉大的人格。與儒家的成聖成賢、道家的成至人成真人一樣，佛家的成菩薩成佛陀，也是一種道德人格的蘄向。而佛家的諸佛平等境界和與眾生一起拯救世界的熱忱，同樣是一種寶貴的思想資源。

　　佛教哲學以雙遣對破等解構的方法來消解心靈上的執著，使人自知其限制，自虛其心，自空其說，以求容納別人。如儒之「誠恕」、道之「齊物」一樣，這不單單是個體修養身心的方法，也是現代社會共存互尊的必需。佛教讓人們反觀自己心靈的無明，對治一切貪、瞋、癡、慢、疑、惡見，拓闊自己的心靈，從種種狹隘的偏見中超脫出來，使自己日進於高明之境，而不為無明所縛。禪宗教人「了生死」。生死能了，則一切外在的執著都可以放下，人們不再為自己的有限性惶惑；他的「緊張」、「不安」可以消解，他的創造性反而可以爆發出來；這樣，有限的生命便進入到無限的境界。因此，佛教的人生智慧，自有與儒、道相通之處。中國佛教哲學，削減了宗教的意

識，更加世俗化。其「擔水運柴，無非妙道」、「一闡提皆得成佛」等
論旨，都受到了儒、道思想的影響。

　　從思辨上來講，中國佛學確有一套自己獨特的運思模型。天台宗
的智慧是圓融的智慧。天台圓教不取層層推進的分解的表達方式，而
取層層圓而無偏、遍無遺漏的辯證綜合的方式。其「三諦圓融」說，
把一心同時觀照的表相世界之空無、假有、非空非有等各方面，互不
妨礙、彼此圓融地統一起來。華嚴宗也提倡開放的心靈，其所主張的
「理無礙、事無礙、理事無礙、事事無礙」和「一即一切，一切即
一」的主張，把本體與現象、現象與現象之間的關係都看做是互為依
恃、互為因果、相即相入、圓融無礙的。它把世界看做是無限豐富的
世界，看做是融攝了不同層次的相對價值系統的一個更高價值系統。
在一無限和諧的實在中，主體和客體也是互為依藉、互相關聯的。禪
宗主張不立文字，當下自識本心，強調自性是佛，平常即道。一旦見
到自己的真性（本性）和本有心靈，我們就瞭解了終極的實在和得到
了菩提（智慧）。禪宗主張，在實際的人生中才有涅（自由），在涅中
才有實際的人生。禪宗以創造性的生活和自我覺悟的日常途徑，來揭
示人生的秘密，化平淡為神奇，寓神奇於平淡。禪宗極大地張揚了人
的主體意識，肯定每一個人都可以成佛，都可以成就人格。它用烘雲
托月的方法，不說不可言說的東西是什麼，而只說它不是什麼。禪宗
甚至不用語言，而以各種身體動作，或以「棒喝」之類的方法，開悟
心靈，啟發人大徹大悟。

四　宋明理學

　　宋明理學（或稱道學）是我們前述儒道釋三大資源與傳統在宋元
明時期的新的綜合。它以儒學為主幹，融攝佛道的智慧，建立了以理

氣論、心性論為中心的道德形而上學體系。宋明理學把漢唐以來注疏五經的傳統一變而為講求四書（《論語》、《孟子》、《大學》、《中庸》）義理，討論身心性命修養問題的傳統，並以民間自由講學之書院為依託，把傳統精英文化進一步世俗化了。作為一種文化現象，理學是整個東亞文明的體現。它不僅在元明清三朝成為中國的官方意識形態，而且在十四至二十世紀對東亞各民族產生了廣泛而深刻的影響。它的精華與糟粕至今仍然積澱在東亞各民族的文化心理中，對東亞現代化起著這樣那樣的作用。

　　朱熹是宋代理學的集大成者。他集中討論了理氣關係與心性關係問題。朱子認為，宇宙間事物的法則、規律在邏輯上要先於個別的事物。如果把「理」設定為人之所以為人的道理，即作為「類」的人的本質規定（區別於禽獸等等），那麼它在邏輯上要先於或高於實際的人，即具體的個別人。這就在一定意義上強調了道德理性對於與血肉之軀相連的情感欲望的制約。他以心的「未發」狀態指心之體（或性），以心的「已發」狀態指心之用（或情）。心是性、情的統一。性是人的本質規定，是情的根據或根源，情則是性的表現。所謂「心統性情」之「統」，含有「兼」和「主宰」兩義，意即心兼含有性（內在的道德理性）和情（具體的情感欲念，包括道德的情感與非道德的情感），又指「心主宰性情」。這裏又強調了意識主體和理性對於情感的主導、控制。所以他主張以「居敬」、「窮理」的方法涵養心性。「居敬」就是專心致志，「窮理」就是深入研究。他還闡發了「格物致知」的方法，其中包含有科學求知的精神。

　　王陽明是宋明理學中心學的集大成者。「知行合一」說與「致良知」教是他的頗有特色的學說。他肯定知行之間的相互聯繫、相互包含和動態統一，甚至把「一念發動處」的意念、動機都看做是行之開始。「良知」本是孟子所講的，指辨別是非善惡之心，即人內在的道

德判斷與道德評價作用。良知是人所固有的，不需要向外求索。王陽明的「致良知」即是擴充良知，一方面除去心中的自私念頭和不正當欲望，保持善良的心地；一方面在現實生活中接受磨煉，切實踐行，把心中的善意具體地表現出來，不能只是口頭說說而已。良知不僅表現為「知是知非」、「知善知惡」的先驗原則，同時又表現為「好善惡惡」、「為善去惡」的道德自覺與實踐。「致良知」也就是一套修養德性的功夫。王陽明教人要身體力行，在實踐中追求自己的人生理想。如果說朱子強調道德理念、規範與知識的話，王陽明則強調道德情感、直覺與體驗。這就是程朱理學與陸王心學的不同。在方法論上，前者主張「道問學」，後者主張「尊德性」。

整個宋明理學將道德提高為本體，重建了人的哲學。理學家的最高理想是「孔顏樂處」，即「天人合一」的精神境界。他們常常講「開拓胸次」，「處處表現聖者氣象」。王陽明的弟子說：「滿街都是聖人。」正是因為他自己的價值標準、修養境界提高了，不以鄙陋之心看人類，而以其價值理想看人類，人類的真正價值便立刻顯現出來。理學的根本精神可以用張載的不朽格言為代表：「為天地立心，為生民立命，為往聖斷絕學，為萬世開太平。」（《張載集》，頁376）宋明理學對培養氣節操守、重視品德、講求以理統情、自我節制、發奮立志等建立主體意志結構方面起了重要的作用，把道德自律、人的社會責任感、歷史使命感和人優於自然等方面，提揚到本體論的高度，空前地樹立了人的道德主體性的莊嚴偉大。另一方面，由於理學成為後期封建社會的官方意識形態，其末流，特別是被統治階級所利用的部分，維護了封建專制主義的等級秩序，以一整套規範壓制和扼殺人的本性，造成了倫理異化，給中國社會和中國人民曾帶來了災難。對於其正負面效應，我們應當具體地歷史地加以分析。

第二節　中國哲學的宇宙觀念和人生境界

一　創化的宇宙創造的人生

中國哲學的宇宙觀，是生生不已、大化流行的宇宙觀。宇宙是至大無外的。惠施說：「至大無外，謂之大一。」（《莊子・天下》引）這裏的「大一」即是宇宙。古人把東西南北、上下四方之空間稱做「宇」，把古今旦暮、往古來今之時間稱做「宙」。《莊子・庚桑楚》界定「宇」為有實在而無定處可執者，界定「宙」為有久延而無始末可求者。宇宙就是無限的時空及其所包含的一切。孔子說：「天何言哉？四時行焉，百物生焉。天何言哉？」（《論語・陽貨》）子在川上曰：「逝者如斯夫，不捨晝夜。」（《論語・子罕》）荀子說：「陰陽大化，風雨博施。」（《荀子・天論》）這些都是肯定變易是這個世界最根本的事實，一切事物莫不在變易之中，而宇宙是一個變易不息的大流。老子說：「大曰逝，逝曰遠，遠曰反。」（《老子》二十五章）宇宙是逝逝不已、無窮往復的歷程。莊子說：「萬化而未始有極也。」（《莊子・大宗師》）一切都在變動流轉之中，變化是普遍的，沒有終極的。

講宇宙變化最詳密的《周易・繫辭傳》說：「在天成象，在地成形，變化見矣。」「易窮則變，變則通，通則久。」《易傳》最突出的特點是視變化為創新：「富有之謂大業，日新之謂盛德，生生之謂易。」宋人張載說，生生猶言進進。這就是說，宇宙是一個生生不已的大流，這就叫做「易」。一陰一陽，生生之易，發生在天地之間。「《易》之為書也不可遠，為道也屢遷，變動不居，周流六虛，上下無常，剛柔相易，不可為典要，唯變所適。」（《周易・繫辭傳》）這是說，《周易》這部書，人們是不可以離開它的。它所講的道理，常常變化遷移而不是靜止的，它普遍流動於陰陽六爻的地位。所以爻位

的上下是不固定的，爻的剛柔是互相變化的，不可以定出準則和綱要來，只有適應它的變化。變易本身沒有什麼刻板的公式可循，一切都在創新發展著，宇宙是日新無疆的歷程。中國哲學家從來不把宇宙看成是一個封閉的系統，相反，把它看成是開放的、交融互攝、旁通統貫、有機聯繫的整體。中國哲學家從來不把宇宙看成是孤立、靜止、不變不動或機械排列的，而是創進不息、常生常化的。中國哲學家有一個信念，就是人類賴以生存的宇宙是一個無限的宇宙，創進的宇宙，普遍聯繫的宇宙，它包舉萬有，統攝萬象，無限豐富，無比充實。

對宇宙創化流衍的信念，實際上也就是對人的創造能力的信念。在宇宙精神的感召之下，人類可以創造富有日新之盛德大業，能夠日新其德，日新其業，開物成務，與時俱進，創造美好的世界。人們效法天地的，就是這種不斷進取、剛健自強的精神。《禮記・大學》引述《尚書》和《詩經》說：「湯之〈盤銘〉曰：『苟日新，日日新，又日新。』〈康誥〉曰：『作新民』。《詩》曰：『周雖舊邦，其命維新。』是故君子無所不用其極。」湯盤上的銘詞說：「真有一天能夠獲得新的進步，就要一天一天都有新的進步，還要再繼續天天有新的進步。」《康誥篇》說：「要改變舊的習慣，作一個新人。」《詩經》上說：「周雖然是一箇舊的國家，它接受的天命卻是新的。」所以君子是沒有地方不用盡他的心力的。無論對我們民族來說，還是對我們個人來說，我們不能不盡心竭力地去創造新的，改革舊的，這是天地萬象變化日新所昭示給我們的真理。

這就是說，人在天地之中，深切體認了宇宙自然生機蓬勃、盎然充滿、創進不息的精神，進而盡參贊化育的天職。這種精神上的契會與穎悟，足以使人產生一種個人道德價值的崇高感。如此，對天下萬物、有情眾生之內在價值，也油然而生一種博大的同情心，洞見天地同根，萬物一體。儒家利己利人、成己成物、博施濟眾、民胞物與之

仁心，道家萬物與我為一、天籟齊物之寬容，佛家普度眾生、悲憫天下之情懷，都是這種精神的結晶。由此產生了真、善、美統一的人格思想，視生命之創造歷程即人生價值實現的過程，天道的創化神力與人性之內在價值，德合無疆，含弘光大。

儒家有詩教、禮教、理學的傳統，講「志於道，據於德，依於仁，游於藝」，講「盡善盡美」，將理想貫通於道德生活與藝術生活，成為富有「美」、「善」的價值世界。道家講超越的價值，認為只有在智慧的修養、精神的鍛鍊達到極至的程度，才能進入「天地與我並生，萬物與我為一」的境界，於此才能把握宇宙的真相和最高的價值。總之，使人格向上發展，不離開現實世界又要超越現實世界的種種限制，培育真、善、美統一的理想人格，是中國哲學的真諦。

二　天人之際性命之原

在天人關係問題上，中國哲學有「天人合一」的主張，也有「天人交勝」的主張。《易傳》提出人「與天地合德」的理想，又提出「裁成天地之道，輔相天地之宜」（〈泰卦・象傳〉）及「範圍天地之化而不過，曲成萬物而不遺」（《易・繫辭上》）的原則。天人關係問題，是人在宇宙間之位置的問題。人在宇宙中的位置問題，也即是人生之意義的問題。「中國哲學中天人合一觀點有複雜的涵義，主要包含兩層意義。第一層意義是，人是天地生成的，人的生活服從自然界的普遍規律。第二層意義是，自然界的普遍規律和人類道德的最高原則是一而二、二而一的。……中國哲學家認為肯定天人合一才達到人的自覺，這可謂高一級的自覺。把人與自然界區別開，是人的初步自覺；認識到人與自然界既有區別也有統一的關係，才是高度的自覺。」[1]

---

[1]　張岱年：《文化與哲學》（北京市：教育科學出版社，1988年），頁15。

中國哲學家把人看做是「最為天下貴」者。所以如此，是因為人得天地之全德、五行之秀氣；人所稟受的天地之性，是性之極至，因而人有道德理想、有智慧能力[2]。眾多講「天人合一」的思想家，都把人在宇宙中的卓越地位加以彰顯。但彰顯人在天地間之突出地位的，也有不主張「天人合一」之說的。荀子講「明於天人之分，則可謂至人矣」（《荀子‧天論》）。他的意思是說天與人各有自己的職分，例如社會治亂在人不在天，人應盡力完成自己的職任。但荀子並不否認天與人有統一的關係。唐代劉禹錫也講「天與人交相勝」。劉氏強調天與人各有一定的功能，不相互干預，在一定意義上人勝於天，並且區別了自然規律和社會生活的準則，對「天人感應」、「人副天數」等漢代以來流行的「天人合一」學說之負面影響有所駁正。

儒家的人文理想，使天德下貫為人德，人德上齊於天德，且歸於天人同德。《詩‧大雅》：「天生　民，有物有則，民之秉彝，好是懿德。」《呂氏春秋‧去私》：「天無私覆也，地無私載也，日月無私燭也，四時無私行也，行其德而萬物得遂長焉。」真可謂天道蕩蕩，大公無私。正因為天地宇宙本身即涵有價值，所以這宇宙是值得生存的宇宙，而我們實現人生的價值，不必再另追求外在於人間的天國或彼岸世界。以天、天道、天命代表至善，因此儒家肯定人性、人道、聖教均源於天。《中庸》「天命之謂性，率性之謂道，修道之謂教」及《孟子‧盡心》「盡其心者，知其性，知其性則知天矣」，「君子所性，仁義禮智根於心」，都把宇宙看做是人性之源，把天命與人性合而為一。人心是意義、價值的一個源泉，人心又源於宇宙本體的「天」。

2　當然，中國哲學中也有認為人是藐小的、微不足道的，例如《莊子》外篇及雜篇中就有這種議論。

　　從中國哲學的主導傾向來說，儒釋道三大傳統，大體上肯定：一個真正的人的博大氣象，乃是以自己的生命通貫宇宙全體，努力成就宇宙的一切生命。這就是人類生命的價值與歸宿。正是在這樣的意義上，中國哲學家以公正平和的心態，使一切生命、萬物萬有在不同的存在領域中各安其位。人性為天命所授，人在宇宙的萬象運化中，領受、秉持了「於穆不已」的創化力，成為宇宙的樞紐。人在本質上，在精神本性上與宇宙同其偉大，宇宙創造精神與人之間，無有間隔，人自可日新其德，登躋善境[3]。中國傳統哲學本體論、宇宙論、人生論的這些思想，有助於解決當代人的「精神的惶惑」、「形上的迷失」和「存在的危機」，有助於救治當代人「上不在天，下不在地，外不在人，內不在我」的荒謬處境。

三　人生境界

　　境界說是中國人生哲學的一大特色。這裏所說的境界，是中國哲學家追求的理想人格之極至的一種精神狀態、精神天地。宋明理學家經常討論的一個問題就是「孔顏樂處」。孔子周遊列國，顛沛流離，困厄萬端；顏淵一簞食，一瓢飲，窮居陋巷。這本身並無樂處可言。但孔顏化解了身處逆境或物質匱乏所引起的外感之憂，便自得其樂，體悟以一種理性的愉悅。這種快樂，樂於揚棄了外在之物、外馳之心，自我意識到自身與天道合其德，同其體，也就是直觀自身、認同自身，體認到個體自身的內在完美，即自己所具有的真善美高度統一的自由人格。

3　參見方東美：《原始儒家道家哲學》、《生生之德》（臺北市：黎明文化公司，1979、
　　1983年）。

境界是一種精神生活的方式，是一種精神的天地、世界或宇宙。儒家追求的道德宇宙，道家追求的藝術天地，佛家追求的宗教境界，即表明各學派、人物所追求的精神意境並不完全一致。但其出發地與終極地是一致的，就是說，他們都是對各自所處的突然的（事實的）狀態的超越，而進入應然的（價值的）追求之中。境界雖帶有理想的特徵，但又不是玄妙不可捉摸的。只要我堅持我的文化思想，按照它去做平凡的事情，有小小的創造，我的生命爆發了小小的火花，那就是天地之化的具體呈現，我在天壤之間就不會感到孤獨，有限的生命就可以通向無限與永恆。我們所做的事各有不同，有各種意義，只要我們覺解到它的意義，就進入了一層境界。層層遞進，就可以上達最高境界。

儒家主張「立人極」，以聖賢人格為向度，以個體的道德自覺，卓然挺立於天壤間，不斷地追求自我實現。儒家的境界用程顥的話來說：「仁者以天地萬物為一體。」（《二程全書》卷十二）道家追求精神的逍遙與解脫。道家的詩人或藝術家的靈感氣質，更加有助於超越私欲，摒棄奔競媚俗。那種飄逸灑脫、高潔絕塵的風骨神韻，歷來是道家中人的內在境界的表現。佛家追求不斷地淨化超昇，嚮往「涅」境界。禪宗的境界，簡易直截，頓悟成佛，當下進入佛即我、我即佛的超越之境。程顥有一首〈秋日〉詩：「閒來無事不從容，睡覺東窗日已紅。萬物靜觀皆自得，四時佳興與人同。道通天地有形外，思入風雲變態中。富貴不淫貧賤樂，男兒到此是豪雄。」這種從容的氣度，把儒的真性、道的飄逸、禪的機趣融合起來，我們可以從中體會中國哲學的境界。

如果我們把每個人的人生境界抽象一番，劃分幾個等級，那麼大體上可以分成：自然境界、功利境界、道德境界、天地境界。這是近人馮友蘭在《新原人》中的分法。如果一個人只能順其本能或社會風

習去做，對自己所做之事毫無覺解，他的人生境界就是自然境界。如果一個人所做的事，動機是利己的，其事對於他有功利的意義，他的人生境界就是功利的境界。如果一個人自覺他是社會整體之一員，他自覺為社會利益做各種事，所做的事都有道德的意義，他的人生境界就是道德的境界。如果一個人瞭解到超乎社會整體之上，還有一個更大的整體，即宇宙，覺解自己不僅是社會的一員，而且還是宇宙的一員，即是孟子所說的「天民」。他自覺為宇宙的利益而做各種事，並覺解其中的意義，這種覺解為他構成了最高的人生境界，就是天地境界。道德境界有道德價值，天地境界有超道德價值。照中國哲學的傳統，哲學的任務是幫助人達到道德境界和天地境界[4]。

有什麼樣的人就有什麼樣的境界，人境之間有一種相互呼應的關係。由於生活的複雜，同一個人在不同的主客觀處境中也可能有不同的心靈境界，從而出現多重人格。不同的宇宙觀、人生觀使人生處於不同的意義與價值的網路之中。人們的價值觀念離不開他對存在的觀念。存在的多重性使得境界有了差別：物質世界、生命世界、心靈境界、藝術境界、道德境界、宗教境界，以及存在與人性相合於其巔峰的至人之境，即不可思議、玄之又玄的境界。它們之間有著互動的關係，而不一定是直線遞進的關係。

第三節　中國傳統思維方式和行為方式

一　邏輯分析辯證綜合

中國哲學各家各派有著各不相同的思維方式。一般說來，中國哲

4　詳見馮友蘭：《中國哲學簡史》（北京市：北京大學出版社，1985年），頁389-391。

學家欣賞整體動態，辯證綜合與直覺體悟的思維方式。但這並不是說，中國沒有邏輯分析的傳統。

　　孔子兼重學思，強調「學而不思則罔，思而不學則殆」（《論語・為政》）。孟子提出「心之官則思」的命題，宣稱「思則得之，不思則不得也」（《孟子・告子上。》）。《中庸》提出「博學之，審問之，慎思之，明辨之，篤行之」的為學五步驟。又說：「故君子尊德性而道問學，致廣大而盡精微。」這都是肯定思必須慎，辨必須明，提倡微細的分析。儒家中比較推崇「名辨」即邏輯之學的，是荀子及其後學。荀子主張形式邏輯的類推原則，傾向於對事物及其類別的確定性加以研究，有實證分析的認知傾向。後期墨家比較重視分析方法，《墨子》書中所保存的《墨經》顯示出墨家分析思維的光輝成就。墨家嚴格地確立了概念、判斷、推理的邏輯程序和規則，《墨經》所指出的「故」、「理」、「類」的歸納推理和類比推理的步驟和方法，亦有精到之處。名家對於分析思維也有貢獻。惠施的「歷物」十事，即表現了辯證思維，也表現了分析思維。公孫龍講「離堅白」，所謂「離」即分別之意。法家韓非也很強調分析性、確定性的認知方式。宋明理學家中，朱熹比較重視分析。他曾講學問之道云：「蓋必析之有以極其精而不亂，然後合之有以盡其大而不餘。」（《大學或問》）這就是兼重分析與綜合。

　　中國傳統哲學思維方式的缺點是分析方法的薄弱，但並不是完全沒有分析思維。我們今天以西方的形式邏輯、理性思維方式、科學思維方法來改造傳統的思維方式時，應當注意發掘古代已有的成果，重建精密化的語言指謂關係，開拓明晰的概念認知系統，使概念和觀念確定化，建立分析的程序、邏輯的結構和論證推理的規範，避免語言、概念、觀念、判斷、推理的空洞、遊移、不確定、不嚴密，避免忽視實證、實驗之嚴謹的工具、步驟、方法，避免以情緒代替邏輯，

將懷疑視為結論，把主觀估計的或然的東西當做客觀實在的必然的判斷。更不能以某種「需要」來決定「事實」。誇大樸素辯證法的主觀隨意性，缺乏冷靜、客觀的科學態度和嚴謹、緻密的分析方法，以價值判斷代替事實判斷，都與中國傳統哲學思維方式的缺弱有關。

中國儒釋道所推崇的整體、流動、當下體悟的方法，是悟道的方法，與面對現象層面的方法確實有很大區別。由於我們民族久遠以來的生存方式及漢字語言等各方面特性的緣故，我國傳統思維方式特別發達的是辯證思維和直覺思維。

辯證思維方式所強調的是整體、對待、過程、流衍、動態平衡。中國哲人觀察宇宙人生，以一種「統觀」、「會通」的方式，即著眼於天地人我、人身人心都處在不同的系統或「場」之中，肯定各系統、要素之內外的相互依存、密切聯繫。人體小宇宙是一個有機聯繫的整體，天地大宇宙也是一個有機聯繫的整體。古代哲學以「統體」、「一體」，或者以「道」、「一」、「太極」、「大全」、「太和」等表明這個整體。以《周易》、《老子》、《大乘起信論》等為代表的辯證方法論模型，是「一物兩體」、「一體兩面」、「一心二門」、「整體－對待－流行」的模型，或者說是「二元對待歸於機體一元」，進而發展「兩面互動」的模型。例如以易、道、天、太極、太虛為「一體」，以陰陽、乾坤、形神、心物、理氣、翕闢、動靜等為「兩面」。此兩面並不是均衡的、平行的或平等的。兩面的相反相成，其動力即來自這兩面的不平衡。所謂「一陰一陽之謂道」、「反者道之動」、「陽中有陰，陰中有陽」、「動靜無端，陰陽無始」等等，即不是把矛盾雙方的對立看成是僵死的、絕對的，亦不把矛盾的統一看成是雙方的機械相加，或一方吃掉一方，而是在互相補充、互相滲透、互為存在條件的前提下，由矛盾主動方面對於被動方面（例如體對於用、心對於物、理對於氣、闢對於翕）的作用，從而構成新的均衡穩定、動態和諧的統一

體。這個統一體又處在一個有機的系統之中。如道體分一為二即陽
（肯定的力量）與陰（否定的力量），相互作用，此消彼長。陽為主
導，陰陽相反而相成，合二以一，構成新的統一體。承認內在矛盾推
動事物發展，承認「分一為二」與「合二以一」是一條長鏈中的不同
環節，肯定事物即是涵蓋了肯定與否定的辯證過程，使這一思想模式
具有有機性、整體性、系統性和連續性。這是一個彈性很強的詮釋模
式和思想架構。這種整體綜合的方式，如果能以前述分析思維為基
礎，則將更加具有科學性和現代性。

二　直覺體悟

　　《周易》借助於具體的形象符號，啟發人們把握事物的抽象意
義，崇尚一種觀物取象、立像盡意的思維方式。《周易‧繫辭傳》：
「夫象，聖人有以見天下之賾，而擬諸其形容，像其物宜，是故謂之
象。」卦象是《周易》的骨骼，舍象則無《易》。借助卦象，並通過
象的規範化的流動、聯結、轉換，具象地、直觀地反映所思考的客觀
對象的運動、聯繫，並借助六十四卦系統模型，推斷天地人物之間的
變化，這種思想方式滲透到中醫和中國古代科技之中。道家莊子主張
「得魚而忘筌」，「得意而妄言」（《莊子‧外物》），魏晉玄學家王弼提
出「得意在忘象，得象在妄言」（《周易明象》）的命題，表明了中國
思維穿透語言，領略語言背後之象，進而穿透形象而領略其背後之意
蘊的特點。

　　中國儒釋道三家都主張直覺地把握宇宙人生之根據和全體。儒家
的道德直覺、道家的藝術直覺、佛家的宗教直覺，都把主客體當下冥
合的高峰體驗推到極至。中國哲學認為，對於宇宙本體，不能依靠語
言、概念、邏輯推理、認知方法，而只能靠直覺、頓悟加以把握。

　　道家認為，心靈的虛寂狀態最容易引發直覺思維。因此，人們要盡可能地擺脫欲望、煩惱的困擾，保持心境的平和、寧靜。而要使直覺思維真實呈現，則離不開默思冥想的「玄覽」。老子主張「滌除玄覽」。「滌除」即否定、排開雜念，「玄覽」即深入靜觀。這是在高度精神修養的前提下才具備的一種思維狀態。莊子主張「心齋」、「坐忘」。「心齋」即保持心境的虛靜純一，以便直接與道契合。「坐忘」即心靈空寂到極點。忘卻了自然、社會，甚至忘卻了自己的肉身和智慧，物我兩忘，渾然冥同大化之境。

　　儒家孔子的「默而識之」，孟子的「不慮而知」、「不學而能」的良知良能，荀子的「虛壹而靜」、「大清明」，張載的「大其心則能體天下之物」，朱熹的「豁然貫通焉」，「眾物之表裏精粗無不到，吾心之全體大用無不明」，陸九淵的「吾心」與「宇宙」的冥契，王陽明的「致良知」，都是揚棄知覺思慮，直接用身心體驗宇宙終極的實在，達到對道德本體之契合的一種境界或方法。

　　佛家更是強調一種精神性的自得和內心的體驗，徹見心性之本源。禪宗的參究方法是不立文字，教外別傳，直心而行，無念為宗，觸類是道，即事而真。不執著外物，種種言行純任心性之自然。禪宗的頓悟成佛，排除語言文字、邏輯思維工具，主體直接契入客體（人生的本性或宇宙的實相），與客體融合為一。這種思維活動的過程與結果是只可意會而不能言傳的，有賴於每個人自己體悟，別人只能暗示、啟發，而不能替代。

　　超越邏輯，祛除言詮，止息思維，掃除概念，排斥分析、推理諸理性思維活動，精神內斂，默然返照，當下消解了主客、能所、內外、物我的界限，渾然與天道合一。這是一種思維狀態，即「眾裏尋她千百度，驀然回首，那人卻在燈火闌珊處」，當下得到了對於生活和生命，對於自然世界和精神世界之最深邃的、本質的一種整體的、

綜合的洞悉。但這種狀態實際上是在多次反覆的理性思維的基礎上產生的。沒有理性思維的鋪墊，這種靈感或悟性就不可能出現。

這也是一種思維方式，其特點是主體直接滲入客體。主體對於最高本體的把握，不是站在我們的生活之外作理智分析，而是投身於日常生活之中的一種感性體驗，以動態的直接透視，體察生動活潑的宇宙生命和人的生命，以及二者的融會。只有切實的經驗，與自家的身心交融成一體的經驗，設身處地，體物入微，才能直接達到和把握真、善、美的統一。這種體驗或證會，暫時地破除了對於任何語言、思辨、概念和推理的執著，但絕不是說這些思維工具是微不足道的。恰恰相反，沒有理智分析的素養，也難於把握最高本體。

這種思維狀態、思維方法，又是一種境界，一種智慧。它可以是道德的、藝術的或宗教的境界與智慧。儒釋道共通的、最高的智慧與境界，是徹悟最高的存在。人的安身立命之道、人的終極關懷發生了問題，不是因為他沒有科學知識、專業技術、而是因為他失去了悟性正智的作用，掩蔽了人的真性，生命理性不能顯發，生命和宇宙的真相無法洞悟、契合。本體與現象二分，上界與下界懸隔，偏見的執著，知解的紛擾，常常會妨礙我們從總體上把握宇宙人生的全體意義、全體價值和全體真相。

另一方面，從哲學思想方法而言，我們應當看到，直覺與理智乃代表同一思想歷程之不同的階段或不同的方面，並無根本的衝突。當代世界哲學的趨勢，乃在於直覺方法與理智方法的綜貫。直覺方法一方面是先理智的，一方面又是後理智的。先用直覺方法洞見其全，深入其微，然後以理智分析此全體，以闡明此隱微，這是先理智的直覺。先從事於局部的研究、瑣屑的剖析，積久而漸能憑直覺的助力，以窺見其全，洞見其內蘊之意義，這是後理智的直覺。直覺與理智各有其用而不相背。沒有一個用直覺方法的哲學家而不兼採形式邏輯與

矛盾思辨的，同時也沒有一個理智的哲學家而不兼用直覺方法及矛盾思辨的[5]。所以，東西方思維方式並不是絕對的直覺與理智的對立。我們要善於把東西各自的形式邏輯、辯證思維、理性方法、直覺方法等綜合起來，為現代化建設服務。只用直覺體悟，不要科學分析，是有弊病的。

三　知行動態統合

知行關係問題是中國哲學家特別重視的問題之一。它所涵蓋的是理論理性與實踐理性的統一。中國哲學家偏重於踐行盡性，履行實踐。古代哲學家的興趣不在於建構理論體系，不是只把思想與觀念系統表達出來就達到了目的，而在於言行一致、知行統一，自己所講的與自家身心的修煉必相符合。他們強調知行的互動，即按照自己的哲學信息生活，身體力行，付諸行動，集知識與美德於一身，不斷把自己修養到「無我」的境界。

宋元明清時期，知行問題的討論漸趨成熟，廣泛涉及到知行的先後、難易、輕重、分合及格物致知的方法與判斷真、善、美的標準等問題。程頤、朱熹強調「以知為本」、「知先行後」。這裏所說的知行，主要屬道德範疇。「知行常相須，如目無足不行，足無目不見。論先後，知為先；論輕重，行為重。」（《朱子語類》卷九）朱子對於知行問題的根本見解是：從邏輯上講，知先行後，知主行從；從價值上講，知行應合一，窮理與履踐應兼備。也就是說，知與行之間有了時間上的距離；要征服時間上的距離與阻隔，需要努力方可達到或實

5　詳見賀麟：〈宋儒的思想方法〉，《哲學與哲學史論文集》（北京市：商務印書館，1990年），頁181。

現。王陽明提出「知是行的主意，行是知的功夫；知是行之始，行是知之成」（《傳習錄》上）。又說：「知之真切篤實處便是行，行之明覺精察處便是知。」（《王文成公全書》卷六）王陽明所說的見父自知孝，見兄自知悌，見孺子入井自知往救等，即是自動的、率直的、不假造作的、自會如此的知行合一，既非高遠的理想，亦非自然的衝動，更非盲目的本能。即心即理，即知即行，如好好色，如惡惡臭，如此直接、當下、迅速。王陽明雖反對高遠理想的分而後合的知行合一，但他所持的學說，仍是有理想性的，有價值意味的，有極短的時間距離的知行合一說。

明清之際的思想家王夫之批判地繼承朱王，把知行統一建立在「行」的基礎上，反對「離行以為知」，提出了「行先知後」說。王夫之批評王陽明的「知行合一」說是「不知其各有功效而相資」，批評朱熹的「先知後行」說是「立一劃然之秩序」。也就是說，他強調的是知行的分而後合，肯定知與行各有功效。在此基礎上，他仍然認為「知行終始不相離」、「相資以互用」、「並進而有功」。這樣，王夫之較為辯證地解決了知與行的關係問題。當然，王夫之所說的「行」，主要還是個人的「應事接物」，即道德修養、道德實踐方面的內容。從根本上來說，他的知行觀，還是理想的價值的知行統一觀。

在朱熹、王陽明和王夫之的知行觀中，我們可以知道，中國哲學家的行為方式是理想與理性的統一，價值與事實的統一，理論理性與實踐理性的統一。他們各自強調的側面雖有所不同，但把價值理想現實化，實踐出來，而且從自我修養做起，落實在自己的行為上，完全出自於一種自覺、自願、自由、自律，這是值得肯定的。

關於傳統知行觀的現代改造，首先應由單純的德行和涵養性情方面的知行，推廣應用到自然知識和理論知識方面，作為科學思想和道德以外的其它一切行為（包括經濟活動、工商行為及各種現代職業

等）的理論根據。其次，這個「知」是理論的系統，不是零碎的知識，也不是死概念或抽象的觀念，更不是被動地接受外界印象的一張白紙，而是主動的、發出行為或支配行為的理論。再次，這個「行」不是實用的行為，而應是嚴格意義上的社會實踐。它是實現理想、實現所知的過程，又是檢驗所知的標準。

總之，在傳統哲學中，「道」、「易」、「誠」、「仁」、「太極」等本體是超越的又是內在的本體。就人與世界的基本「共在」關係而言，在傳統哲學中是通過天人、體用、心物、知行之契合來加以溝通和聯結的。天人之間，形上形下之間，價值理想與現實人生之間沒有不可逾越的鴻溝。中國哲學由「內在超越」的理路，使天道與心性同時作為價值之源，開掘心性，即靠攏了天道；落實行為，即實現了理想。中國哲學的宇宙觀念、人生智慧、思維方法、行為方式在現代仍然是全人類極其寶貴的思想傳統和思想資源，是中國現代化事業的源頭活水之一。

參考文獻

馮友蘭　中國哲學簡史　北京市　北京大學出版社　1985年

張岱年　中國哲學大綱　北京市　中國社會科學出版社　1982年

思考題

1 什麼是原始儒家的精神？

2 什麼是原始道家的智慧？

3 試談中國哲學關於創造變化、與時俱進的觀念。

4 中國哲學思維方式的特長與缺失是什麼？

下編

第十五章
中國文化的類型和特點

第一節　中國文化的倫理類型

　　任何一種文化類型的產生，都離不開特定的自然條件和社會歷史條件。這就是在特定自然地理環境下的物質生產方式和社會組織結構。關於這三個方面，在本書上編的前三章已有詳細論述。簡而言之，從地理環境看，中國處於一種半封閉狀態的大陸性地域，與西方地中海沿岸的民族有很大的不同；從物質生產方式看，中國文化植根於農業社會的基礎之上，封建的小農經濟在中國有幾千年的歷史，這與中亞、西亞的游牧民族、工商業比較發達的海洋民族也有很大的不同；從社會組織結構看，宗法結構在中國漫長的歷史中成為維繫社會秩序的重要紐帶，專制制度在中國延續兩千年，這在世界文化史上也是極為罕見的。

　　上述的歷史條件——半封閉的大陸性地域、農業經濟格局、宗法與專制的社會組織結構，相互影響和制約，形成了一個穩定的生存系統，與這個系統相適應，孕育了倫理類型的中國傳統文化。這種文化類型不僅在觀念的意識形態方面發生著久遠的影響，而且還深刻地影響著傳統社會心理和人們的行為規範。例如，孝親敬祖、尊師崇古、修己務實、不佞鬼神、樂天安命，等等，這些在幾千年農業宗法社會環境下形成的社會心理和觀念，滲透到傳統文化的方方面面。正因為如此，斯賓格勒（Oswald Spengler, 1880-1936）才把道德靈魂當做中國文化的基本象徵符號，黑格爾（Hegel, 1770-1831）才說：「中國純粹

建築在這一種道德的結合上，國家的特性便是客觀的家庭孝敬。」[1]

有人說，如果把西方的文化視為「智性文化」，那麼中國文化則可以稱之為「德性文化」[2]。這種說法有一定道理。但是，中國傳統文化之重「德」，並不是說它輕「智」，它是一種德智統一、以德攝智的文化。在對待人與自然的關係上，它十分注重二者之間的和諧與統一，幾乎到了有一種倫理關係在其中的地步：人，出於自然，以天地為父母，以萬物為朋友，其精神（古人稱之為「氣」）可以與天地相通。因此可以說，人的「德」出自於天地自然，人與天地自然可以「合其德」。因此中國古代有「天命有德」的觀念。這種文化觀念，同歐洲文化的注重人與自然的對立，中東和印度文化的注重超自然的神，都有所不同。北宋哲學家張載有一段精闢的話。他說：

> 乾稱父，坤稱母；予茲藐焉，乃混然中處。故天地之塞吾其體；天地之帥吾其性。民吾同胞，物吾與也。（《正蒙‧乾稱篇》）

在這裏，把天地看做是父母，把百姓看做是兄弟，把萬物看做是朋友。也就是說，把人倫的觀念，貫徹到天地萬物之中，這正典型地代表了中國文化的倫理型特色。因此我們也可以說，中國古代文化是一種天地合德的倫理類型。

張載還認為，人，作為天地大家庭的一員，應該擔當起自己的責任：「尊高年所以長其長，慈孤弱所以幼吾幼。聖其合德，賢其秀也。凡天下疲癃殘疾、煢獨鰥寡，皆吾兄弟之顛連無告者也，於時保

1　黑格爾：《歷史哲學》（北京市：三聯書店，1956年），頁65。

2　參見馮天瑜等：《中華文化史》（上海市：上海人民出版社，1990年），頁232。

之，子之翼也。樂且不憂，純乎孝者也。」（同上）張載把尊高年、慈孤弱、憐惜殘疾鰥寡稱之為「孝」，把「孝」的範疇廣義化了。實質上，中國文化中愛好和平、尊重他人的精神，與此是有著某種內在聯繫的。

中國文化的倫理型特徵，在社會根源上，主要源於中國古代社會宗法體系的完善及其影響的長期存在。

與世界各國不同，中國是在血緣紐帶解體不充分的情況下步入文明社會的，從而形成了獨特的宗法體系。與之相聯繫，血親意識，即所謂「六親」（父子、兄弟、夫婦）、「九族」（父族四、母族三、妻族二）的觀念繼續構成社會意識的軸心，而且其形態在後來的發展中愈益精密化。經過歷代統治者及其士人的加工改造，宗法體系下的血親意識有的轉化為法律條文（如「不孝」成為犯法的「首惡」），更主要的是形成宗法式的倫理道德，長久地左右著人們的社會心理和行為規範。

在社會心理方面，中國人向來對血緣關係格外注重，其語言表現是親屬稱謂系統的龐雜精細。這一系統不僅如同世界諸多民族一樣縱向區分輩分，而且在父母系、嫡庶出、長幼序等等橫向方面也有極嚴格的規定。例如英語中 uncle 和 aunt 的漢語對應詞，竟有伯父母、叔父母、姑父母、舅父母、姨父母等五種之多。與此相聯繫，中國人往往懷有濃烈的「孝親」情感，這種情感不僅表現為對死去先祖的隆重祭奠，更表現為對活著的長輩絕對孝順，所謂「百善孝為先」。「尊親」成為中華民族古已有之的道德傳統。在中國文化系統內，孝道被視為一切道德規範的核心和母體，忠君、敬長、尊上等等，都是孝道的延伸。「夫孝，始於事親，中於事君，終於立身」（《孝經·開宗明義》）。中國人雖然也崇拜天神，但無希伯萊人、印度人、阿拉伯人那樣的虔誠和狂熱，耶穌受難曾激發起歐洲人無以名狀的心靈震撼，而

中華民族卻以「如喪考妣」來形容悲傷至極的情感。從這個意義上
說，綱常倫理觀念如同一具龐大嚴密的「思想濾清器」，阻擋、淡化
了宗教精神對國民意識的滲透。與基督教、伊斯蘭教、印度佛教相
比，中國宗教在禁欲、絕親等關係世俗人倫的方面，總是留有充分的
餘地。佛教傳入中國以後，正是由於在盡孝、盡忠這兩大倫理觀念上
有所修正，漢譯佛典甚至偽造《父母恩重經》，闡發孝道，宣揚忠
君，這才獲得民眾的理解，得以順利發展。

　　作為社會心理狀況的理論昇華，倫理道德學說當仁不讓地成為中
華學術的首要重心，影響之大，導致道德論與本體論、認識論、知識
論互攝互涵，畛域不清。在古希臘、羅馬，人們關注的重心不是人際
倫常關係，而是大自然和人類思維的奧秘，主體與客體二分、心靈與
物質對立的觀念深入人心，宇宙理論、形而上學得到較充分的發展。
以柏拉圖為代表的古希臘哲學體系三分為思辨哲學、自然哲學和精神
哲學，此後直到近代，西方以「求真」為目標的學術範式一脈相承，
宇宙論、認識論與道德論各自獨立發展，雖有聯繫，但從未混淆不分。

　　中國則不同，人倫效法自然，「人法地，地法天，天法道，道法
自然」（《老子》第二十五章）。自然亦被人倫化，天人之間攀上了血
親關係，君王即「天子」從而形成了天人合一、主客混融的觀念。中
國古代的知識論從未與道德倫理學說明晰地區分開，為學的目標主要
固在於求「真」——探索自然奧秘，而更在於求「善」——追求道德
覺悟。外在的自然界既未被當作獨立的認知對象與人倫相分離，以外
物為研究對象的科學便遭到冷遇和壓抑，自然科學、分析哲學因此難
以獲得充分的發展，倫理道德學說卻延綿不斷，甚至成為眾多學科門
類的出發點和歸宿。政治學成為道德評判，政事被歸結為善惡之別、
正邪之爭、君子小人之辨；文學強調教化功能，成為「載道」的工
具，史學往往以「寓褒貶，別善惡」為宗旨；教育更以德育居首，所

謂「首孝悌，次見聞」（《三字經》），「行有餘力則以學文」（《論語‧學而》），知識的傳授倒退居其次。至於哲學，在中國文化體系中則往往與倫理學相混融，主要是一種道德哲學。這一點在儒學中體現得尤為鮮明。正如梁啟超所說：「儒家舍人生哲學外無學問，舍人格主義外無人生哲學。」[3]

　　宗法社會特定的倫理型文化，自有其正面的積極效用。在中國文化系統裏，強調在道德面前人人平等，如孟子說「人皆可以為堯舜」，王陽明說「滿街都是聖人」，都是肯定凡夫俗子也可以通過道德修養達到最高境界。與此同時，倫理型文化對包括君主在內的統治者也可以形成道德制約和嚴格要求。自周朝開始，帝王死後有諡號，群臣根據其德行政績加一概括語，褒者如成、康，貶者如幽、厲。這種人格評判式的道德制約，在缺乏分權制的古代中國，所發揮的社會調節功能不可低估。倫理型文化在特定歷史條件下，還能鼓舞人們自覺維護正義，忠於國家民族，抵禦外來侵略，保持高風亮節。千百年來，無數「捨生取義」、「殺身成仁」的志士仁人，都從傳統道德倫理思想中汲取營養，立德，立功，彪柄千秋。當然，倫理型文化也有其消極的一面。它將倫理關係凝固化、絕對化，以至在某種程度上又成為人身壓迫、精神虐殺的理論之源。我們要對它進行具體分析，批判地繼承其中優秀的文化遺產，剔除其糟粕，創造性地建設中國的新文化。

第二節　中國文化的特點

　　關於中國文化的特點，可以從不同角度來認識和總結。梁漱溟先

3　梁啟超：《先秦政治思想史》。

生在《中國文化要義》中，曾提出中國文化的十四大特徵[4]；臺灣學者韋政通則概括出中國文化的十大特徵[5]，其它學者還有各種不同的總結和研究結論。其實，在本書上、中編各章中，已廣泛地涉及到中國文化的特點問題，諸如中國文化的延續力、多樣性、包容性、凝重性，它作為農業文化、宗法文化、禮儀文化、倫理文化的特徵，它對待宗教、科學技術、民主、個人權利的態度，中國文化特殊的思維方式、審美情趣等等。本書下面兩章將要論述中國文化的基本精神和價值系統，實際上也是要從內在精神和價值取向方面進一步深入揭示中國文化的特點。可以這樣說，學習中國文化史，就是要從各個方面、各個角度來認識中國文化的特點，把握它的民族性和特殊性，既知道它的優點、長處，也清醒地瞭解它的缺點、短處。本章除了已在上節揭示中國文化的倫理類型這個總的特徵之外，還想從以下幾個方面集中論述一下中國文化的特點問題。

一　強大的生命力和凝聚力

在世界文化之林中，有四大文明古國，也曾經出現過許多優秀的文化體系。英國歷史學家湯因比（Arnold Toynbee, 1889-1975）認為，在近六千年的人類歷史上，出現過二十六個文明形態，但是在全世界只有中國的文化體系是長期延續發展而從未中斷過的文化。這種強大的生命力，是中國文化的一個重要特徵。

中國文化的強大生命力，表現在它的同化力、融合力、延續力和凝聚力等諸方面。

4　梁漱溟：〈中國文化要義〉，《梁漱溟全集》（山東：山東人民出版社，1990年），卷3，頁14-29頁。

5　韋政通：《中國文化概論》（臺北市：水牛出版社，1973年）。

　　所謂同化力，是指外域文化進入中國後，大都逐步中國化，融入中國文化而成為其一部分。在這方面，最有代表性的例子莫過於佛教文化的傳入和中國化。佛教開始流傳於尼泊爾、印度、巴基斯坦一帶，並不是中國本土的文化，在公元一世紀的兩流之際開始傳入中國，經過魏晉、隋唐幾百年，佛教高僧的東渡，佛教經典的翻譯，中土僧人的西行求法，都不能使佛教文化完全征服中國的士大夫。佛教傳播的結果，一部分變為中國式的佛教（如禪宗），一部分反而消融於宋明理學之中，成為中國文化的一部分。

　　所謂融合力，是指中國文化並非單純的漢民族文化或黃河流域的文化，而是在漢民族文化的基礎上善於有機地吸收中國境內各民族及不同地域的文化——如荊楚文化、吳越文化、巴蜀文化、西域文化等，形成具有豐富內涵的中華文化。中華各民族文化，例如歷史上的匈奴、鮮卑、羯、羝、羌、契丹、遼、金等民族的文化，都融會於中國文化的血脈之中。沒有這種融合，也就沒有中國文化的博大精深。當然，各地域、各民族文化的融合，也包含有「同化」的意義。

　　中國文化的同化力和融合力，是在歷史中形成的，因此它不是簡單的偶然的文化現象，而是一種文化生命力的表現。具有如此強大的文化生命力的民族，在世界歷史上都是少見的。英國歷史學家湯因比在二十世紀七〇年代初，曾與日本學者、社會活動家池田大作有過一次著名的對話，在這次對話中，他指出，「就中國人來說，幾千年來，比世界任何民族都成功地把幾億民眾，從政治文化上團結起來。他們顯示出這種在政治、文化上統一的本領，具有無與倫比的成功經驗」[6]。

6　《展望二十一世紀・湯因比與池田大作對話錄》（北京市：國際文化出版公司，1985年），頁294。

中國文化的同化力和融合力，是其無與倫比的生命延續力的內在基礎。

在人類歷史上，多次出現過因為異族入侵而導致文化中絕的悲劇，如印度文化因雅利安人入侵而雅利安化，埃及文化因亞歷山大大帝佔領而希臘化、愷撒佔領而羅馬化、阿拉伯人移入而伊斯蘭化，希臘、羅馬文化因日爾曼蠻族入侵而中絕並沉睡千年。但是在中國，此類情形從未發生。文化學界有人將七個古代文化──埃及文化、蘇美爾文化、密諾斯文化、瑪雅文化、安第斯文化、哈拉巴文化、中國文化──稱為人類原生形態的「母文化」。而在它們之中，惟有中國文化一種，歷經數千年，持續至今而未曾中輟，表現出無與倫比的延續力。

這種強健的生命延續力的成因是多方面的。東亞大陸特殊地理環境提供了相對隔絕的狀態，是其緣由之一。而中國文化長期以來以明顯的先進性多次「同化」以武力入主中原的北方游牧民族，反覆演出「征服者被征服」的戲劇，也是一個重要原因。

在漫長的歷史年代裏，中國文化雖未受到遠自歐洲、西亞、南亞而來的威脅，但也屢屢遭到北方游牧民族的軍事衝擊，如春秋以前的「南夷與北狄交侵」，十六國時期的「五胡亂華」，宋元時期契丹、女真、蒙古人接連南下，明末滿族入關。這些勇猛剽悍的游牧人雖然在軍事上大占上風，甚至多次建立起強有力的統治政權，但在文化方面，卻總是自覺不自覺地被以華夏農耕文化為代表的先進的中原文化所同化。匈奴、鮮卑、突厥、契丹、女真、蒙古等游牧或半農半牧民族在與先進的中原文化的接觸過程中，幾乎都發生了由氏族社會向封建社會的過渡或飛躍。軍事征服的結果，不是被征服者的文化毀滅、中絕，而是征服者的文化皈依和文化進步。而在這一過程中，中國文化又多方面地吸收了新鮮養料，如游牧人的騎射技術，邊疆地區的物產、技藝，從而增添了新的生命活力。

　　中國文化的強大生命力還表現在它具有歷久彌堅的凝聚力。這種凝聚力具體表現為文化心理的自我認同感和超地域、超國界的文化群體歸屬感。早在公元前一千年的西周時期，中華先民便有了「非我族類，其心必異」的觀念，表達了從文化心理特質上的自我確認。到了近代，中國人更自覺地意識到：

> 中華之名詞，不僅非一地域之國名，亦且非一血統之種名，乃為一文化之族名。故《春秋》之義，無論同姓之魯衛，異姓之齊宋，非種之楚越，中國可以退為夷狄，夷狄可以進為中國，專以禮教為標準，而無有親疏之別。其後數千年，混雜數千百人種，而稱中華如故。以此推之，華之所以為華，以文化言之可決也。[7]

　　正因為如此，直到今天，數以千萬計浪跡天涯的華僑華裔，有的已在異國他邦生兒育女，傳宗接代，但他們的文化臍帶，仍然與中華母親血肉相依，在他們的意識與潛意識中，一刻也未曾忘記自己是中華兒女，炎黃子孫。已定居巴拿馬幾代，並且在政界取得顯赫地位的華裔這樣說道：「別看我們完全不懂中文，我們的思想、舉止都是非常中國式的。」[8]美籍華人、諾貝爾物理學獎得主楊振寧教授也說：「我覺得中國傳統的社會制度、禮教觀念、人生觀，都對我們有極大的束縛的力量。」[9]肺腑之言，拳拳之心，都是中國文化強勁凝聚力的生動體現。

7　〈中華民國解〉，《民報》第15期（1907年7月）。

8　〈異鄉闖政壇〉，載《光華》雜誌第16卷第6期（1991年）。

9　《讀書教書四十年》（重印版）（北京市：三聯書店，1987年），頁58。

二　重實際求穩定的農業文化心態

　　中國傳統文化是一種農業文化。所謂農業文化，並非說構成這種文化的物態成分中沒有其它產業的產品，而是說整個文化的物質基礎的主導方面和支配力量是在自然經濟軌道上運行的農業。

　　黃河、長江哺育的亞洲東部這片肥沃的土地，為中華先民從事精耕細作的農業生產提供了極為優越的條件。幾千年來，中國人的主體——農民，「日出而作，日入而息，鑿井而飲」，躬耕田疇，世世代代、年復一年地從事簡單再生產，成為國家賦役的基本承擔者，這就注定了中國古代文化的農業型物態特徵，並在此基礎上形成獨具一格的「實用——經驗理性」，如重農、尚農的社會共識，重實際而黜玄想的務實精神，安土樂天的生活情趣，包含迴圈與恒久意識的變易觀念，等等。

　　在以農業為生存根基的中國，農業生產的節奏早已與國民生活的節奏相通。我國的傳統節日，包括最隆重的春節，均來源於農事，是由農業節氣演化而成的，並不像許多其它民族那樣，節日多源於宗教。在這樣的文化氛圍內，重農思想的產生便是順理成章的事情。中國人很早就認識到農耕是財富的來源。《周易》說：「不耕獲，未富也。」（《象傳・無妄》）中國「禮」文化的創導者周公也說：「嗚呼，君子所其無逸，先知稼穡之艱難，乃逸。」（《周書・無逸》）認為統治者要求得社會的安定，首先必須懂得農耕的重要和農人的艱辛。

　　戰國中期的商鞅更把「尚農」作為富國強兵的基礎。他下令免三晉客民軍役三世，使其安心農業生產；又讓農人固定居住，不得遷徙，以防脫離生產；還採取種種措施，令各類非農業人口轉入農事，以制止「不作而食」，由此形成的「重農抑商」政策，對後世影響深遠。《呂氏春秋》則從理論上發揮了重農思想，認為「霸王有不先耕

而成霸王者，古今無有，此賢者不肖之所以殊也」（《呂氏春秋‧上農》），把發展農業看成是成就霸業的基礎。

大部分成書於戰國時期的《管子》認定「孝悌力田者」，即農人是社會的中堅，提倡以農為「本」，以工商為「末」，反覆勸誡統治者要「務本」以「安邦」，「重本」而「抑末」。帝王們也深知農業繁榮是國固邦寧的根柢所在，如漢文帝劉恒頒佈重農詔曰：「農，天下之大本也，民所恃以生也。而民或不務本而事末，故生不遂。」（《漢書‧文帝紀二年》）歷代思想家闡揚重農的言論更是不勝枚舉，「農本商末」、重農抑商的觀念在中國式的農業社會可謂根深蒂固。

務實精神是「一分耕耘一分收穫」的農耕生活導致的一種群體價值趨向。中國民眾在農業勞作過程中領悟到一條樸實的真理：利無幸至，力不虛擲，說空話無補於事，實心做事必有所獲。這種農人的務實作風也感染了士人，「大人不華，君子務實」是中國賢哲們一向宣導的精神。章太炎說：「國民常性，所察在政事日用，所務在工商耕稼，志盡於有生，語絕於無驗。」[10]比較準確地刻畫了以農民為主體的中國人「重實際而黜玄想」的民族性格。正是這種民族性格使中國人發展了「實用——經驗」理性，而不太注重純理論的玄思，亞里斯多德式的不以實用為目的、而由探求自然奧秘的好奇心所驅使的文化人，較少在中國產生。作為農耕民族的中國人，從小農業的簡單再生產過程中形成的思維定勢和運思方法是注意切實領會，並不追求精密謹嚴的思辨體系，他們被西方人稱讚為「最善於處理實際事務的」民族。

「安土樂天」的生活情趣，更是直接從農業文明中生發出來的國民精神。作為一個農業民族，中國人採用的主要是農業勞動力與土地

10　〈駁建立孔教議〉，《章太炎政論選集》，下冊，頁689。

這種自然力相結合的生產方式，他們建立的自然經濟社會是一種區域性的小社會，與外部世界處於封閉狀態。農民固守在土地上，起居有定，耕作有時。安土重遷是他們的固有觀念。《周易》稱：「安土敦乎仁，故能愛。」（《繫辭上》）《禮記》稱：「不能安土，不能樂天；不能樂天，不能成其身。」（〈哀公問〉）先民所追求的是在自己的故土從事周而復始的自產自銷的農業經濟所必須的安寧和穩定。以「耕讀傳說」自豪，以窮兵黷武為戒。所謂「善人為邦百年，亦可以勝殘去殺矣」（《論語‧子路》），所謂「若使天下兼相愛，國與國不相攻，家與家不相亂，盜賊無有，君臣父子皆能孝慈，若此則天下治」（《墨子‧兼愛上》），便是農業社會古聖先賢和庶民百姓的共同理想。

包含著迴圈與恒久意識的變易觀念，與農業文明存在著深刻的內在聯繫。作為一個農業民族，中國人受到農業生產由播種、生長到收穫這一迴圈狀況以及四時、四季周而復始現象的啟示，使之產生一種循環論的思維方式。正如《易傳》所概括的：「寒往則暑來，暑往則寒來。」政治生活中朝代的盛衰更迭，治亂分合的往復交替，所謂「天下大勢，分久必合，合久必分」。以及人世間的種種變幻離合，更強化了人們的迴圈觀念，而金、木、水、火、土「五行相生、相剋」的公式，便是循環論自然觀與社會觀的哲學表徵。

循環論是盛行於農業社會的一種推原思維。這種思維的特點是出發點與歸宿點「重合」。這恰恰是農業生產的周期性和植物從種子到種子周而復始衍化所暗示的。這類思維方式長期制約著中國人的思想方法。漢、晉後流行於中國的佛教，其因果報應、修行解脫說，也是一種循環論。而將儒、佛、道三家思想匯合的宋明理學，其歷史觀也是循環論，邵雍的「元、會、運、世」周而復始的模式即是典型。

農業社會中的人們滿足於維持簡單再生產，缺乏擴大社會再生產的能力，因而社會運行緩慢遲滯。在這樣的生活環境中，很容易滋生

永恆意識，認為世界是悠久的、靜定的。中國人往往表現出習故蹈常的慣性，好常惡變。反映在精英文化中，則是求「久」的觀念應運而興，《易傳》所謂「可久可大」，《中庸》所謂「悠久成物」，《老子》所謂「天長地久」、「深根固蒂長生久視」，董仲舒所謂「天不變道亦不變」，都是這種觀念的典型表述。反映在民間心態中，便是對用具追求「經久耐用」，對統治方式希望穩定守常，對家族祈求延綿永遠，都是求「久」意識的表現。

　　當然，農業生產也向人們反覆昭示著事物的變化和生生不已，因此，與恒久觀念相輔相成，變易觀念在中國也源遠流長，影響深遠，如《易傳》所謂「日新之謂盛德，生生之謂易」，「剛柔相推而生變化」(《繫辭上》)，老子所謂「大曰逝，逝曰遠，遠曰反」(《老子》第二十五章)。這種變易觀帶有很明顯的循環論特徵。變易、迴圈和恒久在中國文化中很自然地結合、統一起來，其主要表現形態就是寓變易於保守之中，如漢武帝的「復古更化」，「復古」是承繼堯舜三代道統，「更化」是以儒家哲理改變秦代遺留的惡俗；又如王安石變法、張居正改革、康有為變法都是某種程度上的「託古改制」。這種以復古求變今的思路，正是農業經濟所養育的中國文化在變易觀上的獨特表現。

三　以家族為本位的宗法集體主義文化

　　中國古史的發展脈絡，不是以奴隸制的國家代替由氏族血緣紐帶聯繫起來的宗法社會，而是由家族走向國家，以血緣紐帶維繫奴隸制度，形成一種「家國一體」的格局。這樣，氏族宗法社會的解體在我國完成得很不充分，因而氏族社會的宗法制度及其意識形態的殘餘大量積澱下來，幾千年中，全社會並未長期存在如同古代印度和歐洲中

世紀那樣森嚴的等級制度，社會組織主要是在父子、君臣、夫婦、長幼之間的宗法原則指導下建立起來。

宗法制度在中國根深蒂固，不僅由於氏族社會解體極不充分，還由於此後自然經濟長期延續，「雞犬之聲相聞，民至老死不相往來」的村社構成中國社會的細胞群，而這些村社中又包含家庭宗族與鄰里鄉黨兩大網路，由家庭而家族，再集合為宗族，組成社會，進而構成國家。這種社會結構給宗法制度、宗法思想的遷延、流播提供了豐厚的土壤。戰國時期的社會大變革，對宗法制度雖有所衝擊，但以家庭為細胞的農業自然經濟和血緣宗族關係，並沒有撼動。此後兩千多年，中華先民始終以宗法氏族社會傳說的聖人——堯舜為聖人，以宗法氏族社會的「大同世界」為理想的社會境界，社會組織結構長久地籠罩在父系家長制的陰影之下，父是家君，君是國父，家國一體，宗法關係滲透到社會生活的最深層。

以家族為本位的社會關係的基本單元是「宗族」。在宗族內，每一個人都不被看做是獨立的個體，而起碼要和上下兩代人（即父、子）發生關聯，這樣，父親、自己、兒子就形成三代，這是一個以「自己」為核心的最基本的「宗族」。由三代分別向上、向下延伸，還可以形成分別以自己的父親、自己的兒子為核心的另外兩個最基本的宗族，實際上形成了三個同心圓。如果仍以「自己」為核心來考慮的話，這三個同心圓一共包括了五代，即從自己的祖父到自己的孫子形成兩層圓圈。就人的自然壽命而言，這五代人是可以同時在世的。如果將以「自己」為核心的這兩層圓圈分別再往上往下延伸，上至自己的「高祖」，下至自己的「玄孫」，這樣就一共包括九代，形成四層圓圈（見下頁圖示）。這就是《禮記‧喪服小記》中所說的「親親，以三為五，以五為九」，至九而「親畢」。由此我們可以看到，在宗法觀念下，個人是被重重包圍在群體之中的，因此，每個人首先要考慮

的，是自己的責任和義務，如父慈、子孝、兄友、弟恭之類，個人的權利則顯得不那麼重要。這就是所謂的「人道親親」。《禮記‧大傳》中釋「人道親親」說：「親親故尊祖，尊祖故敬宗，敬宗故收族。」由尊祖到敬宗再到收族，整個社會就團結起來、統一起來，這正是儒家的思路。

　　從「親親」的觀念出發，可以引申出對君臣、夫妻、長幼、朋友等等關係的一整套處理原則，這些處理原則是以「義務」觀念為核心的。儒家經典《大學》中提出「知止」的範疇，「知止」具體表現在「為人臣止於敬」，「為人子止於孝」，「為人父止於慈」等等。這些都是「義務」的概念。《論語》中記載，孔子上朝的時候，君主沒到來之前，與下大夫說話，「侃侃如也」（溫和而快樂）；與上大夫說話，「誾誾如也」（正直而恭敬的樣子）；君主來了之後，「踧踖如也，與與如也」（恭敬而心中不安，而又行步安詳有禮貌）（見《論語‧鄉黨篇》）。這則材料生動地說明了孔子非常注意掌握自己行為的分寸，把自己在特定環境下的「角色」義務處理得十分恰當。正是由於傳統文化重家族輕個人、重群體輕個體，因而總是強調個人在群體中的義務和責任，而忽略了個人在社會中的權利，也就使得「人皆可以為堯舜」這樣的道德平等意識僅僅成為一種理想，而與「權利」相聯繫的「法制」觀念在這樣的系統之內沒有用武之地，這正體現了傳統文化的二重性。

　　　說明：一、由「己」到「祖父」為三代，由「己」到「孫」亦
　　　為三代，由「己」之孫到「己」之祖父為五代。
　　　二、由「己」到「高祖」為五代，由「己」到「玄孫」亦為五
　　　代，由「己」之玄孫到「己」之高祖為九代。

四　尊君重民相反相成的政治文化

　　長期運作於中國的農業自然經濟，是一種商品交換欠發達、彼此孤立的經濟。在這種土壤中生長起來的極度分散的社會，需要高高在上的集權政治加以統合，以抗禦外敵和自然災害，而人格化的統合力量則來自專制君主。因此，「國不堪貳」的尊君傳統乃是農業宗法社會的必然產物。另一方面，農業宗法社會的正常運轉，又要仰賴以農民為主體的民眾的安居樂業，如此方能為朝廷提供租稅賦役，保障社會所需的基本生活資料，社稷家國方得以保全，否則便有覆滅崩潰之虞。因此，「敬德保民」、「民為邦本」的思想傳統也是農業宗法社會的必然產物。「尊君」和「重民」相反而又相成，共同構成了中國傳統政治文化的一體兩翼。

　　中國農業社會由千百個彼此雷同、極端分散的村落和城鎮組成。但是，對外抗禦游牧人的侵襲，對內維持社會安定又是這個農業社會的全民性需要，這就有建立統一的、權威巨大的帝國的必要。然而，

農業型的自然經濟決定，不能指望以商品交換形成的紐帶來維繫國家的大一統，只能依靠政治上和思想上的君主集權主義將國家大一統變為現實。在中國古代，除少數異端思想家提出過犀利的非君論外，多數學派的思想家都有不同程度的尊君思想，而絕對尊君論則是由法家提出來的。韓非從天下「定於一尊」的構想出發，提出了「事在四方，要在中央，聖人執要，四方來效」（《韓非子・揚權》）的中央集權的政治設計，並認為國君具有無上威權，對臣民蓄養以供驅使，而臣民對君則必須惟命是從。臣民不具備獨立人格，視、聽、言、動皆以君之旨意為轉移。君以法、術、勢制馭天下，天下以君為頭腦和中樞，如此方可天下定於一尊，四海歸於一統。此後不久正式建立的大一統秦帝國，就是以韓非的思想為藍圖構築起來的。

尊君論並非法家的特產，先秦儒學創始人孔丘便系統地闡述過溫和的尊君思想，西漢大儒董仲舒則賦予尊君論以神學理論色彩，所謂「天子受命於天，天下受命於天子」（《春秋繁露・為人者天》），所謂「《春秋》之法以人隨君，以君隨天」（《春秋繁露・玉杯》），把國君描述成天與人之間的媒介。唐代的韓愈從社會分工角度，大倡尊君抑民之說。此後，程頤、朱熹等理學家以更加富於思辨性的理論，為「君權神授」作論證，將「君為臣綱」歸結為「天理」。這種絕對君權主義到了明代更在實踐上達到登峰造極的地步。明太祖朱元璋「收天下之權歸一人」（王世貞《州史料》卷十一），廢除沿襲一千多年的丞相制和沿襲七百多年的三省制，將相權併入君權；撤銷行省，設立分別直接受制朝廷的「三司」（布政使司、按察使司、都指揮使司），將君權擴張到極點，真正達到「朕即國家」的程度。

總之，中國農業社會需要並養育了一個君主集權政體，而這種君主集權政體一經形成，又成為超乎社會之上的異己力量，它剝奪了人民群眾的一切權利，將軍、政、財、文大權全部集中到朝廷以至皇帝

個人手中。這就是馬克思多次論述過的在「亞細亞生產方式」土壤中
生長出來的「東方專制主義」。

與集權主義相伴生，中國農業社會又培育了另一影響深遠的政治
意識，這便是「民本主義」。

中國自先秦即已產生的「民本主義」是一個具有特定歷史含義和
民族文化內容的概念，在使用時必須與西方的「人文主義」和「人本
主義」概念加以嚴格區分。產生於歐洲文藝復興時期的「人文主義」
是同維護封建統治的宗教神學相對立的人性論和人道主義；在十九世
紀由德國哲學家費爾巴哈提出的「人本主義」，是指抽去人的具體的
歷史條件和社會關係，把人僅看做一種生物學存在的舊唯物主義哲學
觀點。而中國的民本主義則是與之完全不同的一個歷史範疇。

民本主義植根於尚農、重農的社會心理的深層結構之中，它是與
重農主義相為表裏的。農業社會存在和發展的前提，是農業勞動
力──農民的「安居樂業」。農民安居樂業，農業生產才能穩定有
序，朝廷的賦役才能源源供給，「天下太平，朝野康寧」的「盛世」
便有了保障。反之，如果以農民為主體的廣大庶眾失去起碼的生存條
件，出現「民不聊生」、「民怨沸騰」的狀況，「民潰」、「民變」就會
層出不窮，「國削君亡」就難以避免。

到晚周，民本思想漸趨盛大。老子認為，統治者必須順應民意，
「聖人無常心，以百姓心為心」（《老子》第四十九章），譴責「以百
姓為芻狗」的做法是「不仁」。孔子則提出「節用而愛人，使民以時」
（《論語‧學而》），並有「修己以安人」、「修己以安百姓」的主張；
他所宣導的德政，以「裕民」為前提，希望統治者「因民之利而利
之」（《論語‧堯曰》）。此後，孟子對民本思想作了系統發揮。他說：
「民為貴，社稷次之，君為輕。是故得乎丘民而為天子，得乎天子為
諸侯，得乎諸侯為大夫。」（《孟子‧盡心下》）在這裏提出了「民為

國本」和「政得其民」的思想。稍晚的荀子也有類似思想，他說：
「君者舟也，庶人者水也。水則載舟，水則覆舟。」（《荀子‧王
制》）關於君民關係的這一形象比喻，給歷朝統治者以深刻印象。唐
太宗李世民在與大臣的對話中，就闡述過民水君舟，水可載舟、亦可
覆舟的道理，一再強調「載舟覆舟，所宜深慎」（《貞觀政要‧論君
道》）。

　　總之，「民為邦本」、「使民以時」、「民貴君輕」等民本思想是中
國古代農業社會的一種傳統政治思想，反對「殺雞取卵」、「竭澤而
漁」的「仁政」、「王道」學說由此派生出來。

　　民本主義同君主專制主義的關係是雙重的。一方面，以「愛
民」、「重民」、「恤民」為旗幟的民本思想與專制主義的極端形態──
「殘民」、「賤民」、「虐民」的暴政和絕對君權論是對立的，歷來抨擊
暴政的人幾乎無一例外地提倡民本思想。另一方面，民本主義又和君
主專制主義的一般形態相互補充，構成所謂「明君論」。這種明君
「重民」、「惜民」，民眾則將安定溫飽生活的希望寄託於明君。「百姓
所賴在乎一人，一人所安資乎萬姓，則萬姓為天下之足，一人為天下
之首。」（羅隱《兩同書‧損益》）可見，民本主義與主權在民的民主
主義是不可同日而語的。民本主義嚴格劃分「治人者」與「治於人
者」，它是從治人者的長治久安出發，才注意民眾的力量和人心嚮背
的。中國歷代封建統治者及其知識分子，一方面強調「國以民為
本」；另一方面又強調「民以君為主」，在他們看來，「尊君」與「重
民」是統一的。

五　擺脫神學獨斷的生活信念

　　同世界上任何民族一樣，在中國的遠古時期，也產生過原始的宗

教以及對天命鬼神的絕對崇拜。直到殷商，在意識形態上仍有「尊天事鬼」的特點，「卜辭」中所記載的，就是殷商貴族的宗教占卜活動。但是在殷周之際，中國人的宗教觀念產生了重要的變化，這就是從西周開始的疑「天」思潮以及「敬德保民」的思想觀念。這種觀念對以後中國文化的發展產生了重大的影響。近代以來的學者已經注意到這一歷史現象，王國維指出：「中國政治與文化之變革，莫劇於殷周之際。」他認為，這種變化，是「舊制度廢而新制度興，舊文化廢而新文化興」。其中的關鍵，在於「納上下於道德，而合天子諸侯卿大夫士庶民以成一道德之團體」（《觀堂集林‧殷周制度論》）。也就是說，在西周人的觀念中，從宗法中產生道德，而道德成為維繫整個社會的根本紐帶。宗法道德觀念的確立，使神學獨斷的觀念削弱以致被擺脫了。這是中國傳統文化的一個重要特點，也是與西方文化、印度文化等相區別的一個突出之處。

在歐洲以及印度，宗教的神或上帝、佛，是最高的信仰，是精神的寄託。而最高的善，生活的目標，人們行為的準則，都是從宗教的神的誡命或啟示而來的。例如猶太教把「摩西十誡」說成是永恆的道德規範和社會的基本準則，並且說這是上帝耶和華親自向摩西頒佈，與猶太人約法的（見《舊約全書》）。又如，基督教的耶穌既被視為上帝之子，也是上帝的化身，他傳佈福音，教化世人，成為人間倫理道德的榜樣和楷模。總之，在西方以及印度文化中，道德來源於宗教神啟，宗教的神是神聖不可侵犯的。

和歐洲、印度文化中的這種神學獨斷相比，中國文化顯示了它的理性的一面。道德是從哪兒來的？儒家與道家都作出了自己的回答。儒家的回答有兩派，孟子認為，道德之善，來源於人的本性，他從人見到孺子將入井時會產生「惻隱之心」立論，引發出「羞惡之心」、「辭讓之心」、「是非之心」，稱之為四個「善端」，由「善端」加以擴

充，就成為仁、義、禮、智四種道德品質。這種看法，不能說是正確的，但是他從心理的「經驗」入手，採取邏輯推理的方法去論證道德的起源，把對道德問題的討論引向人的主觀修養一途，擺脫了有神論的道德觀。儒家中另一派對道德來源作出回答的是荀子。荀子認為，禮義道德來源於後天環境對人性的陶冶、改造。他說：「凡人之性者，堯舜之與桀跖，其性一也；君子之與小人，其性一也。」(《荀子・性惡》)而之所以有的人成為堯舜，有的人成了桀跖，有的人成為工匠，有的人成為農賈，都在於「注錯習俗之所積」(《荀子・榮辱》)，亦即道德與知識都來自後天環境的教育和積纍。這種觀點，比孟子更為徹底地擺脫了有神論的道德觀。

中國古代文化的另一大支脈——道家學說，雖然認為「道」產生天地萬物，但又反覆強調其「生而不有，為而不恃，長而不宰」(《老子》第五十一章)，否定了有人格、有意志的神。道家的這種觀點被概括為「道法自然」。它也深刻地影響到儒家、特別是荀子的學說。荀子在〈天論〉中說：「列星隨旋，日月遞照，四時代謝，陰陽大化，風雨博施，萬物各得其和以生，各得其養以成。不見其事而見其功，夫是之謂神。皆知其所以然，莫知其無形，夫是之謂天。」這種說法，和道家天道無為的說法十分相近。

對於鬼神的看法，儒家既有理性的一面，也有實用的一面。孔子說：「務民之義，敬鬼神而遠之，可謂知矣。」(《論語・雍也》)又說：「未能事人，焉能事鬼？」「未知生，焉知死？」(《論語・先進》)《論語》中還說：「子不語：怪、力、亂、神。」(〈述而〉)這是其理性的一面。孔子又說：「祭如在，祭神如神在。」(〈八佾〉)「君子有三畏：畏天命，畏大人，畏聖人之言。」(〈季氏〉)「獲罪於天，無所禱也。」(〈八佾〉)這是其實用的一面。儒家以實用的立場看待鬼神和天命，正如荀子所說：「日月食而救之，天旱而雩，卜筮然後

決大事，非以為得求也，以文之也。故君子以為文，而百姓以為
神。」（《荀子‧天論》）這樣的觀點，也就是所謂的「神道設教」。因
此，從認識論的角度來看，儒家有其「理性」的一面，而從社會作用
的角度來看，則有其「實用」的一面。中國文化在春秋戰國以後的發
展，堅持無神論觀點的，不僅有科學家、思想家，也有文學家和歷史
學家，可以說形成了一種無神論的文化傳統。

在世界各國歷史上，都有對人類產生、人類文明的看法。例如，
廣泛流行於歐美的基督教文化，認為文明世界起源於上帝的創造：上
帝用六天時間創造了天地萬物，在第二個星期，又用泥土創造了人。
因此，在基督教文化中，「創造」一詞只屬於上帝，而世界的文明來
源於上帝的智慧。與此完全不同的是，在中華民族的觀念中，文明的
產生有另外的線索，從伏羲氏、神農氏到黃帝的傳說，在漢代就已家
喻戶曉。這種文明起源的觀念，在世界文化中也屬罕見。尤其是關於
黃帝的傳說，影響最為久遠。漢代史學家司馬遷將其記錄下來，列為
〈五帝本紀〉之首，爾後兩千多年，歷代帝王也好，大眾百姓也好，
都把黃帝當做文明崇拜的偶像，而用它取代了西方文化中上帝的位
置。中國古代關於伏羲氏、神農氏和黃帝的傳說，大體上反映了上古
時代的中國文明由漁獵到農業而後又進入更高階段的進程，古代中國
人在對於這個進程的理解上，不是依賴於「神」，而是依賴於「人」，
不是依賴於超人的力量，而是依賴於探索和勞動。例如神農嘗百草的
傳說、黃帝巨大腳印的「遺跡」（在今陝西省黃陵縣），都具有這樣的
文化寓意。

人類所創造的文明，有兩大類內容。一類側重於物質方面，如漁
獵與畜牧，種植與農耕；另一類則表現為文物制度與精神文化。在歷
史的傳說記載中，創始於黃帝時期的發明，有養蠶、舟車、文字、音
律、醫學、算術，這些發明的一個共同特點是，它們已超出一般的農

業生產範疇，而表現出更多的人文色彩。與此相對應的一個有趣的文化現象是，古代中國人對黃帝的崇拜遠遠超出了對伏羲氏與神農氏的崇拜。這是偶然的嗎？從後人稱黃帝為「人文初祖」來看，人們推崇黃帝的功德，似乎隱喻了這樣的文化內涵：相對於物質文明來說，中國人更注重精神文明，形成中國文化的人文色彩。

由於中國傳統文化自先秦就具有擺脫神學獨斷的特點，所以在中國歷史上，未出現過像歐洲中世紀基督教神學佔領思想統治地位的「黑暗時代」（the Dark Ages）。中國傳統的民間宗教信仰，有極大的實用性，而在民間的「燒香拜佛」這樣的口頭語中，「佛」的含義既可能是釋迦牟尼、觀音菩薩，也可以是「城隍土地」、「太上老君」、「子孫娘娘」、「媽祖」……這和西方文化中宗教的嚴格排他性，迥然不同。這種文化現象，在某種程度上亦表現了中國文化的獨特智慧。

六　重人倫輕自然的學術傾向

中國文化以「人」為核心，它表現在哲學、史學、教育、文學、科學、藝術等各個領域，樂以成德，文以載道，追求人的完善，追求人的理想，追求人與自然的和諧，表現了鮮明的重人文、重人倫的特色。但是，在對於自然界本身的認識和改造方面，卻受到忽視。儒家思想在這方面的表現特別明顯。以孔子為例，據有的學者統計，《論語》中有關自然知識的材料共五十四條，涉及到天文、物理、化學、動植物、農業、手工業等方面的現象，不可謂不豐富，但究其內容都是「利用自然知識以說明政治、道德方面的主張，而不以自然本身的研究為目的」[11]。例如，孔子說：「仁者樂山，智者樂水」。（《論語·

---

11 趙紀彬：《論語新探》（北京市：人民出版社，1970年），頁2。

雍也》）後來漢代的學者就把它發揮成如下的對話：「子貢問曰：『君子見大水必觀焉，何也？』孔子曰：『夫水者君子比德焉，遍予而無私，似德；所及者生，似仁；其流插下句倨，皆循其理，似義；淺者流行，深者不測，似智，其赴百仞之谷不疑，似勇；綽弱而微達，似察；受惡不讓，似包蒙；不清以入，鮮潔以出，似善化；主量必平，似正；盈不求概，似度；其萬折必東，似志。是以君子見大水觀焉爾也，是知之所以樂也。」（劉向《說苑・雜言》）可見，從「水」這一自然現象中，可以觀察出德、仁、理、義等一系列道德品格，而自然本身，卻顯得不那麼重要。

荀子總結先秦學術思想，特別指出了為學的路徑，他說：「凡可知，人之性也，可以知，物之理也。以可知人之性，求可以知物之理，而無所疑止之，則沒世窮年不能遍也。」（《荀子・儒效》）如何解決這個矛盾？他提出「知止」、「止諸至足」的範疇，也就是把知識限定在一定的範圍，這個範圍，就是學習作「聖人」的道理。

儒家這種重人倫輕自然的學術傾向，對中國文化的影響是十分深遠的。魏晉時期學術界雖然有關於「才」、「性」的辯論，但最終並沒有解決「德」與「智」的關係問題。唐太宗品評大臣，仍然是：「一曰德行，二曰忠直，三曰博學，四曰詞藻，五曰書翰」（《貞觀政要・任賢》）。宋明理學家熱衷於心性之學，朱熹雖然也發表過關於以自然科學知識的見解，又為《大學》的〈格物致知〉章作補傳，但正如研究者所指出的，理學家的目標主要不在於求知識之真，而在於求道德之善。這也就是朱熹教導其弟子時所說的：「如今為此學而不窮天理，明人倫，講聖言，通世故，乃兀然存心於一草一木、器用之間，此是何學問！如此而望有所得，是炊沙而欲其成飯也。」（〈答陳齊仲〉，《朱文公文集》卷三十九）

重人倫、輕自然的思想也表現在教育領域，在封建社會，往往是

身份較低的人才去學習自然科學，例如唐代的「二館六學」（弘文館、崇文館、國子學、太學、四門學、書學、算學、律學），招收弟子依照出身的品次高低，其中「六學」的書、算、律被排在最後，其學生為八品以下官員的子弟以及庶人子弟。這種情況，說明儒學重人倫輕自然的思想在封建社會的廣泛影響。

當然，我們應該看到，從漢唐到宋元明，中國的科學技術在相當長的時間里居於世界領先地位，但是，當十六至十七世紀近代自然科學在西方產生並大踏步前進的時候，中國卻落後了。這其中的原因是多方面的，從文化史的角度看，中國傳統文化重人倫而輕自然的傾向，也是其中原因之一。世界著名中國科技史專家李約瑟這樣評論說：「儒家相信宇宙的道德秩序（天），他們使用『道』一詞，主要的──如果不是惟一的──是指人類社會裏的理想道路或秩序，這在他們對待精神世界和知識的態度上表現得很明顯。他們固然沒有把個人與社會人分開，也沒有把社會人與整個自然界分開，可是他們向來主張，研究人類的惟一適當對象就是人本身。」[12]由於儒學在傳統文化中的廣泛影響，在古代學術史上，關於嚴密邏輯結構的理論，關於技術性控制的實驗，以及二者之間相互聯繫驗證的操作，都沒有得到重視和發展。

七　經學優先並籠罩一切文化領域

中國倫理型文化還有一個突出的外在形式上的特點，這就是它的經學傳統。所謂經學傳統，是指中國文化長期以儒家經學為主流，有著一以貫之的傳統，形成了獨自的特色。

---

12 李約瑟：《中國科學技術史》，卷2，頁8。

　　中國學術的發展，就其分別而言，在先秦，是諸子之學；在兩漢，是經學；而後又有魏晉玄學、隋唐佛學、宋明理學、清代樸學。但從客觀上去考察，自漢代以後，一直到「五四」新文化運動之前，中國兩千餘年的學術發展，實以經學為一大主流。中國文化的發展，不論是哲學、史學、教育學、政治學、社會學、宗教學，以至醫學、科學與藝術，都與經學有著十分密切的關係。可以說，在中國古代，作為一個知識分子，不論他的學習興趣與研究方向最終怎樣，他的首要任務就是學習經書，不可能有其它的選擇。孔子說：「不學詩，無以言」；「不學禮，無以立。」（《論語‧季氏》）可見，一個人的一言一行，都不能脫離「經」的指導。

　　中國文化的上述特點，與西方文化有很大的不同。在古希臘，文化的發展雖然還帶有綜合性的特點，但是已出現明顯的學科分支，在數學、幾何學、天文學、醫學、物理學、生物學等方面，幾乎都有相對獨立的發展。亞里斯多德的一個重要學術貢獻，就是他在知識分類方面的功勞。在公元前三世紀中葉左右建立的亞歷山大城博學院（Museum），就設立有文學部、數學部、天文學部和醫學部。科學史專家貝爾納（J.D.Bernal）寫道：「這時的科學世界已大到足夠培植出為數不多的篤好妙悟的優秀人物，來撰寫天文學和數學上極專門化的著作，專門到甚至受過平均教育的公民都讀不懂，而下層階級只好懷著敬畏和猜疑望著它們。這樣就使得科學家能夠大膽探索複雜而精微的辯難，並由互相批評而得到偉大而迅速的進展。」[13]相比之下，中國文化的發展，在秦以後兩千餘年，卻一直籠罩在經學的氣氛之中。

　　經，本來是孔子所整理的古代文化典籍。孔子是中國第一個創立私學的偉大教育家，他對古代的文獻搜集整理，成為他進行教育的內

---

13 貝爾納：《歷史上的科學》（北京市：科學出版社，1959年），頁121。

容，同時也延續和保存了中國古代文化。孔子編輯整理的古代文獻稱之為「六經」，即《周易》、《尚書》、《詩經》、《禮》、《樂》、《春秋》。在這些古代文獻典籍中，包容了古代的政治、歷史、哲學、文學、音樂、典章制度等豐富的文化內涵。

　　孔子死後，儒家分為八派。在對六經的繼承和闡述方面，出現種種繁紛複雜的情況。在先秦諸子之中，儒家是「顯學」，其它諸子百家，也與六經有著密切的關係。荀子是先秦諸子中的總結性人物，又三為齊國稷下學宮的「祭酒」（學宮之長）。他說過：「學，惡乎始？惡乎終？始乎誦經，終乎讀禮。」（《荀子·勸學》）可見，古代經典文獻，在春秋戰國時期有著重要的地位和影響。

　　到了漢代，武帝採納董仲舒的建議，罷黜百家，獨尊儒術，「經」的地位被大大提高了。訓解和闡述六經及儒家經典的學問，稱之為「經學」，是學術文化領域中壓倒一切的學問，成為漢以後歷代的官學。「經」，也不斷地擴充與增加。先是有「七經」之說，到了唐朝，經學作為官方學術，確定為九經，到宋朝又擴充為十三經。作為一切文化學術的指導性經典，十三經往往被刻在石碑上，以顯示其不可更改的權威性。在中國歷史上，曾有過七次刻經。如今在西安碑林博物館內，還完整地保存著唐代的「開成石經」。在中國歷史上，對十三經的注疏、訓解、發揮，層出不窮。僅據清代乾隆年間的《四庫全書總目》，「經部」的著錄就有一七七三部，二〇四二七卷。可以說，中國文化在漢代以後的發展，經學成為重要的形式。

　　中國文化的這種經學傳統，對中國文化的發展產生了什麼影響呢？

　　首先，是儒家思想對中國文化各個方面的廣泛滲透。在先秦，儒學不過是諸子百家中的一家，但是一旦成為「經」，在政治力量的推動下，便滲透在精神文化和物質文化的各個領域。不論是史學、哲學、教育、科學、藝術、法律，無一不滲透著經學的影響。漢代人以

「經」為「常道」[14]，意謂不變的原則，因此後人又提出「文以載道」、「藝以載道」，甚至在衣食住行等社會文化方面，也要遵循著一種「道」的原則。這個「道」，主要就是指儒家思想。

其次，在經學的影響下，科學未能充分獨立。經學是一門籠統學科，即就五經而言，就已經包含了人文科學及某些自然科學，例如孔子就說過，讀詩經，可以增加對鳥獸草木之名的認識。因此可以說，經學本身並不排斥自然科學，相反，儒學中的理性主義以及某些思辨方法，對自然科學甚至還有啟發作用。但問題的關鍵是，經學以它自成一套的體系，凌駕於一切知識之上，無形中排斥了科學的獨立。有人以中國古代融會各門知識的「類書」與西方的「百科全書」進行比較，得出了很有說服力的結論。例如，在唐代類書《藝文類聚》中，共有四十六個「部」，其中以自然為主題的，按字面涵義，只有天、地、山、水、火、木、獸、鳥等十六部，其餘都是關於人和關於人的創造物的。其它的類書如《北堂書鈔》、《初學記》、《太平御覽》、《淵鑒類函》等，也都大體如此，關於自然的知識不僅所佔比例很小，而且地位也遠在經學之下。而在西方，情況就大不相同。從西方的早期百科全書《學問之階》起，就貫穿著古希臘「以自然本身來說明自然」的哲學觀點，基本以事物的客觀本質及其相關聯的邏輯作為分類的主要依據[15]。因此，在經學的學術體系之下，中國古代科學的發展，只能走自己的獨特道路。

再次，經學傳統對中國宗教的發展，也產生著一定影響。在世界諸文化體系之中，宗教都佔有重要的地位。如基督教在歐洲、伊斯蘭教在中東阿拉伯廣大地區、佛教在印度及東南亞地區，其文化影響都

---

14 班固《白虎通德論‧論五經像五常》中說：「經，常也，有五常之道。」

15 參見梁從誡：〈不重合的圈——從百科全書看中西文化〉，《國學今論》（遼寧：遼寧教育出版社，1992年），頁240-255。

是極其深遠的，而在中國古代，宗教的影響相對而言就比較薄弱。對這一客觀的文化現象，雖然可以從不同角度進行研究探索，但從歷史的事實來看，經學傳統對宗教發展的制約則是顯而易見的原因。由於以儒家為主體的經學得到歷代統治者的大力扶植，佛、道二教始終未能居於中國文化的主導地位，中國歷史上也就從未出現象歐洲中世紀基督教居於國教地位的那種情況。如果我們用統計資料來說明問題的話，那麼，可以翻檢一下中國古代最大也是最後的一部叢書《四庫全書》，在其收入和存目的九三五五一卷圖書當中，佛、道典籍總共不過五七部，七四二卷，這同西方相比，真是大相徑庭。假如我們有機會觀光法國巴黎國家圖書館，看一看在它的中心閱覽大廳的環廊上浩如煙海的宗教類圖書，就可以體會到中西文化的這種巨大差異。

　　中國古代經學傳統對宗教發展的影響，是一個複雜的問題，對它的評價，也應是多層次多角度的，不可以簡單草率。但我們應看到中國傳統文化內部不同文化層次的相互影響和制約，具體問題具體分析，這樣才能更好地理解和認識中國傳統文化。

參考文獻

梁漱溟　中國文化要義　梁漱溟全集（第三卷）　山東人民出版社
　　　1990年

朱自清　經典常談　北京市　三聯書店　1998年

張豈之　中華人文精神　西北大學出版社　1997年

湯因比、池田大作　展望二十一世紀　北京市　國際文化出版公司
　　　1985年

思考題

1 為什麼說中國文化是倫理型文化？

2 結合本書的「上編」，探討和分析中國文化諸特點產生的原因。

3 中國文化的諸特點對中國現代社會有何影響？

第十六章
中國文化的基本精神

　　中國傳統文化博大精深，源遠流長。在它的長期發展過程中，由於人民群眾社會實踐的推動和思想家們的概括提煉，逐漸形成了一系列優秀的文化傳統。這些優秀文化傳統，對於中國社會的發展，對於中華民族的成長壯大，有著極為重要的推動作用。而這些優秀文化傳統的相互凝聚和整合，便構成中華民族文化的基本精神。換言之，優秀文化傳統實質上是民族文化基本精神的具體表現。

第一節　中國文化基本精神的意涵

　　文化精神是相對於文化的具體表現而言的。文化的具體表現，包括器物、制度、習慣、思想意識等層面，無不和內在的文化精神相聯繫，文化的基本精神就是所有這些文化現象中的最精微的內在動力和思想基礎，是指導和推動民族文化不斷前進的基本思想和基本觀念。

　　在中國傳統文化中，有一些思想觀念或固有傳統，長期受到人們的尊崇，成為生活行動的最高指導原則，在歷史上起了推動社會發展的作用，成為歷史發展的內在思想源泉，這就是中國文化的基本精神。它是民族延續發展的精神動力，或者說是中華民族生存發展的精神支柱。

　　作為中國文化基本精神的思想觀念或文化傳統，它必須具有兩個不可或缺的特點：一是具有廣泛的影響，感染薰陶了大多數人民，為他們所認同所接受，成為他們的基本人生信念和自覺的價值追求；二

是具有維繫民族生存和發展、促進社會進步的積極作用。必須具有這兩方面的特點，才可以稱為文化的基本精神。

從理論思維的高度審視，所謂中國文化的基本精神，實質上就是中華民族的民族精神。民族精神，廣義地講，就是指導中華民族延續發展、不斷前進的精粹思想，是民族文化的主導思想。就其性質而言，它是一種偉大的卓越的精神；就其表現形式而言，它滲透在民族文化的優秀傳統之中。

中國文化的基本精神，屬於觀念形態的範疇，它凝聚於文化傳統之中。所謂傳統，不外是歷史上形成的、具有穩定的組織結構和思想要素的、前後相繼的、至今仍然影響著人們的特定的思維方式、價值觀念、審美情趣、道德風尚等深層文化的社會心理和行為習慣。而所謂文化傳統，就是受特定文化類型中價值系統的影響。經過長期歷史積澱而逐漸形成的、為全民族大多數人所認同的思想和行為方式上的難以移易的心理和行為習慣。「傳統」和「文化傳統」等概念，屬於事實判斷的範疇，本無所謂褒貶。但當這些概念與民族文化的「基本精神」、「民族精神」相聯繫的時候，在價值指向上，它就與「優秀」、「進步」密不可分，因為只有優秀的文化傳統才能成為推動民族文化不斷發展前進的內在動力。因此，我們所講的中國文化基本精神，是指代表中國文化發展的正確方向、體現中華民族蓬勃向上精神的那些主要的思想觀念。作為中國文化基本精神的具體表現、作為中華民族精神的生動反映的那些文化傳統，也必然表現為民族文化的優秀傳統。

作為中國文化發展的內在動力和思想基礎的文化基本精神，本身也是文化發展的產物，並且隨著文化的發展演變而發展變化，不斷擴大和加深自己的思想內涵。因此，中國文化的基本精神也就是在中國文化中起主導作用、處於核心地位的那些基本思想和觀念，是我們大

家熟悉的，而不是莫測高深的玄思妙想。由於中國文化豐富多彩，博大精深，表現中國文化基本精神的思想也不是單純的，而是一個包含著諸多要素的思想體系。我們認為，「天人合一」、「以人為本」、「剛健有為」、「貴和尚中」就是中國文化基本精神的主體內容。

第二節　中國文化基本精神的主體內容

一　天人合一

　　中西文化的基本差異之一就是在人與自然的關係問題上，中國文化比較重視人與自然的和諧統一，而西方文化則強調人要征服自然、改造自然，才能求得自己的生存和發展。中國文化的這種特色，有時通過「天人合一」的命題表述出來。中國古代也有「明於天人之分」和「人能勝乎天」的思想，但這種思想不占主導地位，中國古代思想家一般都反對把天和人割裂、對立起來，而主張天人協調，天人合一。在他們看來，天與人、天道與人道、天性與人性是相類相通的，因而可以達到統一。

　　中國古代天人合一的思想傳統，有一個逐漸演化的過程。作為一種思想觀念，「天人合一」遠在先秦時期就已經產生；但作為一個明確的命題（或者成語），「天人合一」則是由北宋著名哲學家張載最先提出來的。西周時期，天是有意志的人格神，是自然和社會的最高主宰，天人關係實際上就是神人關係。《尚書・洪範》中說：「惟天陰騭下民。……天乃賜禹洪範九疇，彝倫攸敘。」認為天是保祐民眾的，因而把九類大法賜給禹，人倫規範才安排就緒。這種觀點，肯定在「天」（神）與人之間有著相通的關係，可以說是中國古代天人合一思想的萌芽。春秋時期，鄭國大夫子產說：「夫禮，天之經也，地之

義也，民之行也。天地之經，而民實則之。」（《左傳》昭公二十五年）他認為「禮」是天經地義即自然界的必然法則，人民必須按照天經地義的「禮」行事。這是把天地與人事聯繫起來，反映出了天與人可以相通、可以按照同樣的法則運作的思想。戰國時期，孟子把天道與人性聯繫起來，他說：「盡其心者，知其性也；知其性，則知天也。」（《孟子‧盡心上》）認為天有善善惡惡之心，人性天賦，善端與生俱有，因而性、天相通。莊子認為，人與天地自然都是由氣構成，人是自然的一部分，因而天與人是統一的。但是，由於人類社會建立了種種制度、規範，破壞了自然本性，造成了天與人的對立。要恢復人性之自然，就必須破除一切物質文明和精神文明。因此，他極力主張「無以人滅天」，反對人為，追求一種「天地與我並生，而萬物與我為一」（《莊子‧齊物論》）的天人合一的精神境界。莊子這種觀點，當然是消極的、不科學的。但他提出的人與自然在本質上統一的觀點，卻有其深刻的合理性。《易傳‧文言》提出了著名的「與天地合其德」的精湛的天人合一思想。它說：「夫大人者，與天地合其德，與日月合其明，與四時合其序，與鬼神合其吉凶。先天而天弗違，後天而奉天時。」所謂與天地合其德，是指人與自然界要相互適應，相互協調。所謂「先天」，即為天之前導，在自然變化未發生之前加以引導；所謂「後天」，即遵循自然的變化規律，從天而動。《易傳‧繫辭上》說，聖人行事的準則，是「與天地相似，故不違；知周乎萬物而道濟天下，故不過；旁行而不流，樂天知命，故不憂；安土敦乎仁，故能愛；範圍天地之化而不過，曲成萬物而不遺，通乎晝夜之道而知」。即認為人道是與天地之道相似的，懂得這個道理的聖人，就能週知萬物的情態，以道匡濟天下而又堅持原則，樂天知命而又發揮德行的作用，制約天地的變化而無過失，成全萬物而不會有遺漏。其所以如此，就在於聖人通曉陰陽變化的規律。我們如果從哲學

思維的角度考察，用現代語言來表述，就是天人協調的思想，即一方
面尊重客觀規律；另一方面又注意發揮人的主觀能動性。可以說，這
是中國古代關於天人關係的一種較為全面正確的觀點。

　　天人合一的思想發展到漢代，演變為董仲舒的天人感應論，董仲
舒援陰陽五行學說入儒，提出「人副天數」之說。他把人體與自然界
的時令節候相比擬，認為天有陰陽，人也有陰陽，提出「以類合之，
天人一也」（《春秋繁露・陰陽義》）。董仲舒這種以天人感應為核心的
天人合一論，是牽強附會的謬說。兩宋時期，天人合一思想發展成為
占主導地位的社會文化思潮，幾乎為各種派別的思想家所接受。張載
在中國文化史上第一個明確提出了「天人合一」的命題。他認為儒者
「因明致誠，因誠致明，故天人合一，致學而可以成聖，得天而未始
遺人」（《正蒙・乾稱》）。在張載看來，世界的本原是太虛之氣，人與
天地萬物都由氣構成，氣是天人合一的基礎。在《西銘》中，他說：
「乾稱父，坤稱母，予茲藐焉，乃混然中處。天地之塞，吾其體；天
地之帥，吾其性。民，吾同胞；物，吾與也。」乾、坤即天地；天地
之塞，指充滿於宇宙萬物的氣；天地之帥，指氣之本性。這就是說，
天地猶如父母，人與萬物都是天地所生，都由氣所構成，氣的本性也
就是人和萬物的本性。人民都是我的同胞兄弟，萬物都是我的朋友。
這種觀點，肯定人是自然界的一部分，人與自然界統一於物質性的氣。

　　張載認為，人和自然都遵循統一的規律，即陰陽二氣相互作用，
「聚散相蕩、陞降相求」的對立統一規律，它所體現的是自然界和人
的共同的「性命之理」（《正蒙・參兩》）。張載還認為，性天相通，道
德原則和自然規律是一致的。性與天道，具有同樣的屬性，即變易。
「性與天道云者、易而已矣。」（《正蒙・太和》）張載把「天人合
一」看做是人所追求的最高境界。在他看來，人生的最高理想是天人
協調。根據《易傳》「範圍天地之化而不過，曲成萬物而不遺」的理

想追求，他主張窮理盡性，「為天地立心，為主民立命，為往聖繼絕學，為萬世開太平」，以完成人道，實現天道，最終達到天道與人道的統一。

張載之後，天人合一思想得到不同學派的進一步闡發，但在天與人之間具有統一性的問題上，彼此間有著共識。

天人合一問題，就其理論實質而言，是關於人與自然的統一問題，或者說是自然界和精神的統一問題。應當承認，中國傳統文化中的「天人合一」思想，內容十分複雜，其中既有正確的觀點，也有錯誤的觀點，我們必須實事求是地予以分析。但是，從文化的民族性的一面看，從其對民族文化的推進作用和深遠影響的一面看，我們應當看到並大膽肯定。中國古代思想家關於天人合一的思想，其最基本的涵義，就是充分肯定「自然界和精神的統一」，關注人類行為與自然界的協調問題。從這個意義上說，「天人合一」是正確的非常有價值的一種思想。

恩格斯對自然和精神的統一問題，有過一系列精闢的論述。他說：「我們一天天地學會更加正確地理解自然規律，學會認識我們對於自然界的慣常行程的干涉所引起的比較近或比較遠的影響。……人們愈會重新地不僅感覺到，而且也認識到自身和自然界的一致，而那種把精神和物質、人類和自然、靈魂和肉體對立起來的荒謬的、反自然的觀點，也就愈不可能存在了。」[1]他還說：「自然界和精神的統一。自然界不能是無理性的……而理性是不能和自然界矛盾的。」[2]「思維規律和自然規律，只要它們被正確地認識，必然是互相一致的。」[3]「我們的主觀的思維和客觀的世界服從於同樣的規律……這

1　恩格斯：《自然辯證法》（北京市：人民出版社，1971年），頁159。

2　同上，頁200。

3　同上，頁203。

個事實絕對地統治著我們的整個理論思維。」[4]「思維過程同自然過程和歷史過程是類似的,反之亦然。而且同樣的規律對所有這些過程都是適用的。」[5]恩格斯的這些論述,深刻地闡明了人類和自然界的統一性,以及自然界和精神的統一性,闡明了自然規律和思維規律的一致性;揭示了自然過程、歷史過程、思維過程遵循同樣的辯證法規律的一致性。根據恩格斯這些論述,我們考察上述關於天人合一的思想,便不難看出,中國古代這種思想,有著深刻的合理性。

中國古代的天人合一思想,強調人與自然的統一,人的行為與自然的協調,道德理性與自然理性的一致,充分顯示了中國古代思想家對於主客體之間、主觀能動性與客觀規律性之間關係的辯證思考。根據這種思想,人不能違背自然,不能超越自然界的承受力去改造自然、征服自然、破壞自然,而只能在順從自然規律的條件下去利用自然、調整自然,使之更符合人類的需要,也使自然界的萬物都能生長發展。另一方面,自然界對於人類,也不是一個超越的異己的本體,不是宰制人類社會的神秘力量,而是可以認識、可以為我所用的客觀對象。這種思想長期實踐的結果,是得到自然界與人的統一,人的精神、行為與外在自然的一致,自我身心的平衡與自然環境的平衡的統一,以及由於這些統一而達到的天道與人道的統一,從而實現了完滿和諧的精神追求。天人合一的思想,對於解決當今世界由於工業化和無限制地征服自然而帶來的環境污染、生態平衡遭破壞等問題,具有重要的啟迪意義。對於我們今天正在進行的社會主義現代化建設,更有著防患於未然的重大現實意義。

當然,正如前面所談到的,天人合一思想,作為綿亙中國古代數

4　同上,頁243。

5　恩格斯:《自然辯證法》(北京市:人民出版社,1971年),頁244。

千年的主導文化，作為彌漫於全社會的文化傳統，它在自身的發展途程中，即有豐富的內涵，也有蕪雜的內容，我們應當具體問題具體分析。但是，作為民族文化精神的主導觀念，作為民族文化特質的典型表現，我們應當從文化發展、延續的民族性的一面，給予足夠的重視，做出積極的評價。

二　以人為本

人文主義或人本主義，向來被認為是中國文化的一大特色，也是中國文化基本精神的重要內容。「以人為本」，就是指以人為考慮一切問題的根本，用中國傳統方式來說，就是肯定在天地人之間，以人為中心；在人與神之間，以人為中心。

中國傳統文化價值系統的確立，中國傳統文化主體內容的嬗變，中國古代各種哲學派別、文化思潮的關注焦點，以及整個中國傳統文化的政治主題和價值主題，始終圍繞著人生價值目標的揭示，人的自我價值的實現、實踐而展開。人為萬物之靈，天地之間人為貴，是中國傳統文化的基調。

世所公認，中國文化具有超越宗教的情感和功能。換言之，在中國文化中，神本主義始終不占主導地位，恰恰相反，人本主義成為中國文化的基本精神。

在中國文化中，人是宇宙萬物的中心。人可以「贊天地之化育」，與天地「相參」。考察事物，明辨物理，既要「上揆之天」，「下察之地」，還要「中考之人」。人是恆定萬物的尺度。傳統的天人合一思想，強調了天人之間的統一性。一方面，用「人事」去附會「天命」，把人的行為歸依於「天道」的流行，以獲得一個外在的理論構架。另一方面，人又往往把主體的倫常和情感灌注於「天道」，並將

其人格化，使其成為主體意識的對象化和外在體現，「天」成了理性和道德的化身。封建帝王宣稱的「奉天承運」，起義農民堅持的「替天行道」，不過是這種思維格局和心理狀態的不同衍射而已。從表面看，是人按天意在「承運」、在「行道」。但在實際上，「天」卻成了人們實現道德理想的手段，而不是目的。天人之間，人為主導，人是目的，充分體現了以人為本的文化精神。

中國古代思想家，特別是儒家學者，一貫反對以神為本，而堅持以人為本的人文主義立場。孔子雖然承認天命，但對鬼神採取存疑的態度。他教導弟子說：「務民之義，敬鬼神而遠之，可謂知矣。」（《論語·雍也》）弟子問如何事鬼神，孔子回答說：「未能事人，焉能事鬼？」又問人死後的情況，孔子說：「未知生，焉知死？」可見孔子是將現實的人事、人的生命放在第一位，而將侍奉鬼神、人死後的情況等放在無所謂的地步。正因為不相信鬼神，所以孔子不相信禱告有效。當他病重時，子路請求為他禱告，他用「丘之禱久矣」（《論語·述而》）婉言謝絕。《論語》中還明確記載：「子不語怪、力、亂、神。」（同上）這些都有力地表明，孔子關注的是現實的社會人生問題，並將解決問題的希望寄託於人，而不是神。

中國傳統文化中以儒家為代表的以人為本的思想，在後來的封建社會中得到廣泛的認同和創造性的發展。東漢思想家仲長統說：「所貴乎用天之道者，則指星辰以授民事，順四時而興功業。其大略也，吉凶之祥又何取焉？……所取於天道者，謂四時之宜也；所一於人事者，謂治亂之實也。……以此言之，人事為本，天道為末，不其然與？」（《全後漢文》卷八十九）這就是說，人們要順應四時自然，用天道指引人道，建功立業，而不要利用自然現象妄言人事的吉凶。天道和人道，不能混為一談。天道和人道，前者是末，後者是本。可以說，仲長統這裏關於「人事為本、天道為末」的論述，精闢地概括

了儒家人本思想的精髓。後來的進步思想家，基本上都繼承、發展了
這種思想。

人本思想的確立，不僅有助於人們合理地對待人與神的關係，增
強人的主體意識，而且有助於抵制宗教神學。佛教傳入中國後，宣傳
靈魂不滅、三世輪迴的觀念，世俗之人頗受影響，但進步思想家奮起
辯駁。南北朝時期的何承天撰寫了〈達性論〉，批判佛教神學，宣揚
人本思想。他指出：「人非天地不生，天地非人不靈。」人「稟氣清
和，神明特達，情綜古今，智周萬物，妙思窮幽賾，製作侔造化」。
因此，不能把人與飛鳥蟲蚑「並為眾生」。而且，「生必有死，形斃神
散，猶春榮秋落，四時代換，奚有於更受形哉」！這就是說，人與動
物迥然不同，不能將其歸為一類，都叫做「眾生」。有生必有死，形
朽神消，不可能再生。這就否定了靈魂不滅、三世輪迴的神學迷信。
何承天在這裏所堅持的正是傳統儒學的人本思想。後來，南朝的范縝
寫了〈神滅論〉，提出形質神用、形謝神滅的觀點，系統而科學地論
證了形神關係，徹底批駁了神不滅論，捍衛了人本主義。

宋明理學也力倡並躬行人本主義。宋明理學中有三個主要派別：
氣本論、理本論和心本論。氣本論以張載為代表，主張世界統一於
氣，萬物不過是氣的聚散而已。理本論以朱熹為代表，主張世界統一
於理，萬事萬物不過是「理」的體現。心本論以陸九淵、王陽明為代
表，認為「宇宙便是吾心，吾心即是宇宙」，世界統一於「心」，萬事
萬物不過是「心」的外化而已。三派之間儘管有種種不同，甚至有尖
銳的思想分歧和理論鬥爭，但都反對靈魂不滅論，否認鬼神的存在，
高揚人的主體性，肯定精神生活的價值，強調道德理性對於個人境界
的提升和社會發展的極端重要性。氣本論認定道德倫理來自氣的稟
受，理本論宣稱道德倫理源於宇宙本原之「理」，心本論鼓吹道德倫
理出自「本心」的要求。這些論斷各有其片面性。但是，它們都突破

了宗教信仰的樊籬，在對道德倫理價值的肯定和日常踐履中，弘揚了主體的能動作用，從而發展了傳統儒家的人本思想，在客觀上消弭了宗教神學對人們精神的腐蝕作用。

從總體上看，以儒道兩家思想為主幹的中國傳統文化，是一種倫理本位的文化。無論是儒家的三綱領（明明德、新民、止於至善）八條目（格物、致知、正心、誠意、修身、齊家、治國、平天下），還是道家的修道積德，無不以道德實踐為第一要義。至於宋明理學家宣揚的「存理去欲」理論，則更是一種道德修養的學說。這種以道德修養為旨趣的人本主義，可以稱之為道德的人本主義。

道德的人本主義的一個重要表現，是中國文化總是把人放在一定的倫理政治關係中來考察，把個人價值的實現，個體道德精神境界的陞進，寄託於整體關係的良性互動。政治上的君臣關係，家庭中的父子、夫婦、兄弟關係，社會上的朋友關係，構成所謂「五倫」。這五種倫常關係，各有其特定的道德行為規範，如君仁臣忠，父慈子孝，夫敬婦從，兄友弟恭，朋友有信。每一個人既處於五倫的關係網絡之中，又同時處於整個社會家國一體的宗法政治關係網絡之中。於是，就有了一整套與之相應的道德規範。每個人依此規範，在社會中扮演一定的角色，履行一定的義務，彼此之間相互關聯、相互制約，維繫社會的正常運轉，實現各自的人生價值目標。

中國傳統文化中「以人為本」的道德人本主義的思想傳統，把道德實踐提到至高地位，對於人的精神的開發，對於個體道德自我的建立，有著十分重要的意義。它以道德教育代替宗教信仰，用道德自覺抵制宗教強制，大大豐富了中國文化的人文精神。當然，傳統的人本主義思想，由於過分強調道德的作用，在客觀上也有忽視對客觀世界的認識和改造的消極因素。中國封建社會後期，科學技術逐漸落後於西方，原因固然很多，但以儒家思想為主導的人本主義文化傳統固有

的道德至上偏向，也是不可否認的一個方面。中國傳統文化中的人本
主義或人文主義思想，由於有明顯的重人倫輕自然、重群體（家族）
輕個體的傾向，只強調個人的義務和道德人格的獨立性，而不重視個
人的權利和自由，因此與近代西方資產階級人本主義或人文主義還有
質的區別，不能混為一談。

三　貴和尚中

貴和諧，尚中道，作為中國文化的基本精神之一，也在中華民族
和中國文化的發展過程中起過十分重要的作用。中西文化的一個重要
差異，就是中國文化重和諧與統一，西方文化重分別和對抗，由此形
成了顯然不同的文化傳統。

在中國歷史上，有所謂「和同之辨」。西周末年的史伯已經認識
到，由不同元素相配合，才能使矛盾均衡統一，收到和諧的效果。五
味相和，才能產生香甜可口的食物；六律相和，才能形成悅耳動聽的
音樂；善於傾聽正反之言的君王，才能造成「和樂如一」的局面。史
伯說：「和實生物，同則不繼。以他平他謂之和，故能豐長而物歸
之。若以同裨同，盡乃棄矣。」（《國語‧鄭語》）不同事物之間彼此
為「他」，「以他平他」即把不同事物聯結在一起。不同事物相配合而
達到平衡，就叫做「和」，「和」才能產生新事物。如果把相同的事物
放在一起，就只有量的增加而不會發生質的變化，就不可能產生新事
物，事物的發展就停止了。史伯是第一個對和諧理論進行探討的思想
家，他對「和」與「同」的區分，說明對矛盾的同一性已有一定的認
識，解說生動而又深刻。春秋末年齊國的晏嬰進而用「相濟」、「相
成」的思想豐富了「和」的內涵。他將其運用於君臣關係上，強調君
在處理政務上意見「否可相濟」的重要性。「君所謂可，而有否焉，

臣獻其否，以成其可；君所謂否，而有可焉，臣獻其可，以去其否。」（《左傳》昭公二十年）可否相濟便是「和」。通過「濟其不及，以泄其過」的綜合平衡，使君臣之間保持「政平而不干」的和諧統一關係。孔子繼承了這種重和去同的思想，主張「禮之用，和為貴」（《論語・學而》）。他說：「君子和而不同，小人同而不和。」（《論語・子路》）把對「和」與「同」的不同取捨作為區分「君子」和「小人」的標準，表現了重和去同的價值取向。

重和去同的思想，肯定事物是多樣性的統一，主張以廣闊的胸襟、海納百川的氣概，容納不同意見，以促進民族文化的發展。《易傳》提出「天下百慮而一致，同歸而殊途」（〈繫辭下〉）的主張，便是重和去同思想的體現。在文化價值觀方面，提倡在主導思想的規範下，不同派別、不同類型、不同民族之間思想文化的交相滲透，相容並包，多樣統一。在中國文化中，儒道互補，儒法結合，儒佛相融，佛道相通，援陰陽五行入儒，儒佛道三教合一，以至對基督教、伊斯蘭教等外來宗教的容忍和吸收，都是世人皆知的歷史事實。儘管其間經歷了種種艱難曲折，中國文化在各種不同價值系統的區域文化和民族文化的衝擊碰撞下，逐步走向融合統一，表現了「有容乃大」的宏偉氣魄。在民族價值觀方面，中國文化素以禮儀道德平等待人，承認任何民族的文化都有其價值。漢代司馬相如受武帝之命「通西南夷」，招撫少數民族，便以「相容並包」、「遐邇一體」為指導思想，並稱這是武帝「創業垂統，為萬世規」（《漢書・司馬相如傳》）的事業之一。正是這種「相容並包」、「遐邇一體」的思想，使漢王朝將不同的民族（所謂「東夷」、「南蠻」、「西戎」、「北狄」）融為一體，成為統一的中華民族。在治國之道方面，相容天下的胸懷表現為「以君子長者之道待天下」（《蘇軾文集・刑賞忠厚之至論》），善於聽取不同意見。「兼聽則明，偏聽則暗」的著名成語，便是典型的理論提煉。

這些，都是中國古代重和去同文化精神的具體體現。事實證明，這種「和而不同」的文化觀，對於中國古代文化的發展起了十分重要的積極作用。

《易傳》高度讚美並極力提倡和諧思想，提出了「太和」的觀念。它說：「乾道變化，各正性命，保合太和，乃利貞。」（〈彖傳〉）「太和」即至高無上的和諧，最好的和諧狀態。《中庸》說：「萬物並育而不相害，道並行而不悖。」這正是儒家所構想的「太和」境界。宋代哲學家張載在《正蒙‧太和》篇中說：「太和所謂道，中涵浮沉、陞降、動靜相感之性，是生氤氳相蕩勝負屈伸之始。」「道」是中國傳統哲學的最高範疇。在張載這裏，「太和」便是道，是最高的理想追求，即最佳的整體和諧狀態。但這種和諧不是排除矛盾、消弭差異的和諧，而是蘊涵著浮沉、陞降、動靜等對立面相互作用、相互消長、轉化過程的和諧。因此，這種和諧是整體的、動態的和諧。正是這種整體的、動態的和諧，推動著事物的變化發展。

中國傳統文化十分重視宇宙自然的和諧，人與自然的和諧，特別是人與人之間的和諧。孟子提出了「天時不如地利，地利不如人和」（《孟子‧公孫丑下》）的思想，他所謂的「人和」，是指人民之間團結一致，以及統治者與人民之間的協調關係。他還把「得道者多助，失道者寡助」（同上）即人心嚮背看做是統治者是否具備「人和」的基本條件，把它提到決定事業成敗的高度來認識。以和諧為最高原則來處理人與人之間的關係，包括君臣、父子等倫常關係，也包括國家、民族之間的關係。中國人民有愛好和平的優良傳統，在維護自己民族獨立的同時，不主張向外擴張，用武力去征服其它國家和民族。《尚書‧堯典》讚頌古代聖王的德行時說：「克明俊德，以親九族；九族既睦，平素百姓；百姓昭明，協和萬邦。」這就是儒家通過道德教化來「齊家、治國、平天下」的模式。它以道德修養和教化為本，

先治理好自己的家族、自己的國家，並以此去感化其它國家和民族，以實現「協和萬邦」的理想。《易傳》說「聖人感人心而天下和平」，正是表述了儒家的和平理想及其實現的途徑。

中國古代的「貴和」思想，往往是和「尚中」之義聯繫在一起的。《中庸》說：「喜怒哀樂未發謂之中，發而皆中節謂之和。中也者，天下之大本也；和也者，天下之達道也。致中和，天地位焉，萬物育焉。」達到中和狀態，宇宙萬物和人類社會便各安其位、各得其所了。既然和諧是最好的秩序和狀態，是最高的理想追求，那麼，怎樣才能實現「和」的理想呢？儒家認為，根本的途徑，在於保持「中」道。「中」，指事物的「度」，即不偏不倚，既不過度，也不要不及。此外，「中」也指對待事物的態度，既不「狂」，也不「狷」。孔子用「持中」的辦法作為實現並保持和諧手段。在他看來，無過無不及，凡事叩其兩端而取中，便是「和」的保證，便是實現「和」的途徑。而「中」又是以「禮」為原則的。如果為和而和，違背禮的原則，則是「鄉愿」，是「德之賊」。《中庸》將孔子所主張的持中原則提到「天下之大本」、「天下之達道」的認識論和政治論的高度，強調通過對持中原則的體認和踐履，去實現人與人之間、人與社會之間、人與天道之間的和諧與平衡。

總的說來，以中為度，中即是和，是儒家和諧觀的重要內容。「和」包含著「中」，「持中」就能「和」。漢代以後，歷代思想家都認同這種觀念，繼承並努力實踐這種觀念。

值得注意的是，從總體上看，先秦兩漢儒家的中和理論，是以「中庸」觀念為理論基礎，以「禮」為標準，以對統一體的保持、對競爭觀念和行為的抑制為特徵的。在中國文化中影響久遠的中庸之道，雖然也包涵有不偏不倚、允當適度的持中之間，但它力圖使對立雙方所達成的統一、平衡經久不渝，永遠不超越「中」的度，這就成

為一種阻礙事物發展變化的保守理論。在中國古代，中庸之道可以說是一種調節社會矛盾使之達到中和狀態的高級哲理，所謂「極高明而道中庸」、「舜執其兩端而用其中於民」，就是這種哲理的妙用。因此不能籠統地說中庸之道是中國文化的基本精神。中國古代的中和理論還強調要以「禮」為標準，所謂「知和而和，不以禮節之，亦不可行也」（《論語‧學而》），便成為強調「禮」對「和」的制約和指導作用。這種以禮為標準的和諧，抽掉了事物相異、相悖以至相爭的基礎。因此，這是一種貴和需息爭，息爭以護和的和諧論，是論不過「中」、變不出「禮」的封閉保守式的和諧。發展到後來，便成為典型的「天不變道亦不變」、「王者有改制之名，無易道之實」的守成式的和諧論。

正如中國文明的早熟一樣，代表了中國古代貴和尚中基本精神的儒家和諧理論，也是早熟的。它降生於動亂迭起，「道術將為天下裂」（《莊子‧天下》）的時代，其實質內容以及由此反映出的價值取向，也與「爭於氣力」的時代大相徑庭。然而，它表現了中國倫理型文化的基本精神，其守成的一面，在時代風雲由雷電交加轉為天清氣朗之後，便凸現出了自己的重要價值。因此，秦漢以後，中國封建社會步入常軌，儒家這種貴和尚中的思想，正好既適應了大一統的政治需要，又迎合了宗法社會溫情脈脈的倫理情感的需要，從而成為民族的情感心理原則。無論是漢代董仲舒的「三綱五常」和天人感應理論，還是宋明理學家「存天理、滅人欲」的說教，都是以「中」為度，以「和」為歸結的，不過是先秦儒家和諧理論的不同表現而已。張載在《西銘》中表白「存，吾順事；沒，吾寧也」，便是傳統文化貴和尚中思想在個體人生際遇方面的集中反映。

貴和尚中思想，作為東方文明的精髓，作為中國文化基本精神的一個構成部分，它的積極作用和影響還是主導方面。由於全民族在貴

和尚中觀念上認同，使得中國人十分注重和諧局面的實現和保持，這對於社會的穩定和發展是必不可少的。做事不走極端，著力維護集體利益，求大同存小異，保持人際關係和諧，是中國人普遍的行為準則。這對於民族精神的凝聚和擴展，對於統一的多民族政權的維護，無疑有著積極作用。

四　剛健有為

　　剛健有為作為中國文化基本精神之一，是人們處理天人關係和各種人際關係的總原則，是中國人的積極的人生態度的最集中的理論概括和價值提煉。

　　孔子已經提出剛健有為的思想。他十分重視「剛」的品德。他說：「剛毅木訥近仁。」（《論語‧子路》）剛毅指堅定性。他高度肯定臨大節而不奪的品質，認為是剛毅的表現，所謂「三軍可奪帥也，匹夫不可奪志也」（《論語‧子罕》），便是其生動寫照。在孔子心目中，剛毅和有為是不可分割的。有志有德之人，既要剛毅，又要有歷史責任感和時代使命感。「不知命，無以為君子也。」（《論語‧堯曰》）孔子的弟子曾參提倡知識分子要「弘毅」。他說：「士不可以不弘毅，任重而道遠，仁以為己任，不亦重乎？死而後已，不亦遠乎？」（《論語‧泰伯》）即強調知識分子要有擔當道義、不屈不撓的奮鬥精神。孔子提倡並努力實踐為崇高理想而不懈奮鬥，鄙視飽食終日無所用心的人生態度，他「發憤忘食，樂以忘憂，不知老之將至」（《論語‧述而》）。他還說，吃飯不要求飽足，居住不要求舒適，對工作勤勞敏捷，說話小心謹慎，到有道的人那裏去匡正自己的失誤，這才是好學的君子。儒家經典《中庸》提倡博學、審問、慎思、明辨、篤行的治學之道，主張刻苦學習，不甘人後，「人一能之，己百之；人十能

之，己千之」。這些，都是剛健自強、積極有為思想的表現。

《易傳》對剛健有為、自強不息的思想作了概括的經典性的表述。〈象傳〉說：「天行健，君子以自強不息。」〈繫辭下〉說：「天地之大德曰生。」天體運行，健動不止，生生不已，人的活動乃是效法天，故應剛健有為，自強不息。這裏闡明了效法天行之健，充分發揮人的主觀能動性的思想。《易傳》還說：「剛健而文明，應乎天而順乎人。」「剛健中正，純粹精也。」它把剛健當做一種最重要的品質，同時又要求剛健而中正，即不妄行，不走極端，能夠堅持原則，以「中正」的態度來立身行事。這就防止了主觀盲動等片面性的弊病。從戰國到清代，歷時兩千年，《易傳》關於剛健有為、自強不息的思想，可以說是深入人心，為全社會所接受，不僅對於知識分子，而且對於一般民眾也產生了強烈的激勵作用。「西伯拘而演《周易》；仲尼厄而作《春秋》；屈原放逐，乃賦〈離騷〉；左丘失明，厥有《國語》；孫子臏腳，《兵法》修列；不韋遷蜀，世傳《呂覽》；韓非囚秦，《說難》、《孤憤》；《詩》三百篇，大抵聖賢發憤所作為也。」（《史記‧太史公自序》）這段有名的記載，反映了中華民族愈是遭受挫折、愈是奮起抗爭的精神狀態和堅忍不拔的意志。如果說，這只是知識分子和上層人士自強不息、積極有為思想的表現，那麼，「人窮志不短」等民間俗諺以及中國古代針對兒童與青少年教育的「蒙學」類著作，都有大量激勵人奮發向上的內容，這些都反映出自強不息精神廣泛的社會影響和普遍意義。

中國傳統文化中也有柔靜無為之說，如老子主張「致虛極，守靜篤」（《老子》第十六章），莊子及其後學更提出了「心齋」、「坐忘」等理論，要求忘掉人己、物我等一切區別對待，停止一切身心活動，以達到「形如槁木，心如死灰」（《莊子‧齊物論》）的境地。魏晉玄學和隋唐佛學，都大講虛靜無為、涅寂淨。中國傳統哲學中有長久的

動靜之辯。但是，辯論的結果，還是剛健有為的思想占上風，成為中國文化中的主導思想，柔靜思想不過是作為一種補充。在先秦，儒家主張剛健有為，墨家「非命」、「尚力」，法家認為當時是「爭於氣力」之世，主張耕戰立國，走富國強兵的道路，都是積極有為的。從魏晉到明清，都有一些思想家出來批判佛道和宋儒的主靜之說。例如，明清之際的王夫之，就大力宣導「珍生」、「健動」學說。他認為「健」是生命的本性，「動」是生命的機能，「動」還是道德行為的樞紐，因此，君子應「積剛以固其德，而不懈於動」（《周易內傳》卷三上），即以「健動」為人生的最高原則。顏元對「健動」原則也有深刻體會，他說：「三皇五帝，三王周孔，皆教天下以動之聖人也，皆以動造成世道之聖人也。五霸之假，正假其動也。漢唐襲其動之一二，以造其世也。晉宋之苟安，佛之空，老之無，周程朱邵之靜坐，徒事口筆，總之皆不動也，而人才盡矣，聖道亡矣，乾坤降矣。吾嘗言：一身動則一身強，一家動則一家強，一國動則一國強，天下動則天下強。」（《顏習齋言行錄》）這段話充分說明了剛健有為、自強不息的精神對促進社會發展、國家強盛和文化繁榮的重要意義。剛健有為的精神，不僅在我們民族興旺發達時期起過巨大的積極作用，而且在我們民族危難之際，如外族入侵、政權易手之時，也總是成為激勵人們起來進行反侵略反壓迫鬥爭的強大精神力量。無數志士仁人，為此鞠躬盡瘁，不息奮爭。諸如「劍外忽傳收薊北，初聞涕淚滿衣裳，卻看妻子愁何在，漫捲詩書喜欲狂」（杜甫：〈聞官軍收河南河北〉）式的激動；「出師未捷身先死，長使英雄淚滿襟」（杜甫：〈蜀相〉），「遺民忍死望恢復，幾處今宵垂淚痕」（陸游：〈關山月〉）式的感慨；「王師北定中原日，家祭無忘告乃翁」（陸游：〈示兒〉），「會挽雕弓如滿月，西北望，射天狼」（蘇軾：《江城子・密州出獵》）式的雄心等，都是以高度的自尊自信而表現出來的自強精神。歷史上許多民

族英雄，諸如岳飛、文天祥等，都是不降其志、不辱其身，必要時可以慷慨捐軀捨生取義的楷模。文天祥的著名詩句：「人生自古誰無死，留取丹心照汗青」，集中體現了人生在世，要為崇高理想竭心盡力奮鬥的正義追求，讀來盪氣迴腸，至今仍然是激勵人們為國家民族建功立業的重要精神力量。正是這種剛健有為、自強不息的精神，凝聚、增強了民族的向心力，培育了中華民族的自立精神和反抗壓迫的精神，以及不斷學習、不斷前進的精神。

剛健有為、自強不息精神的一個突出表現，是「日新」、「革新」的觀念在歷史實踐中為人們所普遍接受，並積極促進「順乎天而應乎人」的社會變革。《禮記‧大學》稱讚「苟日新，日日新，又日新」。《易傳》肯定「天地革而四時成，湯武革命，順乎天而應乎人。革之時，大矣哉」（〈彖傳〉）。這種革故鼎新的思想，後來成為不同歷史時期朝野上下津津樂道的變革觀念，成為有道討伐無道的思想武器。中國歷史上綿延不斷的改良、革命、維新、變法的活動，都把「湯武革命，順乎天而應乎人」當作變革的理論根據，體現了「日新又日新」的積極進取精神。

在中國傳統文化中，與剛健自強有密切關係，或者說作為剛健自強思想之重要表現，是堅持獨立人格的思想。孔子認為，為了實行仁德，寧可犧牲自己的生命，而決不苟且偷生。他說：「志士仁人，無求生以害仁，有殺身以成仁。」（《論語‧衛靈公》）他在自己的治國平天下方略不為統治者接受的時候，並不改變初衷，曲學阿世，而是實行「道不行，乘桴浮於海」（《論語‧公冶長》）的原則。他始終堅持，「天下有道則現，無道則隱」（《論語‧泰伯》）的人生準則，決不與黑暗統治同流合污，因而贏得了人們的尊重，成為後世堅持獨立人格、保持自尊自重高尚氣節的榜樣。孟子明確表示，生存和道義，都是可貴的，但如果二者不可兼得，則「舍生而取義」（《孟子‧告子

上》)。他認為「大丈夫」應有「富貴不能淫，貧賤不能移，威武不能屈」(《孟子‧滕文公下》)的氣概，這種堅持獨立人格和氣節，不為物質利益或暴力所誘惑、所屈服的頂天立地的精神，成為燭照中華民族奮然前行的精神力量。南北朝時期的著名的無神論思想家范縝，堅持真理，不「賣論取官」，便是受傳統的獨立人格思想薰陶的結果。這種堅持獨立人格、注重「大丈夫」氣節的思想，無疑是中國文化的優良傳統之一。

第三節　中國文化基本精神的功能

中國文化的基本精神，作為中華民族精神的表現，在中國古代社會的長期發展中，產生了深遠的影響，發揮著重要的功能。全面瞭解這些功能，有助於我們更深刻地認識中國傳統文化的積極意義，促進今天的新文化建設。

一　民族凝聚功能

中國文化基本精神的一個重要功能，是民族凝聚的功能。文化基本精神有著巨大的思想統攝性，它可以超越地域、階級、種族、時代的界限，用中華民族優秀文化傳統哺育每一個中華兒女，使其凝為一體，同心同德地為民族整體利益和長遠利益而不懈地奮鬥。正因為如此，每當歷史上出現外敵入侵之時，中華民族都能夠萬眾一心地抵禦外侮；而每當內亂出現之時，人們往往又可以在「中華一體」的民族認同基礎上，捐棄前嫌，團結一致，變分為合，化亂為治。這些，都是與剛健自強、以和為貴的民族文化精神對人們的滋養分不開的。

我們民族以和為貴的文化精神，還滋養出了崇尚和諧統一的博大

胸懷。堅持和而不同的矛盾統一觀，反對片面求同或亂鬥一氣；堅持統一，反對分裂。把家庭鄰里的和諧、國家的統一看做天經地義的事情，這種文化傳統，對於中華一體、國家一統的民族文化心理的形成，對於我們國家、社會的長期穩定發展，曾經起了十分重要的聚合作用。

自西周以來，作為一種理性自覺，大一統觀念便深深地紮根於中國人的心中，「《春秋》大一統」是人人皆知的名言。作為中國傳統精英文化主流的諸子百家學說，儘管各是其說，有的甚至形同水火，但在國家統一、民族融合、使天下「定於一」的思想方向上，卻有共識，可謂相反相成。這種政治上的大一統觀念，實際上是天人合一、以和為貴的民族文化精神薰陶的結果，是它的折射。不僅如此，「天下一家」、「民胞物與」、「四海之內皆兄弟」的觀念，還成為凝聚全社會的精神力量。以國家統一為樂，以江山分裂為憂，是中華民族天經地義的政治價值取向。這種大一統觀念，經過儒法兩家從不同思維路向的論證，特別是經過秦漢時期封建大一統國家的建立而帶來的民族融合、共同發展的歷史實踐，逐漸轉化為民族文化深層社會心理的結構，成為中華民族的政治思維定勢，有力地推動了中華民族的整體發展和社會文化的進步。

中國文化的基本精神，是民族凝聚力形成並發揮作用的思想基礎，也是它的思想核心。民族凝聚力作為一種思想整合力量，作為民族文化對其全體成員的吸引力，作為統攝人心、團結族類的精神紐帶，它邏輯地要以文化基本精神為思想依託。沒有民族文化基本精神的存在，沒有它的感召力量，就沒有真正的民族凝聚力。

中國文化基本精神還是增強並推動民族凝聚力更新的精神力量。作為觀念形態的東西，民族凝聚力具有相對穩定性，而作為一個民族的文化傳統，則是歷史地發展著的。因此，不同時代民族凝聚力的內

容會有所變化，或增強，或減弱，或者更新自己的形態。因此，人們就必須用不斷更新、不斷充實的文化基本精神去充實、改鑄民族凝聚力，豐富它的內涵，增強它的力量，推動它不斷地更新自己的形態，以適應新時代的要求。

二　精神激勵功能

中國文化的基本精神，對於中華民族的每一個成員，還有著強烈而積極的精神激勵功能。

如前所述，作為中國文化的基本精神，必須具有影響廣泛、促進社會發展進步的特點。文化基本精神代表著民族精神，是民族優秀文化傳統的體現。因此，它應該而且必然反映著中國文化的健康的發展方向，能夠鼓舞人民前進，無論在歷史上還是在當代中國的文化建設中，都具有激發民族自尊心、自信心和民族自豪感的偉大作用。它理所當然地要成為維繫全民族共同心理、共同價值追求的思想紐帶，成為煥發人們為民族統一、社會進步而英勇奮鬥，鞠躬盡瘁、死而後已的精神源泉。

中國文化中剛健自強的精神，在兩千年的歷史發展中，一直激勵著人們奮發向上，不斷前進，堅持與內部的惡劣勢力和外來的侵略壓迫者作不屈不撓的鬥爭。近代以來，中國人民為了救亡圖存和民族自強而進行了堅苦卓絕的鬥爭。鴉片戰爭後，林則徐的學生馮桂芬提出了「若要雪恥，莫如自強」的口號。近代史上的洋務運動，正是打著「自然新政」的旗號出臺的。嚴復強調，中國要自強，必須在「鼓民力」、「開民智」、「新民德」的「自強之本」上下功夫。康有為在著名的〈公車上書〉中，也以《易傳》的剛健、有為、尚動、通變原則作為「變法」的理論根據。孫中山領導的資產階級民主革命，鄒容寫的

〈革命軍〉，更是把「革命」看成「世界之公理」、「天演之公例」。他們無一例外地都受到了中國傳統文化中的剛健自強思想的深刻影響，把它作為精神動力，並賦予新的時代內容。「五四」運動後，中國共產黨人以「愚公移山」的精神，領導了反帝反封建的新民主主義革命，推翻壓在中國人民頭上的「三座大山」；建國後，又以堅忍不拔的毅力，進行社會主義革命和建設有中國特色社會主義道路的艱難探索，都是對中國文化中剛健有為、自強不息精神的自覺繼承和發揚光大。可以說，傳統文化的基本精神仍然是中國近現代優秀文化中的活的靈魄。

中國傳統文化中以人為本的精神，激勵人們尊重人的價值和尊嚴，努力在現實生活中去發現人，實現人的價值。這種價值，首先是道德價值。儒家認為，人的本性中先天地具有仁、義、禮、智等美好的道德品質，但要把它實現出來，並且加以充實和發展，還必須經過自覺的道德修養和意志鍛鍊。儒家學說特別強調主體自我修養和道德實踐的重要意義，鼓勵人們通過道德修養來培養高尚的情操，成就完美的人格。儒家先義後利、重義輕利的價值觀，固然有忽視物質利益和現實功利的弊端，但在提升人的精神境界，把人培養成為有道德的人、有精神追求的人方面，卻有著不可否認的積極作用。中國傳統哲學中的各家各派，雖然價值觀不同，但都重視道德修養，以人為本，對於培育和發展中國的人文主義精神傳統，都作出了重要貢獻。中國歷代都出現了許多重修養、重氣節、重獨立人格的志士仁人，與傳統文化精神的薰陶、培育和激勵是分不開的。

中國文化中天人合一、以和為貴的精神，還激勵人們自覺地維護整體利益，堅持集體主義的價值取向。把天地人看做一個統一的整體，強調並努力創造三者之間的和諧，以維護這個整體的和諧為己任，並把個人、家庭和國家的利益看做不可分割的統一體，這樣一種

共同的民族文化心理態勢，對於中華民族的發展壯大，有著不可忽視
的積極意義。儒家的修齊治平理論，道家的「道法自然」的思維旨
趣，墨家的天下尚同的政治理想等，都是以整體為上的價值取向。這
種價值取向，把全域的利益看得高於局部的利益，把整體的利益看得
高於個體的利益。它凸顯了中華民族以小我成全大我、以犧牲個人和
局部利益去維護整體和全域利益的優秀品格，造就了以國家民族利益
為上的思想風貌。文化精神的價值導向功能，在這裏看得非常清楚。

三　整合創新功能

　　整合不同的價值，使其在中華一體的文化格局中鎔鑄成為一個有
機的統一整體，從而有所開拓創新，是中國文化基本精神的又一功能。
　　中國文化的基本精神，是整個中華版圖意義上的民族精神。而中
華民族的孕育、形成和發展，有一個漫長的過程。同樣，全面意義上
的中國（不是「中原之國」）文化的成熟、定型，也有一個長期發展
的過程。其間，作為中國文化基本精神的諸多主體內容，在不同時
期、不同地域起著不同的作用，對原有的諸多地域文化和不同階層的
文化，起著重要的整合創新功能。
　　中國古代文化是在多元一體的格局下發展起來的。齊魯文化、燕
趙文化、巴蜀文化、荊楚文化、吳越文化、秦隴文化、嶺南文化等
等，都是古代中國人在艱苦的實踐中，在特定的地域裏，通過長期艱
苦卓絕的努力，而創造出來的反映該地域人民文明發展程度的文化。
這些地域文化，各有其自然環境特色和社會人文特色，反映著不同的
價值觀念，彼此間不能等同、替代。但是，這些特色各異的地域文
化，幾乎都蘊涵著自強不息的奮進精神，都有中華一體的文化認同意
識。正是在這種共同精神的燭照下，多元發展的地域文化，逐漸走向

融合，成為中華民族文化大家庭的重要組成部分。在中國歷史上，每一次大的統一，都伴隨著文化和思想觀念上的整合創新。秦朝的統一，使秦與山東六國「車同軌，書同文，行同輪」（《禮記・中庸》），中國有了統一的文字，這對於中國文化的開拓和發展，有著極其深遠的意義。爾後隋唐、明清文化中表現出的盛大恢宏氣象，無一不蘊涵著深刻的整合創新精神。不同地域的文化被納入中華民族文化的整體架構之後，原本分別存在於不同地域文化之中的各種文化「基因」（價值要素），仍繼續存在，有的還被大力發掘，著意提升，成為全民族共同的精神財富。

中國文化基本精神中的整合創新功能，根植於中國古代哲學的理論思維之中，前文中提到的「貴和」的思想，便是突出一例。「和實主物，同則不繼」（《國語・鄭語》），在中國古代的哲人看來，「和」便是創新的源泉，萬物的生生日新，是統一體中「不同」、對立的方面整合的結果，這也就是《易傳》中所說的：「日新之謂盛德，生生之謂易。」（〈繫辭〉）。

中國文化的基本精神，作為全民族的共同精神成果，在其演進的歷程中，逐漸形成了文化的大傳統。天人合一、人本思想、貴和尚中、剛健有為成為全社會廣泛認同的文化觀念，它超越了地域和階層，成為牢固的民族文化心理，代代傳承，不為外來的力量所打破、所改變。在文化大傳統的薰陶下，原有的地域文化所蘊涵的文化小傳統，既表現出中國文化的共性，又保留了自己的特殊性，即個性，內容更加豐滿，有的在發展中逐漸形成了新的傳統。

值得注意的是，在中國古代文化中，文化的大傳統與小傳統往往交相滲透，彼此相容，很難簡單地截然分開。比如，上述中國文化基本精神的諸方面，在不同的地域文化中都有程度不同的存在和表現；就階層而言，在上層社會和下層社會中也基本上都可以被接受。這是

與中國文化基本精神雅俗共賞、上下樂道、朝野認同的特質分不開的。

　　中國文化基本精神有著強烈的趨善求治的價值要求。無論在理論層面或行為方式層面，還是在社會心理和潛意識的層面，都對全民族的價值取向起著任何別的因素所不能取代的作用。貴和尚中的精神，培育了中國人民追求和諧、反對分裂的整體觀念，滋養了崇尚中道、不走極端的平和心境；天人合一的精神，激發出「究天人之際」的治學傳統和思想傳統，並成為不同時期、不同思想流派共同的思維方式和價值追求。這些，經過長期的實踐，逐步深入人心，並演化為深厚的民族共同心理，以至成為集體的「文化無意識」。這些思想觀念的相互整合，塑造了中國文化博大、精進、寬厚、務實的精神風貌。

參考文獻

張岱年、程宜山　中國文化與文化論爭　北京市　中國人民大學出版
　　　社　1990年

馮天瑜　中華元典精神　上海市　上海人民出版社　1994年

張世英　天人之際──中西哲學的困惑與選擇　北京市　人民出版社
　　　1995年

邵漢明主編　中國文化精神　北京市　商務印書館　2000年

思考題

1 什麼是中國文化基本精神？它有哪些主要內容？

2 試比較中西文化在天人關係問題上的異同，二者對現代文化有何意
　義？

3 中國傳統民本思想與現代民主思想的關係如何？怎樣對其進行現代
　評價？

4 中國傳統文化基本精神與現代文化的關係如何？怎樣構建中國當代
　文化的基本精神？

第十七章
中國傳統文化的價值系統

　　價值觀是一種評價性的觀點，它既涉及現實世界的意義，也指向理想的境界。具體而言，價值觀總是奠基於人的歷史需要，體現了人的理想，蘊含著一般的評價標準，展示為一定的價值取向，外化為具體的行為規範，並作為穩定的思維定勢、傾向、態度，影響著廣義的文化演進過程。不同時期的文化創造，總是受到特定價值觀的範導，文化本身在某種意義上也可以看做是價值理想的外化或對象化。從社會的運行到個體的行為，文化的各個層面都受到價值觀的內在制約，因此可以說，價值觀在文化中處於核心地位。一般說來，價值觀是由一系列價值原則組成的。價值原則凝聚了人們對善惡、美醜的最基本的看法。正是相互關聯的價值原則，構成了文化的價值系統。

　　中國傳統文化在其歷史發展中，通過對天人、群己、義利、理欲等關係的規定，逐漸展示了自己的價值觀念，並在儒、道、墨、法、佛諸派的價值原則中取得了自覺的形成。以儒家的價值原則為主導，不同的價值觀念相拒而又交融，相反而又互補，形成了中國傳統文化內涵豐富的價值系統。通常認為，中國傳統文化表現出重人倫而輕自然、重群體而輕個體、重義輕利、重道輕器的特點，這主要是就儒家的價值取向而言，如果對中國傳統文化作一整體系統分析，我們則不能忽略其中所包含的多元價值取向，以及它們之間的相互衝突、緊張和內在關聯、互補的關係。本章即旨在對中國傳統文化的價值系統作一整體的邏輯分析，以便瞭解它的多方面的內容，同時也更準確地把握它的思想核心。

第一節　天人關係上的不同價值取向

　　注重天人關係，是中國傳統文化的顯著特點。早在先秦，天人之辨便成為百家爭鳴的中心問題之一。它既是一個哲學問題，又具有普遍的文化意義。「天」即廣義的自然，「人」則指人的文化創造及其成果。這樣，天人關係在某種意義上便構成一種價值關係，而天人之辨則成為傳統文化價值系統的邏輯起點。

一　人文取向與人道原則

　　人是否應當超越自然的狀態？作為價值觀的天人之辨，首先必須對此做出回答。儒家是較早對這一問題做出自覺反省的學派之一。按照儒家的看法，自然是一種前文明的狀態，人應當通過自然的人文化，以達到文明的境界。孔子很早就指出：「鳥獸不可與同群，吾非斯人之徒與而誰與？」（《論語‧微子》）鳥獸是自然的存在，「斯人之徒」則是超越了自然狀態而文明化了的人。作為文化的創造者，人不能倒退到自然狀態，而只能在文化的基礎上彼此結成一種社會的聯繫（群）。在這裏，對鳥獸（自然的存在）與「斯人之徒」（社會的存在）的區分，已包含著對人文價值的肯定。

　　「斯人之徒」是作為類的人。超越自然不僅表現在形成文明的群體，而且以個體的人文化為目標。就個體而言，自然首先以天性的形式存在，而自然的人化則意味著化天性為德性（形成道德品格）。儒家辨析天人關係，總是兼及個體，與注重群體的文明化相應，儒家一再強調個體也應當由自然的天性提升為人化的德性。在儒家看來，就天性而言，人與一般禽獸並沒有多大區別，如果停留於這種本然的天性，那麼，也就意味著把人降低為禽獸。荀子曾指出：「水火有氣而

無生，草木有生而無知，禽獸有知而無義。人有氣、有生、有知亦且有義，故最為天下貴也。」（《荀子・王制》）「氣」、「生」、「知」（知覺能力，如目能視之類）都是一種自然的規定或屬性，「義」則超越了自然而表現為一種人文化的觀念。人之為人，並不在於具有氣、生等自然的稟賦，而在於通過自然稟賦的人化而形成自覺的道德意識（義）；正是這種人化的過程，使人不同於自然的對象而具有至上的價值（「最為天下貴」）。這樣，儒家便從群體關聯與個體存在兩個方面，對人文價值作了雙重確認。

　　作為一種高於自然的人文存在，文明社會應當以什麼為基本的價值原則？早在先秦，儒家的創始人孔子便提出了「仁」的觀念。作為原始儒學的核心觀念，仁具有多重涵義，而從價值觀上看，其基本的規定則是「愛人」（參見《論語・顏淵》），它所體現的，是一種樸素的人道原則。以「仁」為形式的人道原則，首先要求對人加以尊重和關切。當馬廄失火被焚時，孔子所問的是：「傷人乎？」而並不打聽火災是否傷及馬（參見《論語・鄉黨》）。這裏體現的，便是一種人道的觀念：相對於牛馬而言，人更為可貴，因此，失火時應首先關心人。當然，這並不是說牛馬是無用之物，而是表明牛馬作為與人相對的自然存在只具有外在的價值（表現為工具或手段），惟有人才有其內在價值（本身即目的）。這種人道原則體現了儒家基本的價值取向。孟子由仁學引申出「仁政」，要求以德行仁，反對用暴力的方式來壓服人。即使在具有神學色彩的董仲舒儒學體系中，同樣可以看到內在的人道觀念。董仲舒雖然將「天」神化為超自然的主宰，但同時又一再強調「人下長萬物，上參天地」，「最為天下貴」（《春秋繁露・天地陰陽》）。他還認為，天地之產生萬物，乃是為了「養人」；換言之，一切以人的利益為轉移，在神學的形式下，人依然處於價值關懷的中心。

　　在天人關係上，墨家的看法與儒家固然存在著不少差異，但也有相近的一面。和儒家一樣，墨家對自然的狀態與人文的形態作了區分，認為處於自然狀態中的動物，有羽毛作衣服，有水草作食物，故既不事農耕，也無需紡織。人則不同：「今人與此異者也，賴其力者生，不賴其力者不生。」（《墨子‧非樂上》）「力」泛指人的活動。在墨家看來，正是通過這種活動，人超越了自然狀態中的動物，而建立起文明的社會生活，這裏內在地蘊含著化自然為人文的要求。如何使文明社會的秩序得到穩定？墨家提出了「兼愛」的原則。按墨家之見，社會之所以產生爭亂，主要便在於社會成員不能彼此相愛，若天下之人能兼相愛，就可以消弭紛爭，彼此相親，國與國之間也可以化干戈為玉帛。「兼愛」觀念所體現的，同樣是一種人道原則，在注重人道原則這一點上，儒墨確實有相通之處。當然，儒家所強調的「仁」，是以孝悌為本，它更多地受到宗法血緣關係的制約；墨家的「兼愛」則超越了宗法關係，它所體現的人道原則在某種意義上具有更普遍的內涵。

　　儒墨所揭示的人道原則，在佛教那裏也得到了某種回應。佛教本是外來的宗教，但隨著它的衍變發展，已逐漸融入中國文化之中，其價值觀也成為中國傳統價值體系的一個組成部分。作為宗教，佛教認為天（自然）與人均虛幻不實，而把彼岸世界視為真實的存在。不過，在論證成佛根據時，佛教常常強調人道勝於天道。人儘管也是宇宙中的一員，但其地位卻高於其它的存在，在「六道」說中，人便被列於一般動物（畜生）之上。佛教的終極目標固然是要超越現實的人生，但這種超越本身要通過人的自覺活動來完成，所謂由「迷」到「悟」，便意味著從自在狀態到自為狀態。這樣，作為實現終極目標的環節，廣義的「人化」過程亦得到某種肯定。與以上趨向相聯繫，佛教提出了慈悲為懷、普渡眾生的要求，這種教義儘管具有濃厚的宗

教色彩，而且其所慈、所悲的對象往往相當寬泛，但是，其中無疑也滲入了某種深切的人道觀念；在對人的關懷上，它與儒家的仁義、墨家的兼愛顯然有一致之處。從一定意義上說，佛教的慈悲觀念既表現了對儒墨人道原則的吸納與適應，又從一個側面強化了中國文化注重人道原則的傳統。

在宋明理學那裏，人道原則得到了進一步的闡發。理學以儒家思想為主體，同時又糅合了佛道等各家學說。與先秦儒學一樣，理學家首先強調「天地之性人為貴」（朱熹《四書集注·孟子》），亦即從天人關係的角度肯定了人的內在價值。由此出發，理學家提出了「民胞物與」的觀念：「民吾同胞，物吾與也。……尊高年，所以長其長；慈孤弱，所以幼吾幼。」這裏確乎充滿了人道的溫情：人與人之間親如手足，尊長慈幼成為普遍的行為準則。理學所津津樂道的所謂「仁者與天地萬物為一體」，也表現了同樣的情懷。儘管理學對墨、佛等頗多批評，但「民胞物與」的觀念卻與墨、佛等展示了相近的文化精神，它在一定意義表現為儒家的「仁」、墨家的「兼愛」和佛家的「慈悲」等等之融合。可以說，正是通過這種融合，傳統的人道原則獲得了更豐富具體的內涵，並成為一種穩定的價值定勢。

二　「無以人滅天」

相對於儒墨之突出人道原則，道家則把關注的重點放在自然（天）之上，由此形成一種異於儒墨的價值取向。

在天人關係上，儒墨將自然（天）視為前文明的狀態，強調自然應當人文化，也就是說，自然只有在人化之後，才能獲得其價值。與之相異，道家認為，自然本身便是一種完美的狀態，而無需經過人化的過程。就對象而言，「天地有大美而不言，四時有成法而不議，萬

物有成理而不說」（《莊子‧知北遊》），即自然過程和諧而有規律，蘊含著一種內在的美。同樣，最高的社會境界（「至德之世」）也存在於其前文明的時代：「夫至德之世，同與禽獸居，族與萬物並。」（《莊子‧馬蹄》）這是一種廣義的自然狀態。儒家一再對人與禽獸之分作了嚴格辨析，要求由野而文；道家則將「同與禽獸」視為「至德之世」，這一分一合，表現了不同的價值趨向。可以看到，在道家對前文明時代的讚美中，自然狀態實際上被理想化了。

　　從自然狀態的理想化這一基本前提出發，道家對人化的過程及其結果（文明）往往持批評和否定的態度。在他們看來，自然作為一種完美的狀態有其內在的價值，人化的過程不僅無益於自然之美，而且總是破壞這種理想狀態。「牛馬四足，是謂天；落（絡）馬首，穿牛鼻，是謂人。故無以人滅天。」（《莊子‧秋水》）牛馬有四條腿，是本來如此，屬自然（天）；給牛馬套上韁繩，則是一種後天的人為。正如絡馬首、穿牛鼻是對牛馬天性的戕賊一樣，一切人化的過程都是對自然之美的破壞。

　　人化過程不僅表現為駕牛服馬（對自然對象的作用），而且展開於社會過程本身，對後者，道家作了更多的批評。隨著社會的演進，從技藝到道德規範等各種人文現象也隨之出現並不斷發展，但按道家之見，文明社會帶來的並不是進步，而往往是禍亂和災難：「民多利器，國家滋昏。」（《老子》第五十七章）「大道廢，有仁義；慧智出，有大偽。」（《老子》第十八章）工具的改進，固然增加了社會的財富，但同時也誘發了人的好利之心，並導致了利益上的紛爭和衝突。文明的規範誠然使人超越了自然，但仁義等規範的標榜，也常常使人變得虛偽化。「竊鉤者」雖不免受制裁，而「竊國者」卻可以成為諸侯，並獲得仁義的美譽（參見《莊子‧篋》）。歷史地看，文明的發展往往是以二律背反的形式展開，它在推動社會進步的同時，也常

常帶來某些負面的後果，道家的上述批評，多少意識到了這一點。不過，由強調文明進步的負面意義而否定文明，顯然又走向了另一極端。

自然的人化既然只具有負面的意義，邏輯的結論便是從文明回到自然。《老子》提出「見素抱樸」的命題已表現了這一意向，莊子更具體地提出了回歸自然的要求：「故絕聖棄知，大盜乃止；擲玉毀珠，小盜不起；焚符破璽，而民樸鄙；掊斗折衡，而民不爭；殫殘天下之聖法，而民始可論議。……攘棄仁義，而天下之德始玄同矣。」（《莊子・篋》）在此，一切人文的創造，從知識成果到治國手段，從度量工具到社會規範等等，都被列入摒棄之列，最後回到一種天人玄同的自然境界。

道家將自然狀態理想化，反對以人文創造去破壞自然環境，無疑表現了一種消極傾向。但從價值觀上看，其中亦有值得注意之處。就人與自然的關係而言，道家主張無以人滅天，也包含著一種尊重自然的要求：人的文化創造不應無視自然之理，化自在之物為我之物的過程不能偏離自然本身的法則。道家強調「法自然」，在一定意義上表現了對循天理的注重。在「庖丁解牛」的著名寓言中，莊子以生動的語言描繪了庖丁解牛的過程，其一舉一動，遊刃有餘的熟練技巧幾乎已達到了美的境界，而庖丁之所以能如此，便是因為他在活動過程中始終「依乎天理」、「因其固然」，即人為完全合乎天道。在頗受道家思想影響的魏晉思想家那裏，這一觀念得到了更明確的表述：「則天成化，道同自然。」[1]「故聖人達自然之性，暢萬物之情，故因而不為，順而不施。」[2]依據這種理解，天與人並不呈現為一種對立、緊張的關係，二者本質上融合無間。就天人關係而言，過分強調人化過

1　《王弼集》，頁626。

2　《王弼集》，頁77。

程的合目的性，往往容易導致人類中心的觀念，並且內在地蘊含著忽視自然之理的可能性，循乎天道的自然原則對於化解這種觀念，避免天人關係的失衡，有其不可忽視的意義。

廣義的天人之辨還涉及天性（Nature）與德性（Virtue）的關係問題。儒家孟子一派認為德性即是天性的內容，荀子一派則認為德性是天性的改造。相對於儒家注重天性的改造，道家更強調對天性的順導，所謂「無以人滅天」，亦意味著反對戕賊人的自然本性。在道家看來，自然的天性體現了人的本真狀態，人為的塑造則如同絡馬首、穿牛鼻那樣，抑制了人性的自由發展，並使人失去了本真的狀態。作為文明社會的主體，人當然應超越天性而培養德性，但是如果將德性的培養僅僅理解為對天性的否定以至泯滅，那麼，德性對主體來說便會成為一種異己的存在，並容易趨於虛偽化。儒家從主體存在的角度肯定了人文的價值，但過分地強調對天性的改造，又往往使德性的培養成為一個「反於性而悖於情」（《荀子‧性惡》）的過程，由此形成的德性，並不是真正健全的人性。德性作為人化的成果，屬於當然。當然的外在形式是社會的規範（當然之則）。天性與德性的對立，往往導致當然對自然的否定，其邏輯結果則是使當然之則成為一種外在的強制，後來理學家的所謂「天理」，便帶有這種強制的性質。總之，自然的人化一旦等同於勃逆天性，則難免導致人性的扭曲和當然之則的異化，而道家反對無條件的「滅天」，對於化解天性與德性、當然與自然的緊張確實也有一定意義。

應當指出，就天人關係而言，儒家的價值取向在傳統文化中占著支配的地位。如前所述，儒家要求化自然為人文，並以人道作為社會的基本原則。無疑有其積極的意義。儒家所強調的超越自然，主要地是指化天性為德性，其目標在於達到道德上的完美。這種價值追求，使儒家的人道原則帶有狹隘和片面的特點。在主張由天性提升為德性

的同時，正統儒家往往忽視了對外在自然——作為客體的自然界的探索與改造，並相應地表現出了某種重人文而輕自然的趨向。道家雖然崇尚自然，但其自然原則，由於缺乏積極改造、作用於自然界的內容，因此也不足以抑制儒家輕自然的傾向。這裏確實現表現出了傳統文化價值觀的消極的一面。

三　力命之辨與人的自由

天人之辨內在地關聯著力命關係問題。「天」的超驗化，便表現為「命」。事實上，在中國傳統文化中，「天」與「命」常常被合稱為「天命」。「命」或「天命」是一個比較複雜的概念，如果剔除其原始的宗教界定，則其涵義大致接近於必然性。當然，在「天命」的形式下，必然性往往被賦予某種神秘的、超自然的色彩。與命相對的「力」，一般泛指主體的力量和權能。作為天人之辨的展開，力命之辨所涉及的，乃是人的自由問題。

化自然為人文的基本條件是主體自身的努力，超越自然的要求本質上蘊含著對主體力量的確信。前面已提到在儒家那裏，自然的人化更多地指化天性為德性，與這一趨向相應，主體的力量和權能首先表現於道德實踐的過程。作為超越了自然狀態的存在，人具有選擇行為的能力，並能自覺地堅持和貫徹道德原則：「為仁由己，而由人乎哉？」（《論語·顏淵》）「有能一日用其力於仁矣乎？我未見力不足者。」（《論語·里仁》）這既是一種道德的自勉，又表現了對自由的樂觀信念。從孟荀到漢儒，直到後來的宋明理學家，肯定主體在道德實踐過程中的自主權能，構成了儒家文化的主流，其歷史影響極為深遠。

不過，儒家對主體權能的理解，往往與天命的觀念糾纏在一起。

在道德實踐的領域，行為固然取決於自我的選擇，但一旦超出這個範圍，人的活動就要受到天命的限制。從社會範圍看，一定時代的政治理想能否實現，最終決定於超驗的「命」：「道之將行也與？命也；道之將廢也與？命也。」（《論語‧憲問》）就個人而言，其生死、富貴也均有定命：「死生有命，富貴在天。」（《論語‧顏淵》）對天命的這種預設與「為仁由己」的道德自信顯然存在著矛盾，二者的對峙，往往展開為「在我者」與「在外者」的分離：「求則得之，舍則失之，是求有益於得也，求在我者也。求之有道，得之有命，是求無益於得也，求在外者也。」（《孟子‧盡心上》）「求」表現為主體的自覺努力，在一定的範圍內（「在我者」），這種努力受制於主體自身，並能達到預期的目標；超出了這一範圍（走向「在外者」），則主體便無法決定行為的結果，一切只能歸之於天命。儒家所謂「在我者」，主要與主體的德性涵養和道德實踐相聯繫，「在外者」則泛指道德之外的各個領域。從個體的富貴壽夭，到社會歷史進程，都可歸入廣義的「在外者」。二者的區分，在某種意義上表現為自由信念與宿命觀念的對立。對主體自由與外在天命的雙重確認，構成了儒家價值觀的基本特點。從先秦到宋明，儒家在總體上都沒有超出這一思維定勢，儘管荀子等曾在更廣泛的意義上肯定了主體自由，但這種價值取向並未能成為儒家文化的主流。

與主張「無以人滅天」相應，道家將「無為」規定為主體在世的原則。按其本義，「無為」既是對違逆自然的否定，又意味著接受既成的境遇，它與改造對象和改造自我的積極努力形態對立的兩極。正是從接受既成境遇的前提出發，道家提出了「安命」的觀念：「知其不可奈何而安之若命，德之至也。」（《莊子‧人間世》）在這裏，服從超驗之命，成為主體的最終選擇，在主體作用與外在天命二者之間，天命成了更為主導的方面。這種價值取向多少帶有宿命論的性

質。不過，在強調「安命」的同時，道家又追求一種「逍遙」的境界，以為通過虛靜無為，合於自然，便可以擺脫外在的束縛與限制，逍遙於世。就其形式而言，「逍遙」是一種自由之境，這種自由在道家那裏往往與超越感性欲望和功利計較相聯繫，因而帶有某種審美的意義。在道家那裏，無為安命的人生取向與逍遙的人生追求交錯並存，構成了頗為複雜的形態。這種價值觀念與儒家也有某些相近之處，在宿命趨向與自由理想的糾纏上，二者確實彼此接近。不同的是，在儒家那裏，自由之境主要與道德努力相聯繫，而道家的逍遙則趨向於審美的追求。

較之儒道對天命的設定，墨家和法家將注重之點更多地放在主體的力量上。墨家提出「非命」論，認為命是一種虛幻的超驗之物，它往往使人放棄自身的努力，從而導致了社會的惰性。按墨家之見，決定社會治亂、個人境遇的，並不是外在的天命，而是人力。墨家強調「賴其力者生，不賴其力者不生」，既從天人關係上肯定了對自然的超越，又從力命關係上突出了主體力量的作用。就社會而言，「強必治，不強必亂」；就個體而言，「強必富，不強必貧。」（《墨子‧非命下》）這裏體現的，是對主體力量的高度自信。更值得注意的是，在墨家那裏，主體力量的作用範圍已超出了道德實踐一隅，而指向了更廣的領域，它在相當程度上已揚棄了儒家所謂「在我者」與「在外者」的對峙。墨家在「非命」的同時，也批判了儒家的宿命論傾向。

法家與墨家的價值觀存在不少差異，但在注重主體的作用與權能上，卻有相近之處。在法家看來，社會的治亂，國家的強弱，並非取決於天命，而在於君主是否能正確地運用法、術、勢。「明於治之數，則國雖小，富；賞罰教信，民雖寡，強。」（《韓非子‧飾邪》）儘管法家對主體權能的強調有時不免與君王南面之術糾纏在一起，但確信主體可以在政治實踐中掌握自己的命運，則使其價值觀區別於命

定論。法家的如上價值原則常常被概括為：「當今爭於氣力。」（《韓非子・八說》）對「力」的這種崇尚固然有可能引向暴力原則，但與墨子所謂「賴其力者生」一樣，其內在精神在於高揚主體的力量。

　　從價值觀各自特點看，儒道徘徊於外在天命與主體自由之間，並表現出某種宿命的趨向，墨法則從不同的角度拒斥了「命」的觀念，並對主體力量與權能作了較多的肯定。然而，就現實的形態而言，作為正統的儒家價值觀，往往同時又滲入了法家的某些觀念，而道家與道教則分別對上層士林和下層民間產生了廣泛的影響。因此，在中國傳統文化中，「天命」的觀念與主體權能的確信總是彼此制約、錯綜交雜的。

第二節　群己關係的定位

　　天人之辨主要在主體（人）與外部自然的關係上展開了傳統的價值觀念，由天人之際轉向社會本身，便涉及到了群己關係。作為主體性的存在，人既是類，又是個體，二者應當如何定位？這一問題將傳統價值體系引向了群己之辨。

一　「修己以安人」

　　儒家是最早對君己關係作自覺反省的學派之一。按儒家的看法，每一個體都有自身的價值，所謂「人人有貴於己者」（《孟子・告子上》），便是對主體內在價值的肯定。從這一前提出發，儒家提出了「為己」和「成己」之說。「為己」與「為人」相對。所謂「為人」，是指迎合他人以獲得外在的讚譽，其評價標準存在於他人，個體的行為完全以他人的取向為轉移。「為己」則指自我的完善，其目標在於實現自我的內在價值，即「成己」。

　　作為主體，自我不僅具有內在的價值，而且蘊含著完成和完善自我的能力。儒家所理解的「為己」和「成己」，主要是德性上的自我實現。在儒家看來，無論是外在的道德實踐，還是內在的德性涵養，自我都起著主導的作用。主體是否遵循倫理規範，是否按仁道原則來塑造自己，都取決於自主的選擇及自身的努力，而非依存於外部力量。正是在這個意義上，儒家強調求諸己，而反對求諸人：「君子求諸己，小人求諸人。」（《論語・衛靈公》）儒家的重要經典《大學》進一步以自我為本位，強調從君主到普通人，「壹是皆以修身為本」。儒家的上述看法，從道德涵養的目標（「為己」、「成己」）和道德實踐、德性培養的方式上，對個體的價值作了雙重肯定。

　　在儒家看來，自我的完善並不具有排他的性質，相反，根據人道的原則，個體在實現自我的同時，也應當尊重他人自我實現的意願，所謂「己欲立而立人，己欲達而達人」（《論語・雍也》），就表明了這一點。如上價值原則往往被更簡要地概括為成己而成人：一方面，自我的實現是成人的前提；另一方面，主體又不能停留於成己，而應由己及人。後者的某種意義上構成了自我完善的更深刻的內容：正是在成就他人的過程中，自我的德性得到了進一步的完成。

　　「成己」與「成人」的聯繫，意味著使個體超越自身而指向群體的認同。事實上，在儒家那裏，成己往往以安人為目的，孔子便已提出「修己以安人」（《論語・憲問》）的主張。「修己」即自我的涵養，「安人」則是社會整體的穩定和發展。道德關係上的自我完善（「為己」），最終是為了實現廣義的社會價值（群體的穩定和發展）。後者所確認的，乃是一種群體的原則。這種原則體現於人和人的關係，便具體化為「和」的要求。所謂「禮之用，和為貴」（《論語・學而》），「天時不如地利，地利不如人和」（《孟子・公孫丑下》）等等，即表現了這一價值取向。「和」的基本精神是建立人與人之間相互尊重、

相互信任的關係。從消極方面看，「和」意味著化解人間的衝突與緊張，消除彼此的相爭；就積極方面看，「和」則是指通過共同的理想和相互溝通，達到同心同德，協力合作。這種「和」的觀念，對中國傳統文化產生了深刻的影響。

群體認同的更深刻的意蘊，是一種責任意識。按儒家之見，作為主體，自我不僅以個體的方式存在，而且總是群體中的一員，並承擔著相應的社會責任。他固然應當「獨善其身」，但更應「兼善天下」。在成己而成人、修己以安人等主張中，已內在地蘊含了這一要求。正是在這種責任意識的孕育下，逐漸形成了「先天下之憂而憂，後天下之樂而樂」的價值傳統，它對拒斥自我中心主義、強化民族的凝聚力，無疑具有十分重要的意義。

二　對個體生命與個性自由的關注

相對於儒家，道家對個體予以了更多的關注。與自然狀態的理想化相應，道家所理解的人，首先並非以群體的形式出現，而是表現為一個一個的自我，從這一基本前提出發，道家將自我的認同提到了突出的地位。老子已指出：「自知者明。」（《老子》三十三章）「自知」即認識自我。它既以肯定「我」的存在為前提，又意味著喚起「我」的自覺。在群己關係上，道家的價值關懷著重指向作為主體的自我。

儒家講「為己」、「成己」，實際上已包含著對個體原則的確認，不過，儒家所謂「為己」、「成己」，主要是德性上的自我完成，即意味著自覺地以仁義等規範來塑造自我。而在道家看來，以這種方式達到的自我實現。並不是真正的自我認同，相反，它往往將導致對個性的抑制：「待鉤繩規矩而正者，是削其性者也。」「自虞氏招仁義以撓天下也，天下莫不奔命於仁義，是非以仁義易其性與？」（《莊子‧駢

拇》）如果說，仁義構成了自我的普遍的即社會化的規定，那麼，與仁義相對的「性」則是指自我的個體性規定。道家對仁義與性作了嚴格區分，反對以普遍的仁義規定、同化自我的內在之性，其側重之點顯然在自我的個性品格。在道家那裏，自我首先是一種剔除了各種社會化規定的個體。

作為從社會規範中淨化出來的個體，自我不同於德性的主體，而主要展現為一種生命的主體。與儒家注重於德性的完善有所不同，道家對個體的生命存在表現出更多的關切。在他們看來，個體之為貴並不在於其有完美的德性，而在於他是一獨特的生命主體，對個體價值的尊重，主要就是保身全生。道家對個體處世方式的設定，正是以此為原則：「為善無近名，為惡無近刑，緣督以為經，可以保身，可以全生，可以養親，可以盡年。」（《莊子・養生主》）不是德性的昇華，而是生命的完成，構成了自我首要的價值追求。為了「養其身，終其天年」，主體即使「支離其德」（德性上不健全），也應給予理解和寬容（《莊子・人間世》）。

除了生命存在之外，自我還具有獨特的個性。道家反對以仁義易其性，便已蘊含了對個性的注重。在道家看來，仁義等規範所造就的是無差別的人格，而人性則以多樣化為特點。道家對逍遙的追求，實際上已包含著崇尚個性的價值取向。在他們看來，逍遙主要是一種精神境界，其特點是擺脫了各種外在的束縛，使個體的自性得到了自由的伸張。道家的這種觀念在中國文化史上產生了重要影響。魏晉時期，嵇康、阮籍等反對以名教束縛自我，要求「舒其意，逞其情」（阮籍：〈大人先生傳〉），其中的基本精神，就是道家注重個性的原則。他們正是以逍遙作為自己的理想：「誰言萬事難，逍遙可終生。」（阮籍：〈詠懷詩三十六〉）李贄在晚明提出性情不可以一律求，反對將自我的精神世界納入單一的綱常規範，也表現了對個性原則的注重。

　　過分強化群體認同，往往容易忽視個體原則，並導致自我的普泛化。相對於此，道家關注個體的生命存在和獨特個性，無疑有助於抑制這種趨向。不過，由於過份強調自我認同，道家又多少弱化了群體認同。他們強調保身全生，固然肯定了個體的生命價值，但對個體承擔的社會責任卻不免有所忽視。在反對個體普泛化的同時，道家也排斥了兼善天下的社會理想。對個性逍遙的追求，使道家更多地轉向了主體的內在精神世界，這種價值取嚮往往容易導向自我中心主義。事實上，《老子》便以「成其私」（第七章）作為主體的合理追求。道家一系的楊朱，進而走向惟我主義：「楊子取為我，拔一毛而利天下，不為也。」（《孟子‧盡心上》）儘管自我中心主義並沒有成為中國文化的主流，但其歷史影響卻始終存在。在道家思想一度復興的魏晉，由自我認同而趨向自我中心，已經成為一種相當普遍的現象。阮籍、嵇康等不滿於名教的束縛，要求個性的自由伸張（「舒其意，逞其性」），由此而將「超業而絕群，遺俗而獨往」（〈大人先生傳〉）視為理想境界，把群體認同推向了邊緣。成書於魏晉時代的《列子》，以更極端的形式拒絕一切社會的約束，主張個體的獨往獨來：「亦不以眾人之觀易其情貌，亦不謂眾人之觀不易其情貌。獨往獨來，獨出獨入，孰能礙之？」（《列子‧力命》）這種個體至上的價值觀念，往往很難避免自我與社會的對抗，其消極作用是顯而易見的。

三　群體原則的強化

　　儒家主張由成己而兼善天下，道家從自我認同走向個體的逍遙，二者在群己關係上各有側重。從中國文化的主流看，儒家所突出的群體原則顯然得到了更多的確認。如前所述，墨家提出了「兼愛」的原則，從天人關係看，它體現的是一種人道的精神；就群己關係而言，

它又滲入了一種群體認同的要求。和儒家一樣，墨家對群體予以了更多的關注，「興天下之利，除天下之害」是其基本的主張。墨家學派摩頂放踵，席不暇暖，為天下之利而奔走，也確實身體力行了上述價值原則。正是由強調群體認同，墨家進而提出了「尚同」之說。「尚同」含有群體溝通之意，其核心則是下同於上：「上之所是，必皆是之；所非，必皆非之。」（《墨子・尚同上》）墨家雖然注意到個體的社會認同，但將社會認同理解為服從最高意志，則又弱化了個體的自我認同和獨立人格，在上同而不下比的原則下，個體的價值被淹沒在統一的意志中。也許正是有見於此，後來荀子批評墨家「有見於齊，無見於畸」（《荀子・天論》）。

在法家那裏，群體原則得到了進一步的強化。墨家重兼愛，法家尚暴力，二者相去甚遠。但在群己關係上，法家的主張卻頗近於墨家的「尚同」。強調君權至上，是法家的基本特點。「法」、「術」、「勢」在某種程度上均服務於君權，是君主駕馭天下的不同工具。按法家之見，君主即整體的化身和最高象徵，個體則總是離心於整體：「匹夫有私便，人主有公利。」（《韓非子・八說》）質言之，君權的合理性，就在於它代表了整體的利益。這既是對君權的論證，又滲入了整體優先的原則；而以公私來區分匹夫（個體）和君主（整體的象徵），則表現出對個體的貶抑。以君主為象徵的所謂「公」，本質上是一種馬克思所說的「虛幻整體」。對法家來說，個體與這種整體始終處於一種不相容的關係之中，「私行立而公利滅矣。」（《韓非子・五蠹》）在二者的對立中，法家的價值取向是「無私」：「明君使人無私。」（《韓非子・難三》）所謂「無私」，並不是一般地杜絕自私行為，而是在更廣的意義上使個體消融於君主所象徵的抽象整體。也正是從這個前提出發，法家強調以「法」來統制個體的言行：「言談者必軌於法。」（《韓非子・五蠹》）「夫立法令者，以廢私也。」（《韓非

子‧詭使》）「法」代表著與君主相聯繫的統一意志。這裏固然包含著以「法」來維護既定秩序的意思，但「必軌於法」、「以法廢私」的要求，卻也使主體的個性、獨立思考等泯滅於恢恢法網，這種以君主（虛幻整體的象徵）之「公」排斥自我之「私」的價值原則，已帶有明顯的整體主義的性質。

相對於墨法，佛教對群己關係的看法則更為複雜。作為宗教，佛教以走向彼岸為理想的歸宿，它所追求的首先是個人的解脫，表現為一種疏離社會的趨向。佛教以出家為修行的方式，也體現了這一特點。從這方面看，佛教無疑淡化了個體的社會責任。但另一方面，佛教又主張自覺地普渡眾生。大乘佛教甚至認為，個人的解脫要以眾生的解脫為前提，沒有眾生的解脫，個人便難以真正達到涅之境。佛教提出「六度」，其中之一即布施度，它的內容不外是造福他人。這些觀念，已表現出某種群體關懷的趨向，它在中國佛教中得到了進一步的發揮。東晉名僧慧遠便指出：「如令一夫全德，則道洽六親，澤流天下，雖不處王侯之位，固已協契皇極，大庇民生矣。」（《答桓太尉書》，《弘明集》卷一二）在這裏，「出家」的意義似乎主要已不是個人的解脫，而是福澤眾生（「澤流天下」，「大庇民生」）。儘管這裏不無調和儒佛之意，但其中也確實流露出了對群體的關懷。它表明，在中國傳統文化中，即使是追求出世的佛教，也在相當程度上滲入了群體的意識。

從歷史上看，墨、法、佛教並沒有成為中國文化的主流，然而，在群己關係上，其認同群體的趨向與占主導地位的儒家價值觀有頗多契合之處。事實上，儒家所注重的群體原則，在其衍化過程中，也多方面地融入了墨法等各家的觀念，並呈現不斷強化的趨勢。在宋明新儒學（理學）那裏，便不難看到這一點。理學並不否定個體完善的意義，所謂「治天下有本，身之謂也」（周敦頤《通書‧家人睽復無

妄》），繼承的便是儒家修身為本的傳統。不過，理學往往又把自我主要理解為一種純乎道心的主體：「必使道心常為一身之主。」（《朱子語類》卷六十二）「只是要得道心純一。」（同上卷七十八）道心是超驗天理的內化。以道心規定自我，多少使主體成為一種普遍化的我，在「道心純一」的形式下，主體實質上已是「大我」的一種化身；而以個體形式出現的自我，則是必須否定的：「己者，人欲之私也。」（朱熹〈大學或問〉）由自我的普遍化，理學進而提出了「無我」的原則，要求「大無我之公」（朱熹〈西銘論〉）。所謂「無我」，不外是自覺地將自我消融於抽象的「大我」。這種看法注意到了個體的社會化以及個體所承擔的社會責任，抑制了自我中心的價值取向，但以「無我」為指歸，不免又漠視了個體的存在。事實上，缺乏個體規定、純乎道心的我，與僅僅滿足於一己之欲的我，表現的是兩個不同的極端，兩者都很難視為健全的主體。

　　綜上所述，從群己關係看，儒家在肯定「成己」的同時，又較多地強調了對群體的認同；道家則更注重個體的自我認同，二者分別突出了價值觀上的群體原則與個體原則。隨著中國文化的演進，儒家的群體原則逐漸與墨家的「尚同」觀念、法家的「廢私」主張等相融合，不斷得到強化，並取得了支配的地位。作為傳統價值觀的主導方面，群體原則確實包含了一些合理的內容，但毋庸諱言，它的過分強化，也有負面的作用。在群體至上的觀念下，個體的存在價值，個性的多樣化發展，個人的正當權利等等，一直未能得到應有的確認。道家雖然提出了個體認同的要求，但其要求一開始便包含著自身的缺陷，因此注定只能是一種微弱的呼聲，而難以得到普遍的回應。這樣，中國傳統價值系統便不可避免地具有重群體、輕個體的特徵。

第三節　義利與理欲：價值觀的深層展開

　　群與己的定位並不僅僅體現於抽象的觀念認同，它在本質上總是涉及具體的利益關係。如何以普遍的規範來協調個體之利與整體之利？這一問題在傳統文化中便展開為義利之辨。義者宜也，含有應當之意，引申為一般的道德規範（當然之則）。利則泛指利益、功效等等。從價值觀上看，義利之辨首先關聯著道義原則與功利原則，以及二者的相互關係。

一　「義以為上」的道義原則

　　辨析義利，是儒家的重要特點，而儒家對義利關係的看法，又對中國傳統價值觀產生了深遠的影響。根據儒家的觀點，義作為當然之則，本身便有至上的性質：「君子義以為上。」（《論語‧陽貨》）這裏確認的，首先是義的內在價值。後來的宋明理學進一步通過義與天理的溝通，對義的內在價值作了論證：「義者，天理之所宜。」（朱熹《論語集注‧里仁》）「理」具有普遍必然的品格，義所以具有至上性，即在於它體現了「理」的要求。

　　義一旦被賦予內在價值，便同時成為評判行為的主要準則。如果行為本身合乎義，則即使它不能達到實際的功效，也同樣可以具有善的價值，所謂「惟義所在」（《孟子‧離婁下》）便表明了這一點。事實上，儒家往往將義（當然之則）理解為一種無條件的道德命令，並把履行道德規範（行義）本身當做行為的目的。這種看法帶有明顯的抽象道義論的性質。不過，「義以為上」的觀念在培養崇高的道德節操等方面，也有不可否認的意義。中國歷史上，「惟義所在」的律令，往往具體化為「富貴不能淫，威武不能屈」的道德追求，並出現

了不少捨生取義的志士仁人。就此而言，道義的原則確實可以給人以正面的價值導向。

　　肯定「義」的內在價值，當然並不意味著完全否定「利」在社會生活中的意義。事實上，儒家並不絕對棄絕功利。孔子到衛國，並非僅僅關心那裏的道德風尚如何，相反，倒是開口便盛讚該地人口眾多。當他的學生問他「既庶矣，又何加焉」時，孔子明確回答：「富之。」（《論語・子路》）「庶」（人口眾多）和「富」在廣義上均屬於利的範疇。按儒家之見，利並不是一種絕對的惡，從社會範圍來看是如此，就個人而言也是這樣。「富而可求，雖執鞭之士，吾亦為之。」（《論語・述而》）即使聖人，也不能完全不講利：「聖人於利，不能全不較論。」[3]不過，利固然不可一概排斥，但利的追求始終必須處於義的制約之下。正是在這個意義上，儒家一再強調要「見利思義」（《論語・憲問》），如果不合乎義，則雖有利亦不足取：「不義而富且貴，於我如浮雲。」（《論語・述而》）相對於義，利始終處於從屬的地位。

　　一般來說，利首先與個人或特殊集團相聯繫，而個人（或特殊集團）之利往往並不彼此一致，因此，如果片面地以利作為行為的惟一準則，就不可避免地將導致社會成員在利益關係上的衝突：「若切於好利，蔽於自私，求自益以損人，則人亦與之力爭，故莫肯益之，而有擊奪之者矣。」[4]與利不同「義」超越了個人的特殊利益，具有普遍性的品格，惟其如此，故能對特殊的利益關係起某種調節作用。歷史地看，儒家突出「義」的普遍制約，反對惟利是求，這對於避免利益衝突的激化，維護社會的穩定，確實具有積極意義。

3　《二程集》，頁396。

4　《二程集》，頁917-918。

　　然而，「以義制利」的要求與「義以為上」的觀念相結合，往往
又導致了對功利意識的過度壓抑。按儒家的看法，利固然不可一概否
定，但追求、計較功利之心則不可有。「一有謀計之心，則雖正誼明
道亦功利耳」（王陽明〈與黃己成書〉，《王文成公全書》卷十二）。這
樣，合乎義的利雖然得到了某種容忍，但功利意識（「謀計之心」）則
完全處於摒棄之列。也就是說，功利的觀念完全不容許進入動機的層
面。這種看法注意到了功利意識的片面強化將對行為產生消極的導向
作用，但同時又忽視了功利意識在一定條件下也可以成為積極的動
因。歷史地看，技藝的進步，經濟的發展，政治結構的調整等等，最
初往往直接或間接地是受到功利追求的推動。反之，功利意識的過分
壓抑，則常常容易弱化社會的啟動力量。從這方面看，儒家以道義原
則抑制功利原則，又明顯地有負面的導向作用。

二　功利的取向

　　儒家之外，墨家是對義利關係作過認真考察的一個學派。和儒家
一樣，墨家對義十分注重，認為「萬事莫貴於義」（《墨子‧貴義》）。
但二者對「義」的理解又頗有不同。儒家強調義的內在價值，並由此
剔除了義的外在功利基礎。相對來說，墨家更側重義的外在價值。照
墨家的看法，義之所以可貴，主要就在於它能帶來功利的效果：
「義，利也。」（《墨子‧經上》）這種界定蘊含著如下觀念，即當然
之則應當建立在功利的基礎之上，「義」本身已內在地蘊含著功利的
原則。

　　從義基於利的前提出發，墨家將功利原則視為評判行為的基本準
則。仁固然不失為善的品格，但仁並不僅僅表現德性的完善，它最終
必須落實於現實的功利行為：「仁人之所以為事者，必興天下之利，

除去天下之害，以此為事者也。」（《墨子・兼愛中》）作為基本的價值原則，興利除害同時為社會生活提供了具體的範導，墨家之「尚賢」、「尚同」、「節葬」、「節用」、「非攻」等等主張，無一不是以功利原則為終極根據。如尚賢使能之所以合理，首先在於「天下皆得其利」（《墨子・尚賢下》）；即使是親子關係，也同樣不能離開功利的基礎：「孝，利親也。」（《墨子・經上》）在墨家那裏，功利追求的合理性得到了普遍的確認。

　　從價值觀上看，墨家突出功利原則，對揚棄儒家道義原則的抽象性，顯然具有積極意義。就其起源、作用而言，作為當然之則的「義」，最終總是以功利關係為其基礎，抽去了這一基礎，勢必弱化其現實性的品格。同時，對功利意識的過度抑制，也容易使價值導向片面化，墨家肯定功利追求的合理性，多少有助於價值的重新調整。但是，以功利追求為基本的價值原則，也有其自身的問題。儘管墨家把利首先理解為天下之利，使其功利原則有別於狹隘的利己原則，但是，將「義」界定為「利」，顯然又對義的內在價值有所忽視。事實上，義固然有其功利基礎，但作為人的尊嚴、人的理性力量的體現，它又具有超功利的一面，忽略這一點而完全以功利作為權衡標準，就容易使社會失去健全的價值追求，並使人本身趨向於工具化。在墨家那裏，我們已經可以看到這種偏向。照墨家的看法，理想的社會關係是彼此交相利：「利人者，人亦從而利之。」（《墨子・兼愛中》）這種關係本質上具有互為工具的性質，而在彼此計較、相互利用中，人與人之間往往很難避免緊張和對抗，其結果就會走向「兼愛」的反面。當墨家將「害人者，人亦從而害己」（同上）作為與「交相利」相反的原則指出時，便更清楚地顯示了這一點。

　　較之墨家，法家賦予功利原則以更極端的形式。按照法家的看法，追求功利，是人的本性：「名與利交至，民之性。」（《商君書・

算地》）同樣，人與人之間的關係，也以利益為紐帶。就君臣關係而言，臣之事君，旨在求得富貴，君則以爵位俸祿誘使臣為自己效力。「臣盡死力以與君，君垂爵祿以與臣市，君臣之際，非父子之親也，計數之所出也」。（《韓非子・難一》）二者的關係完全是一種利益的交易。同樣，醫生為病人吸吮傷口，並非出於人道的目的，而是「利所加也」；造車人希望人們富貴，並不是出於博愛之心，而是因為「人不貴則輿不售。」（參見《韓非子・備內》）。推而廣之，父子、夫婦之間，也都無不「用計算之心以相待」。這種普遍的、赤裸裸的利益關係，使道德規範的作用失去了現實的基礎。對法家來說，當社會成員之間完全相互利用、彼此交易時，「行義」（遵循道德原則）只會帶來消極的後果：「行義示則主威分，慈仁聽則法則毀。」（《韓非子・八經》）相對於墨家要求以利為義的基礎（以利來確證義），法家對義則更直接地持取消和否定的態度。

作為當然之則的「義」一旦被摒棄，功利原則便成了惟一的範導原則。就行為的評判而言，確定其價值的標準，並不是動機端正與否，而是行為產生的實際功用：「夫言行者，以功用為之的彀也。」（《韓非子・問辯》）只要能帶來實際效益，便是合理的行為，在此，善惡的評價已為功利的權衡所取代。同樣，君主治國，也要利用人們趨利的本性，以功利作為激勵手段。既然「利之所在民歸之」，因此在治天下時，便應導之以利，「賞莫如厚，使民利之」（《韓非子・八經》）。與墨家一樣，法家的如上價值原則固然有見於功利觀念在社會運行中的某些作用，並進一步揚棄了道義原則的抽象性，但是，以功利作為調節人際關係的基本原則，必然導致功利意識的過度膨脹，並使人的價值追求走向歧途。在導之以利的原則下，人在雙重意義上趨於工具化：他既是實現君主意志的工具，又是外在功利的附庸。這種個體，顯然不能視為健全的主體。同時，儘管法家最終將個體之利納

入以君主為代表的「公利」，但以利摒棄義，則意味著利益計較的公開化和合理化，由此形成的社會往往很難避免緊張與衝突，在法家價值原則占統治地位的秦代，便可以看到這一點。

儒家的道義原則與墨法的功利原則構成了傳統價值觀在義利關係上的不同取向，二者各有所見，又各有其片面性。就總體而言，儒家的道義原則始終居於正統地位，對中國傳統文化的影響，也更為明顯。但墨法的功利原則亦以不同的形式滲入其中，二者相反相融，賦予傳統價值體系以複雜的形態。

三　理欲之辨的價值意蘊

義作為普遍的社會規範，總是以理性要求的形式出現，利在廣義上則以需要的滿足為內容，而這種需要首先表現為感性的物質需要。這樣，義與利的關係往往進而展開為理性要求與感性需要的關係，即所謂理欲關係。與肯定「義以為上」相聯繫，儒家更關注理性的要求。孔子便已指出：「君子謀道不謀食……君子憂道不憂貧。」（《論語‧衛靈公》）此處之「道」，泛指廣義的社會理想（包括道德理想），「謀道」所體現的，就是理性的追求。在感性欲求（「謀食」）與理性追求（「謀道」）二者之間，後者處於優先的地位。一旦「志於道」，則即使身處艱苦的生活環境，也可以達到精神上的愉悅。孔子曾這樣稱讚其學生顏回：「賢哉，回也！一簞食，一瓢飲，在陋巷，人不堪其憂，回也不改其樂。」（《論語‧雍也》）這種「樂」，也就是後來儒家（特別是宋明理學）所津津樂道的「孔顏之樂」。它的核心是超越感性的欲求，在理想追求中，達到精神上的滿足。儒家的這種看法將精神的昇華提到了突出地位，並進一步展示了人不同於一般動物的本質特徵。

　　但是，儒家的這種價值追求，同時又蘊含著「理」與「欲」之間的某種緊張。在「謀道不謀食」的主張中，感性的要求無疑受到了輕視和冷落。隨著儒學的正統化，理性優先的原則也不斷被強化，而感性的欲求則一再被貶抑。到宋明理學，這一關係更趨極端。理學家將感性的欲求稱之為「人欲」，並賦予它以惡的品格：「人欲者，此心之疾　　，循之則其心私且邪。」（朱熹〈辛丑廷和奏劄（二）〉，《朱文公文集》卷十三）作為邪惡的本性，人欲與天理不可並立，二者為截然對立的關係。而所謂天理，不外是理性原則的形而上化。既然人欲與天理無法相容，結論便只能是「滅人欲」。「是以聖人之教，必欲其盡去人欲而復全天理。」（〈朱熹答陳同甫〉，《朱文公文集》卷三六）理學家對理欲關係的這種理解，顯然將儒學關於理性優先的原則進一步片面化了。一般而論，人固然應當超越感性層面而達到理性的昇華，但如果僅僅注重理性精神的發展而無視乃至抑制感性生命的充實，則理性的精神境界亦不免趨向抽象化和玄虛化。在「純乎天理」的精神世界中，理性的豐富內涵已為抽象的道德律令所取代，而主體的創造活力也為「存天理」所抑制。

　　理性從一個方面體現了人的普遍本質，感性則更多地關聯著人的個體存在，突出理性的要求同時意味著強化人的普遍本質和漠視人的個體存在。正是從「存天理，滅人欲」的前提出發，理學家得出了「餓死事極小，失節事極大」（《二程集》頁301）的非人道結論。因為「守節」是對天理的維護，而生死只涉及個體的存在。相對於「天理」的要求，個體的存在似乎微不足道，在「餓死事極小」的冷峻律令中，包含著對個體存在價值的極度貶抑。

　　在理欲關係上，墨家的價值取向與儒家有所不同。如前所述，墨家崇尚功利的原則，而所謂「利」，往往又被還原為感性要求的滿足：「衣食者，人之生利也。」（《墨子‧節葬》）「利，所得而喜

也。」（《墨子・經上》）這裏的「喜」便是與豐衣足食相聯繫的感性愉悅。從社會範圍看，功利原則的實現，同樣以「饑者得食，寒者得衣」（《墨子・尚賢》）為基本的表現形式，衣食所滿足的，不外是人的感性需要。在墨家那裏，功利原則與感性原則是融合為一的。相對於儒家由理性優先而走向「存理滅欲」，墨家對感性要求的注重，自然有其不可忽視的意義。作為現實的主體，人既有理性的普遍本質，又表現為感性的生命存在。停留於感性的層面，固然難以使人成為自為的主體，但忽視了感性的存在，同樣也將使人變得片面化。墨家對感性要求的肯定，顯然有助於抑制理性的過度僭越。

然而，墨家在確認感性原則的同時，對人多方面的精神需要，往往又不免有所忽視，在其「非樂」的主張中，便不難看到這一點。「樂」泛指藝術審美的活動。按墨家之見，這種活動不僅不能給人帶來現實的利益，而且會妨礙人們獲得衣食之資：「民有三患：饑者不得食，寒者不得衣，勞者不得息。三者，民之巨患也。然即當為之撞巨鍾，擊鳴鼓，彈琴瑟，吹竽笙，而揚干戚，民衣食之財，將安可得乎？」（《墨子・非樂上》）這裏固然有反對統治者沉溺於聲樂的一面，但同時也有為強化感性需要而抑制以審美形式表現出來的精神追求之意。較之維護人的感性存在，墨家對理性精神的昇華，確實注意不夠。現實功利所帶來的感性愉悅（「利，所得而喜也」），往往使主體的理性追求未能獲得合理的定位，它在另一重意義上蘊含了「理」與「欲」的緊張。

與義利關係上儒家的道義原則成為主導的價值趨向一致，在理欲關係上，理性優先的原則也逐漸取得了正統的形態。儘管歷史上不少思想家反對將「理」與「欲」加以對立，但在傳統價值系統中，二者的統一併未真正達到。

第四節　人格理想與價值目標

　　感性存在與理性本質的辨析，都以人為對象，其中內在地涉及到人格的設定。完美的人格應當具有什麼樣的規定？正是在這一問題上，傳統價值觀念得到了更集中的反映。不同的價值目標正是通過人格理想表現為各種具體的形態。

一　「內聖」的追求

　　人格的完善，是儒家基本的價值追求。儒家所謂「為己」、「成己」，其內在旨趣不外是在人格上達到理想的境界，而儒家的價值理想，也最終落實於人格理想。

　　儒家注重的是人格的內聖規定。「內聖」首先表現為善的德性，而善又以廣義的仁道精神為其內容。原始儒學以「仁」為核心。「仁」既體現了人道的原則，同時又為理想人格提供了多重規定。從正面來說，仁德總是表現為對人的尊重、關心，真誠相待。孔子曾把「恭、寬、信、敏、惠」視為仁的具體內容（《論語·陽貨》），這些條目同時從不同方面展示了內聖的品格。後來儒家一再強調的仁、義、禮、智、信等等，也可以視為人格的內在規定。與正面確立仁德相聯繫的是「克己」，後者在另一意義上體現了仁，即所謂「克己復禮為仁」（《論語·顏淵》）。「成己」是以仁來塑造自我，「克己」則是以仁來淨化自我，亦即《大學》所謂「正心、誠意」，二者從不同方面指向善的德性。

　　除了仁德之外，人格還包括「知」的規定。在儒家那裏，仁與知總是聯繫在一起的。「未知，焉得仁？」（《論語·公冶長》）而內聖在某種意義上即表現為仁與智的統一。「仁且智，夫子既聖矣。」（《孟

子·公孫丑上》）「知」是一種理性的品格，按儒家的看法，缺乏理性的品格，主體往往會受制於自發的情感或盲目的意志，從而很難達到健全的境界。只有通過理性昇華，才能由自在走向自為，形成完善的人格，並賦予行為以自覺的性質。從先秦儒家到宋明理學，都把理性自覺看做是成聖的必要條件。《大學》強調「欲修其身者，先正其心；欲正其心者，必誠其意；欲誠其意者，先致其知」，便概括地表現了儒家的這種思路。如果說，在天人關係上，儒家著重突出了人道原則，那麼，在人格境界上，儒家則把作為人道核心的「仁」與理性融合為一，從而體現了人道原則與理性原則的統一。

　　人格的理性規定與理欲之辨上的理性優先相聯繫，使儒家形成了一種理性主義的價值傳統。不過，在突出理性原則的同時，儒家往往又將其涵蓋於仁道之下，孔子就把「知」主要理解為「知人」。所謂知人，不外是對社會人倫的體察。孟子更明確地指出：「仁之實，事親是也；義之實，從兄是也；智之實，知斯二者弗去是也。」（《孟子·離婁上》）依據這種界定，「知」的功能便在於把握仁義等當然之則，並在行為中自覺加以貫徹。也就是說，理性的作用主要限於道德實踐的領域，而理性本身也取得了某種倫理化的形式。事實上，在儒家那裏，理性優先即是道德理性優先，是倫理性的優先。這種看法注意到德性對理性的制約，它對於避免理性走向歧途，抑制人格的異化，有其不可忽視的意義。

　　然而，理性的倫理化同時也意味著理性的狹隘化。與確立倫理性的主導地位相應，對事實的認知往往被置於邊緣的地位，「知人」往往壓倒「知物」。孔子強調「君子不器」（《論語·為政》），固然含有人格不能偏向一端之意，但同時也流露出對認知理性或技術理性的輕視。這種輕視在宋明理學中表現得更為明顯。理學家對「德性之知」與「見聞之知」作了嚴格區分。所謂「見聞之知」，泛指基於感性見

聞的事實認知，與之相對的「德性之知」則主要是與分辨善惡相聯繫的道德評價。在理學家看來，見聞之知乃「物交而知」，它對人格的完善沒有什麼意義；惟有德性之知，才構成人格的真正本質。從這一前提出發，理學家對道德理性之外的事實認知往往採取貶抑的態度：「大端惟在復心體之同然，而知識技能非所與論也。」（《王陽明《傳習錄》中）這種看法不僅忽視了人格的多方面發展，而且使理性原則變得片面化了，它使認知理性或技術理性始終難以得到應有的地位。

　　從人格取向看，儒家在「內聖」之外又講「外王」。所謂外王，是指治國平天下的事功。儒家的某些代表人物甚至還把「外王」提到十分引人注目的地位，如荀子便認為，理想的人格應當具有「經緯天地而裁官萬物」的本領，但就儒家總的價值趨向而言，「內聖」始終處於主導地位，外王事功不過是其邏輯的必然結果。《大學》提出「修身、齊家、治國、平天下」的思想，修身旨在達到內聖之境，治國平天下則屬廣義的外王，而「壹是皆以修身為本」的綱領，便使內聖具有了本體的地位。在理學家那裏，內聖進一步壓倒了外王。理學家將「醇儒」視為理想的人格典範，而醇儒的特點即在於到達了「懲忿窒欲，遷善改過」的內聖境界，與之相對的則是外在的事功。「向內便是入聖賢之域，向外便是趨愚不肖之途」（《朱子語類》卷一一九）。這種內向要求，多少弱化了理想人格的實踐品格。

　　儒家將「仁」與「知」規定為理想人格的雙重品格，由此而確認了仁道原則與理性原則的統一。就其深層內涵而言，「仁」表現為一種完美的德性，「知」則是指在德性制約下的倫理理性或道德理性，二者從不同方面展示了「善」的品格。這樣，走向內聖之境，總體上便表現為一種善的追求。

二　「逍遙」的境界

　　相對於儒家之注重「善」，道家更多地賦予理想人格以「真」的品格，其人格典範也被稱之為「真人」。與天人關係上突出自然原則相應，人格上的真，首先表現為合於自然。「不以心捐道，不以人助天，是之謂真人。」（《莊子‧大宗師》）所謂「不以心捐道」，也就是順從與遵循自然之道。在道家看來，理想人格並不是自然的對立物，相反，它總是融入天地之中，與萬物為一體，所謂「天地與我並生，而萬物與我為一」（《莊子‧齊物論》），便強調了這一點。當然，這種「為一」，並不是一種本體論意義上的存在狀態，而更多的是一種精神境界。在這種境界中，主體不再把自然視為異己的對象，而是不斷地化解與自然的緊張和對立，使小我與宇宙大我達到內在的統一，「獨與天地精神往來，而不傲倪於萬物」（《莊子‧天下》）。正是在與自然的契合中，人格達到了一種逍遙之境。道家的這種看法固然帶有抽象的性質，但同時也多少注意到了理想人格應當是一種自由人格，而人格的自由之境又以合規律性為前提。

　　作為人格境界，「真」與「偽」相對。道家心目中的理想人格總是「其知情信，其德甚真」（《莊子‧應帝王》）。這裏的「德」，並不是儒家的仁德。在道家看來，以仁德規定人格總是不免走向外在的矯飾：「技於仁者，擢德塞性以收名聲。」（《莊子‧駢拇》）這種人格顯然背逆了自然之道而趨於虛偽化。道家對仁義作了種種抨擊，從人格理想的角度看，這種批評同時也表現了對德性虛偽的不滿。與外在的矯飾相對，完善的人格應當如明鏡一樣顯示其本真的品格：「至人之用心若鏡，不將不迎，應而不藏。」（《莊子‧應帝王》）就是說，「與道為一」的精神境界，應當以本然的、真實的形態出現，它既不應迎合他人以獲得外在的讚譽（「收名聲」），也不有所執著（「不藏」），總

之，內在品格與外在表現應當完全一致。「真在內者，神動於外；是
所以貴真也。」（《莊子‧漁夫》）一般來說，德性一旦虛偽化，便會
導致內在之「我」（內在的人格）與外在之「我」（人格在社會中的展
現）的分裂，亦即形成二重人格。人格的這種二重化，實質上也就是
人格的異化。道家對「仁」的批評，固然忽視了人格的德性內涵，但
其「貴真」的價值取向，對於人格的異化，無疑也有某種抑製作用。

　　人格作為真實的我，總是有其個性特徵。道家以本真的人格揚棄
仁德的矯飾，同時意味著確認人格的個體品格。莊子曾說：「吾所謂
藏者，非所謂仁義之謂也，在其性命之情而已矣。」（《莊子‧駢
拇》）這裏的「藏」是指善。按道家的看法，人格的追求並不表現在
以普遍的仁義規範來塑造自我，它的旨趣在於尊重自我的個性，並使
之得到真實的流露。所謂「貴真」，便包含著「天下欣欣焉，人樂其
性」（《莊子‧在宥》）的要求，「人樂其性」就是通過個性認同而達到
的人格境界。在人格取向上，儒家更多地將德性理解為仁義等普遍規
範的內化，其基本的人格模式是「聖人」。這種看法多少蘊含著人格
的單一化或劃一化趨向。相對來說，道家「人樂其性」的主張，對人
格的個性規定則予以了較多的關注。道家以「任其性」否定普遍規範
對人格的制約當然有其片面性，但它將「貴真」與尊重個性聯繫起
來，顯然又有助於人格的多樣化發展。

　　儒家將德性與理性融合為一，以「內聖」為人格目標，這種價值
追求是中國傳統文化的主導方面。按其本義，「內聖」主要表現為一
種道德理想，以「內聖」為追求的目標，即意味著將倫理學意義上的
「善」視為最高價值。這種價值觀對中國傳統文化產生了多方面的影
響，從傳統政治結構到個體行為，都在不同程度上包含著某種倫理化
的傾向。這種價值觀念對精神境界的昇華固然不無積極意義，但如前
所述，倫理價值的過度強化，同時也有其負面的效應。就社會領域來

說，在道德的完善成為主要目標的背景下，政治結構的變革（包括法制的有效運作）往往很難得到應有的重視；就人與自然的關係而言，在道德關注壓倒一切的前提下，對自然的認識與作用往往被置於視野之外。由此同時又形成一種重道（廣義的「道」，包括道德理想）輕器（包括社會及自然領域的具體對象）的傳統。可以看到，以德性對理性的支配為出發點，善的追求與「道」的涵蓋相互交錯，構成了傳統價值體系的顯著特點。

　　總起來看，中國傳統的價值觀呈現為一個頗為複雜的系統，它既涉及多重價值關係，又交錯著人們對價值關係各個方面的不同側重和強化，而儒、道、墨等各家各派則從理論的層面，對價值觀作了自覺的概括，並提出一系列基本的價值原則。它們既從不同方面反映了人們在歷史演化過程中的文化追求，又滲入了多樣的價值理想，並規範著人們的行為。傳統價值系統給我們留下的是一份具有雙重意義的遺產，我們既不能簡單地全盤否定，也不能無批判地將其中的某些價值原則現成地拿過來。而在更高的基礎上化解天與人、自由與必然、群與己、義與利、理與欲等等的緊張，揚棄人道原則與自然原則、群體原則與個體原則、道義原則與功利原則、理性原則與感性原則的對立，重建真、善、美統一的價值理想，則是中國人在走向現代的歷史進程中所面臨的時代課題。

參考文獻

張岱年、程宜山　中國文化與文化論爭　北京市　中國人民大學出版
　　　　社　1990年
張豈之　中華人文精神　西北大學出版社　1997年

思考題

1 價值觀在中國傳統文化中具有何種地位？

2 天人之辨的價值觀內涵是什麼？

3 如何理解儒家的群己關係論？

4 傳統義利之辨有何現代意義？

5 儒道的人格學說分別代表了何種價值取向？

第十八章
中國傳統文化向近代的轉變

第一節 中國傳統文化的危機

一 民族危機與文化危機

從漢武帝「罷黜百家，獨尊儒術」起，儒學在意識形態領域取得了統治地位，並成為傳統文化的核心。以後，隨著時間的推移和社會的變遷，中國傳統文化，主要是儒家文化，也發生了一系列變化。例如魏晉時，它吸收老、莊，形成玄學；宋明時，又吸收佛學，形成理學，等等。但是，在兩千多年的封建社會中，它無論怎樣變化，都沒有超出封建地主階級意識形態的範圍，其基本精神和特點沒有改變，也沒有發生過危機。

在長期封建社會歷史上，漢民族曾經歷過幾次嚴重的民族危機，例如，蒙古族推翻南宋政權，建立元朝；滿族入主中原，建立清朝。當少數民族入主中原時，漢民族產生了強烈的民族危機感，但是，並沒有因此而產生文化危機感。以明清之際來說，當時具有強烈民族意識的知識分子如王夫之、黃宗羲、顧炎武等人，在清朝初年，站在漢民族立場上，認為明清間的鼎革不僅是「亡國」而且是「亡天下」，表現出強烈的民族危機感。他們並且從文化上探尋明朝滅亡的原因，指出明朝實際上是亡於「束書不觀」、「遊談無根」的理學末流，但是他們並沒有因此就對儒家文化產生危機感。相反，他們認為，明末之所以學風空疏，是因為喪失了儒家經世致用的精神，要糾正這種弊

端，只要恢復經世致用的精神就可以了。這就是說，他們對於儒家文化仍然篤信不疑，認為文化方面出現的問題，總可以在傳統文化的範圍中調整解決。

儒家文化的這種穩定性，源於中國封建經濟結構和政治制度的穩定性。在鴉片戰爭以前，這種經濟結構和政治制度沒有受到過有力的衝擊，更沒有從內部發生動搖，因此作為這種經濟結構和政治制度的反映的傳統文化就不會發生危機。

鴉片戰爭改變了這種狀況。

爆發於一八四〇年的中英鴉片戰爭不同於以往發生過的任何一次戰爭。當時的英國是一個典型的資本主義國家，它已經在世界上建立起龐大的殖民主義體系，鴉片戰爭就是英國為了向亞洲擴張而發動的一次殖民主義戰爭。由此而引起的中華民族的危機是極為深刻的：中華民族不僅遇到了通常意義上的「亡國」、「亡天下」的民族危機，而且遇到了封建經濟結構和政治制度解體的危機，以及與之相聯繫的傳統文化的危機。

從廣義文化的視角來看，中國近代的民族危機根本上就是一種文化危機。

從鴉片戰爭開始，「進行國際貿易和戰爭的西方」向「堅持農業和官僚政治的中國」發起全面挑戰[1]。就形式來說，有軍事的，經濟的，政治的，文化的，而所有這些形式的挑戰實際上都包含著西方的價值觀向中國傳統的價值觀的挑戰，由此就引起了中國傳統價值觀的危機，也就是傳統文化的危機。

出現了危機，傳統文化就不能不發生變化，而且這種變化已不可能按照原來的軌道來進行，因為客觀歷史條件已經發生巨大的變化。

1　費正清編：《劍橋中國晚清史》（北京市：中國社會科學出版社，1985年），頁2。

　　鴉片戰爭以後，由於西方資本主義勢力的侵入，中國開始淪為半
殖民地半封建社會，小農業和家庭手工業相結合的封建經濟逐步遭到
破壞，建立在這個經濟基礎之上的封建專制制度也隨之發生動搖。而
作為封建經濟和政治的反映並反轉過來為之服務的傳統文化，已不能
有效地回答和解決社會所面臨的問題，這就迫使傳統文化不能不革
新，以適應新的社會形勢——新的經濟成分即資本主義經濟成分逐漸
發展和新的階級即資產階級不斷成長的新形勢，這樣，傳統文化就向
資產階級新文化的方向轉化了。另一方面，隨著西方殖民主義者的侵
入，西方文化也隨之湧入。西方文化即資本主義文化，它在中國人面
前表現出即野蠻又先進的雙重性格。當這種文化和中國傳統文化碰撞
時，就顯出中國傳統文化的種種弱點和弊端，這就迫使傳統文化不能
不向西方文化學習，因為按照文化交流的一般規律，總是落後文化向
先進文化學習。於是，中國文化就開始擺脫以往的隔絕狀態而走向世
界了。

　　因此，可以說，鴉片戰爭所引起的文化危機是中國傳統文化走向
近代的重要契機。

二　從「開眼看世界」到「師夷長技」

　　中國人對於西方世界和西方文化的認識，正規地說，是從鴉片戰
爭開始的。在鴉片戰爭以前，中國人對於西方世界瞭解得極少。以林
則徐為例，他在奉旨到廣州查禁鴉片時，連英國、美國的地理位置都
不清楚。他還沿襲以往的謬說，認為西方「夷人」習慣吃牛羊肉磨的
肉粉，必須飲服中國的茶和大黃來「消食」。林則徐是一位著名的講
求經世致用的封疆大吏，但是，作為一個以自給自足的自然經濟為基
礎的泱泱大國的封疆大吏，他（以及他的同僚和道光皇帝）所關注的

只是中國的內部事務及邊疆事務，而不關心、似乎也沒有必要關心遙遠的外國事物。

但是鴉片戰爭以後不同了，因為這場戰爭開始把中國捲入世界資本主義經濟體系中，並成為其附庸，這就迫使中國人不能不關心資本主義世界的事物了。

當一八三九年春天，林則徐在廣州查禁鴉片走私時，他才開始認真研究英國以及其它西方國家的情況。他組織人員搜集有關英國的情報，並主持編譯了《四洲志》。這部書是根據英國人慕瑞的《地理大全》編譯的，它介紹了世界五大洲三十多個國家的地理、歷史、政情、風俗。這部書是近代中國第一部向國人系統地介紹世界地理的著作，它打開了中國人的眼界。從這個意義上說，它是中國人睜眼看世界的起點，而林則徐則是睜眼看世界的第一人。

繼林則徐之後，魏源編成《海國圖志》一百卷，這是一部規模宏大的世界史地著作。此外，姚瑩寫成《康紀行》，徐繼畬編成《瀛寰志略》，何秋濤著成《朔方備乘》，梁廷寫成《海國四說》，等等。這些著作，有的是關於世界地理歷史的，有的是關於中外關係的，它們表現出近代中國人最初的世界意識。

魏源等睜眼看世界的先進人物，從其所接觸到的西方文明中，敏銳地認識到西方有自己的文明體系，不可以「夷狄」視之。魏源指出：在遠客之中，有明禮行義、上通天德、下察地理、旁徹物情、貫串古今者，是瀛海奇士、域外良友，不可稱為「夷狄」。[2]他將「夷狄」的概念重新作暸解釋，不再簡單地以國界和種族來區分是否為「夷狄」，而以文明發展的程度來區分。這雖然不科學，卻是一個歷史性的進步，它表明先進的中國人開始擺脫盲目自大的民族心理，而

2　魏源：《海國圖志‧西洋人瑪姬士〈地理備考〉序》，〔清〕光緒二年魏光燾平慶涇固道署重刻。

以一種健康的民族心理去對待其它民族。一旦有了這樣的態度，也就容易發現其它民族的長處，產生學習其它民族長處的願望，就有學習世界先進文化的要求了。

鴉片戰爭時期，中國人所看到的還僅是西方的物質文明，並且主要是堅船利炮，因此最初所表現出來的學習西方的意向也主要是仿造船炮。據統計，在鴉片戰爭結束之後，有六十多個大臣建議仿造船炮，道光皇帝也多次發佈諭令，於是清廷上下掀起一陣仿造船炮的熱潮，雖然為時不長。「天朝上國」的皇帝，過去是看不起「西夷」的，這時卻不得不承認「西夷」的船炮比中國的厲害，並諭令仿造，這是一種觀念的重大轉變。但是很遺憾，道光沒能再前進一步，把仿造船炮上陞為學習西方的一般原則而使其具有普遍意義。

倒是學者魏源，在他的《海國圖志》中，從學習西方的軍事技術的要求中，概括出一個具有普遍意義的命題——「師夷長技以制夷」，並且提出了比較系統的學習西方軍事技術和民用科學技術的具體主張。他建議：一、建立造船廠和火器廠，聘請法國人和美國人當指導，仿造西洋船艦火器，以及量天尺、龍尾車、風鋸、水鋸、火輪機、火輪車、自來火、自轉礁、千斤秤等各種民用器具。二、在科舉考試中增加水師科，對於能製造西洋船艦、火輪舟、飛炮、火箭、水雷、奇器的人，授予科甲出身[3]。魏源的建議具有離經叛道的意味：聘用外人，仿製洋器，這背離了「用夏變夷」的傳統，而墮入「用夷變夏」的「歧途」；掌握製造技術的工匠可以獲得科甲出身，這違背了儒家「重政輕藝」、「重本輕末」的傳統，破壞了八股取士的科舉制度。因此，當時就有人批評「師夷長技」的建議是過於「失體」了[4]。

3　魏源：《海國圖志・籌海篇・議戰》。

4　梁廷：《夷氛聞紀》（北京市：中華書局，1959年），卷5。

　　但是，魏源「師夷長技」的主張卻具有重要意義。它表明十九世紀四〇年代先進的中國人從中西文化的最初撞擊中，破天荒地發現了在至高至善至美的傳統文化中也存在著不足，而一向被認為粗鄙的「夷人」卻有某些「長技」，傳統文化的不足正需要用「夷技」來彌補和糾正。這是一種深刻的文化觀念的變化，它推動了中西文化的交流融會，開始了中國文化近代化的歷程。

第二節　中國文化走向近代的艱難歷程

　　中國文化從傳統走向近代的歷程是和中國近代經濟、政治的變化以及中國人對西方文化的認識水準密切聯繫的，它大體上經歷了物質層面的文化變革、制度層面的文化變革和觀念層面的文化變革三個階段。當然，這種階段劃分只具有相對的意義，它並不是說，在某個階段中只有某一特定層面文化的變革，就完全沒有其它層面文化的變革，而是說在某個階段中某種層面文化的變革居於主要地位。

一　物質層面的文化變革

　　中國文化的近代化從十九世紀四〇年代林則徐主持編譯《四洲志》和魏源提出「師夷長技」的口號就開始了，但直到六〇年代才形成頗有規模的近代化運動，中國文化才發生明顯變化。

　　十九世紀六〇年代，清政府搞起一場改革運動——洋務運動。這個運動的指導思想是「中體西用」。這種思想可以追溯到魏源「師夷長技」的主張，而最先對此作比較系統的理論說明的是早期改良主義者馮桂芬。馮於一八六一年寫成《校邠廬抗議》一書，論述了學習西方的必要性、緊迫性和可行性，並就如何處理中西文化關係問題發表

了原則性的意見：「以中國之倫常名教為原本，輔以諸國富強之術。」[5]這個意見成為三十年洋務運動的綱領，它後來被概括成「中學為體，西學為用」這種更簡明的說法。這個綱領在政治上企圖以西方資本主義的先進技術來鞏固衰老的封建制度，在文化上企圖以西方近代科技思想來彌補儒學的不足。

所謂西技就是西方近代的自然科學和工藝技術。它產生於十五世紀後半葉的歐洲，當時新興的資產階級迫切要求發展自然科學，以便為資本主義社會生產力的發展提供理論和更新技術，而自然科學的發展又為資產階級反對經院哲學的鬥爭提供了思想武器。它既標誌著社會生產力的發展，也反映新興資產階級世界觀的變化。因此，近代科學技術本質上屬於資本主義和資產階級，而不屬於封建主義和貴族、地主階級，它是世界近代化的根本動力。洋務派和早期改良派企圖用西方科技思想來糾正和彌補儒家文化的不足，這就不自覺地把中國文化引向了近代化。

從十九世紀六〇至九〇年代，洋務派興辦了一批近代軍事工業和民用工業，與之相聯繫，文化領域也發生了重大變化，這就是大量引入西方科學技術知識，形成中國近代第一次譯介西學的高潮。據梁啟超在《西學書目表》中統計，到一八九五年，共翻譯西學書籍三五四種（不包括宗教類），其中大部分是科學技術書籍，也有少量史地、政法類書籍。所翻譯的自然科學書籍已包括數學、物理、化學、天文、生物、醫學等門類，所翻譯的技術書籍包括兵工、造船、鐵路、化工、礦山、冶金、紡織、印刷等門類[6]。

洋務運動時期，還興辦了一批新式學堂。新式學堂仿照西方的學

5　馮桂芬：《校　廬抗議‧採西學議》，〔清〕光緒二十四年北洋官書局石印。
6　梁啟超：《西學書目表》（上海：《時務報》館石印，清光緒二十二年）。

制和分科教學體系，將數學、物理、化學、博物等自然科學引入課堂，大大普及了自然科學知識。西方科學技術的引進和傳播，衝擊和動搖了儒家文化的傳統價值取向和思維習慣，有助於近代科學的世界觀和方法論在中國的傳播和發展。

二　制度層面的文化變革

十九世紀七〇至八〇年代，早期維新派逐漸從洋務派中分化出來。他們與洋務派的主要不同之點在於他們主張不僅在物質層面，而且要在制度層面上學習西方文化，即從學習「西技」發展到學習「西政」。他們傾慕西方的議會制度，並且希望仿傚。這種維新思想到甲午戰爭時已形成廣泛的社會思潮。

維新派主張在中國實行君主立憲制度，他們的文化宣傳也是圍繞著這個主題進行的。他們宣傳西方資產階級的政治學說，鼓吹君主立憲，提倡民權，批判封建專制主義，從而形成中國近代第一次思想解放的潮流。他們辦報紙，立學會，創辦新式學堂，使文化教育的面貌為之一新。資產階級的新學術——哲學、歷史學、經濟學、文學理論等已經萌生，「詩界革命」、「文體革命」、「小說界革命」、「戲劇革命」等相繼而起，中國的資產階級新文化初步創立起來。

維新派的代表人物是康有為、梁啟超、嚴復等。嚴復曾經留學英國，具有深厚的西學修養，他大力宣傳西方資產階級的政治學說，並於一八九八年翻譯出版了宣傳達爾文進化論的《天演論》。此後進化論風靡中國文化思想界。但相對說來，嚴復所輸入的西學的影響主要是在二十世紀初年，而在戊戌變法維新時期，康、梁的影響更大。

康有為和他的學生梁啟超是當時的風雲人物。他們和嚴復不同，並不直接從事引進西學的工作，而是努力創造一種「不中不西、即中

即西」的文化，其主要方法是用西學來解釋中國的傳統文化。例如，康有為說：「若夫泰西立國之有本末，重學校，講保民、養民、教民之道，（設）議院以通下情，君不甚貴，民不甚賤，製器利用以前民，皆與吾經義相合，故其致強也有由。吾兵、農、學校皆不修，民生無保、養、教之之道，上下不通、貴賤隔絕者，皆與我經義相反，故宜其弱也。」[7]照此說來，西方的經濟制度、教育制度和政治制度是符合儒家經義的，而清朝的經濟制度、教育制度和政治制度反倒不符合儒家經義。顯然，康有為這裏所說的「儒家經義」，已不是傳統意義上的儒家經義，而是體現著資產階級的經濟觀念、教育觀念和政治觀念的「儒家經義」。實際上，康有為企圖用「託古改制」的辦法來變革現實，他所宣揚的儒學已不再是傳統意義上的儒學，而是一種「儒表西里」的新儒學，一種體現著資產階級思想和觀念的「儒學」，故又稱「新學」。

康有為和梁啟超等所創造的這種「不中不西、即中即西」的文化，是戊戌時期新文化的主流。它是那一特定歷史環境的產物：第一，在甲午戰後，新興的資產階級與封建勢力相比，力量還弱小，它在政治上雖然有變封建制度為資本主義制度的願望和要求，卻不敢也不能夠同封建制度徹底決裂；在文化上，它有破除封建地主階級文化、建立資產階級新文化的願望和要求，卻不敢也不能夠同封建文化徹底決裂，不能不借助於古代文化的舊形式來表達新思想。第二，資產階級維新派的新思想、新觀念主要不是他們自己在新的社會歷史條件下獨立創造出來的，而是從西方引進來的，他們的認識瞭解還十分膚淺，因此不能不通過傳統文化來為外來文化找到民族化的表達形

7　康有為：〈保國會上講演辭〉，《戊戌變法》資料叢刊（上海市：神州國光社，1953年），冊4，頁409。

式。第三，在十九世紀六〇至九〇年代，西學傳播的水準還比較低，輸入的主要是「西藝」──西方近代科學技術，而很少「西政」──西方近代社會政治學說，梁啟超描述戊戌維新時期的文化思想狀況說：「蓋當時之人，絕不承認歐美人除能製造、能測量、能駕駛、能操練之外，更有其它學問，而在譯出西書中求之，亦確無它種學問可見。康有為、梁啟超、譚嗣同輩，即生育於此種『學問饑荒』之環境中，冥思苦索，欲以構成一種『不中不西、即中即西』之新派，而已為時代所不容。」[8]這就從文化背景上說明了「『不中不西、即中即西』之新派」，即「託古改制」之維新派產生的必然性。

由於以上原因，戊戌時期的新文化，無論在內容上還是形式上，都帶有古色古香，不能完全從封建主義的舊文化中脫胎出來。

這種情況到二十世紀初年發生了很大變化。戊戌政變失敗後，特別是一九〇〇年八國聯軍之役以後，革命思潮逐漸取代維新改良思潮而成為時代的主潮，以國內新式學堂師生和留日學生為主體的新式知識分子群體開始形成，他們無論傾向革命還是主張改良，都對西方的政治學說發生了強烈興趣，並且成為輸入西學的主力，掀起了一個譯介西方社會政治學術著作的熱潮。據《譯書經眼錄》記錄，在二十世紀初年翻譯的書籍中，有自然科學類一六四部，占總數的百分之十九點六；社會科學類三二七部，占百分之六十點九。而據《東西學書錄》記錄，在一九〇〇年以前翻譯西學書籍中，有自然科學類四三七部，占總數的百分之七十五點三；社會科學類僅八十部，占百分之十三點九。比較這兩組統計數字，就可以看出，在制度層面變革中國文化的要求和努力主要發生於二十世紀初年，即辛亥革命的準備時期。在這一時期，一批著名的西方社會科學著作被翻譯出版，如：《路索

8　梁啟超：《清代學術概念》（北京市：東方出版社，1996年），頁88。

民論》（楊廷棟譯，即盧梭的《民約論》），《培根文集》，孟德斯鳩的《法意》（嚴復譯，即《法的精神》），穆勒的《自由原理》（馬君武譯，另有嚴復譯本，名《群己權界論》），《穆勒名學》（嚴復譯），斯賓塞的《社會學原理》（嚴復譯，譯名為《群學肆言》），甄克思的《社會通詮》（嚴復譯），《美國獨立檄文》（即《美國獨立宣言》）等。

在這一時期，許多思想家、宣傳家已不借助傳統文化的舊形式來表達自己的思想，鄒容的《革命軍》，陳天華的《獅子吼》、《猛回頭》，孫中山的許多論著，以及革命派發表在報刊上的大量時論，都是用鮮明的時代語言來表達資產階級的新思想（國粹派等少數人例外）。無論在內容方面，還是在形式方面，資產階級新文化都有了更加獨立的形態。二十世紀初年的新文化在中國近代文化史上佔有重要地位，它為辛亥革命作了思想上的準備。

三　觀念層面的文化變革

辛亥革命後，建立起資產階級民主共和國——中華民國。這是一場制度革命的勝利，以後，雖然發生了袁世凱和張勳兩次復辟，但是都很快失敗了，這表明共和觀念已深入人心。但是，復辟的事實又從另一方面說明，僅有制度層面的變革是不夠的，它不能鞏固，「立憲政治而不出於多數國民之自覺」是不會成功的[9]。基於這樣的認識，陳獨秀、李大釗等人掀起了以改造國民性為主要目的的新文化運動。中國的文化變革也就進入觀念層面近代化的階段。

新文化運動的先驅者們認為，國民性的改造歸根結底是革除舊的

9　陳獨秀：〈吾人最後之覺悟〉，《獨秀文存》（上海市：亞東圖書館，1933年），頁54。

　　價值觀念和道德觀念，建立新的與共和制度相適應的價值觀念和道德
觀念。這種新的價值觀念和道德觀念的根本之點就在於「重人的價
值」，樹立「獨立人格」。為此目的，他們提出三個響亮的口號：個性
主義、科學、民主。

　　個性主義，或稱個人主義，是新文化運動的一塊基石。

　　近代啟蒙的根本含義是人性的覺醒、個性的解放、人格的獨立。
中國從十九世紀末開始的啟蒙運動（戊戌啟蒙）並沒有抓住這個主
題。那時，在民族危機的刺激下，興起的是一場以救亡圖存為目的，
以制度改革為主旨的政治啟蒙運動，它對於個性解放並不很關注。
「天賦人權」的呼喊和「新民」的鼓吹，是在二十世紀的頭一個十
年，但是卻被淹沒在政治論戰和武裝革命的波濤中。只是到了新文化
運動時期，才把喚醒「國民之自覺」作為根本任務。所謂「國民之自
覺」，即使大多數國民「完成其自主自由之人格之謂也」[10]。我們從那
時「打倒孔家店」的口號、婦女解放的潮流、「我怎樣想就怎樣寫」
的白話文運動，從魯迅批判「吃人禮教」的小說《狂人日記》和郭沫
若感情「自然流瀉」的詩歌《女神》中，都能聽到個性解放的強烈呼
喊，並感受到它的深刻影響。

　　與鼓吹個性解放同時，「科學」與「民主」的口號也響徹雲霄。
科學與民主不是「五四」新文化運動時才提出來的，早期維新派就已
朦朧地提出了這種要求。戊戌維新時叫做「格致」和「民權」。到二
十世紀初年，科學與民主已成為強勁的社會思潮。新文化運動時提出
的科學與民主的口號，是繼承以往的科學和民主思想而來的，但亦有
重要的不同。以往提倡科學與民主，其目的不是要人們樹立科學與民
主的態度，也就是說，並不著眼於改造人的心理素質，而主要著眼於

---

10 陳獨秀：〈敬告青年〉，《獨秀文存》，頁3。

富國強兵和改造社會制度。那時先進人物的思想邏輯是：科學與民主能夠使國家富強，而只有改變專制制度才能保證民主的實行和科學的發展，因此首要任務是改變社會制度。那時，最有影響的是康有為的君主立憲思想和孫中山的共和革命思想，其主旨都是要盡快在中國建立起民主政治制度來。

「五四」新文化運動時期的形勢不同了，當時所面臨的主要任務是如何鞏固共和制度，新文化運動的先驅者們認為這就需要提高國民覺悟，而提高國民覺悟的主要方法是培養國民的科學與民主意識。陳獨秀曾在《青年雜誌》創刊號上發表一篇闡述新文化運動宗旨的文章，其中寫道：「國人而欲脫蒙昧時代……當以科學與人權並重。」因此，他向青年提出「自主的而非奴隸的」、「科學的而非想像的」等六項人生準則[11]。這就是要青年樹立科學的人生觀和人生態度。當時胡適提倡實驗主義（或稱實用主義）也是出於這種目的。所謂實驗主義就是把自然科學的實驗方法普遍化，上陞為一種方法論，進一步又成為一種人生態度。

從個性解放的要求出發，樹立起科學和民主意識，於是就產生了新的價值觀念，這種新的價值觀念和道德觀念與傳統的以綱常名教為基礎的價值觀念和道德觀念是格格不入的。所以陳獨秀從這樣的視角批判儒學：「儒者三綱之說，為一切道德政治之大原」，乃是一種「奴隸道德」，它使為民者、為妻者、為子者都成為「附屬品，而無獨立自主之人格矣」[12]。

中國傳統文化是一種倫理型文化，而新文化運動正是要在倫理層面上改變舊文化，它把倫理的覺悟看成是「吾人覺悟最後之覺悟」，因此表現出十分激烈的反傳統情緒。傳統文化遭到了前所未有的批

---

11 陳獨秀：〈敬告青年〉，《獨秀文存》，頁10。
12 陳獨秀：〈一九一六年〉，《獨秀文存》，頁45。

判，而新文化也在倫理、心理層面展開了近代化的進程。這樣，中國文化從鴉片戰爭開始，到「五四」新文化運動，就大體實現了從傳統向近代的轉變。

第三節　中國文化從傳統走向近代的動因

中國傳統文化是經過幾千年的發展和沉積而成的，具有相當成熟、相當穩定的形態，但是到了近代，經過不到一百年時間，它就大體上轉變成為近代型文化。是什麼原因促成了它的轉型呢？

一　西方文化的衝擊

一些學者，特別是一些西方學者，非常強調西方文化「衝擊」的作用，他們認為，以儒學為核心的中國傳統文化是一個內部缺乏活力的惰性體系，它長期停滯不前，只有在西方文化的衝擊下，才被迫作出反應，被迫向近代轉變。這個理論模式通常稱作「衝擊──反應」論。如果僅從中西文化交流的角度來探尋中國文化轉型的原因，那麼這個理論模式是有一定道理的。

不容否認，中國傳統文化是在與西方文化長期隔絕的環境中發展的，它雖然沒有停滯不前，但卻發展緩慢，它的迅速變化是從鴉片戰爭以後開始的，這顯然是因為受到西方文化衝擊的結果。從「師夷長技」開始的物質層面文化的近代化，到制度層面文化的近代化，再到心理層面文化的近代化，每一步都留有西方文化的深刻影響。「衝擊──反應」理論正是肯定了這個事實，肯定了西方近代工業文明在促成中國和其它落後國家從前資本主義社會走向近代社會過程中的歷史性作用。

　　但是，這種理論的片面性也是非常明顯的。它只看到西方文化在中國走向近代化過程中所起的積極作用，只看到中國傳統文化在這一過程中所起的消極阻礙作用，而沒有看到中國傳統文化內部富有活力的那些因素也起了一定的積極作用，因此它不能全面正確地解釋中國文化近代化的歷程和動因。

二　傳統文化的內在活力因素

　　誠然，中國傳統文化落後於西方近代文化，當西方文化湧來時，它常表現出相當頑固的拒斥態度。但是它並不是只有拒斥的一面，在它的內部也存在著某些與西方近代文化相溝通、相銜接的因素，這些因素是富有活力的，它們在中國文化近代化的過程中也起了積極作用，並且經過轉型而成為中國近代新文化的有機組成部分。在這些富有活力的因素中，比較重要的有：

（一）經世思想

　　經世思想是儒家文化的基本精神之一。孔子在創立儒家學派時就提倡一種積極用世的精神，後世儒家繼承了這種精神，「修身齊家治國平天下」成為他們的座右銘，「修身」的目的就是「為了治國平天下」。但在不同時期、不同學派中，經世精神也有強弱顯隱的不同。以清代為例，清朝初年學風樸實，富於經世精神；中期，乾隆、嘉慶時，由於統治階級嚴厲箝制言論，知識分子只好把自己的聰明才智用於故紙堆中，致使經世精神隱而不彰；到鴉片戰爭前夕，清朝已經衰落，統治階級對社會輿論的控制能力大大減弱，社會問題叢生，於是經世思想再次抬頭，漸漸成為一種有影響的社會思潮。著名學者包世臣、龔自珍、魏源，封疆大吏賀長齡、陶澍、林則徐等，都是講究經

世學問的。他們致力於研究農政、刑名、河工、漕運、鹽法、戰守、
貨幣等實學。稍晚一些，曾國藩、李鴻章等人也都講究經世之學。在
經世思想的支配下，魏源提出「師夷長技」的主張，曾國藩提出：
「欲求自強之道，總以修政事、求賢才為急務，以學做炸炮、造輪舟
等具為下手工夫。」[13]對於魏源、曾國藩等人來說，把研究中國的實
學擴及到研究西方的實學，乃是一個自然的邏輯結論。

（二）變易思想

在中國傳統文化中存在著豐富的變易思想。儒家經典之一《易
經》就是一部專門講「變易」哲學的著作，它通過八卦推演，闡明瞭
萬物都是在陰陽兩種勢力的矛盾運動中變化發展的道理，對後世的影
響很大。近代中國人在鼓吹改革、變法時常常引用古代變易思想作為
根據。例如，早期改良主義者王韜說：「孔子聖之時者也，於四代之
制，斟酌損益，各得其宜，曰行夏之時，乘殷之輅，服周之冕，樂則
韶舞，誠使孔子生於今日，其於西國舟輪槍炮機器之制亦必有所取
焉。」[14]康有為則把《易經》中「窮變通久」的觀點發揮到了極至，
他說：「故新則和，舊則乖；新則活，舊則板；新則疏通，舊則阻
滯；新則寬大，舊則刻薄。自古開國之法，無不新，故新為生機；亡
國之法，無不舊，故舊為死機。」[15]中國傳統變易思想成了他「變
法」的理論根據。維新派還把傳統變易思想和從西方傳來的進化論結
合起來，建立起具有中國特色的進化學說。康有為的「三世」說就是

---

13 〈同治六年五月初七日〉，《曾文正公手書日記》（上海市：中國圖書公司影石印，
　　清宣統元年）。
14 王韜：〈杞優生易言跋〉，《弢園文錄外編》（北京市：中華書局，1959年），卷11。
15 康有為：〈請大誓臣工，開制度新政局摺〉，見孫祥吉編：《救亡圖存的藍圖——康
　　有為變法奏議輯證》（臺北市：聯合報系文化基金會，1998年）。

這種結合的產物。在他的那部著名的空想社會主義著作《大同書》中，也可以看到中西變易進化思想的奇妙結合。

（三）民本思想

在中國傳統文化中有著豐富的民本思想。僅以儒家而言，孟子的「民貴君輕」說一直為後世儒者所繼承和發展，特別是明清之際的進步思想家王夫之、黃宗羲、顧炎武等人，在嚴厲批判君主專制主義的同時，把古代的民本思想發展到了新的高度，使之具有了某些近代啟蒙思想的色彩。

傳統文化中的民本思想為近代資產階級（包括向資產階級轉變的地主階級中的開明派）的政治家、思想家們所繼承，並在新的歷史條件下加以發展。例如，康有為在解釋孟子「民貴君輕」的「微言大義」時說：「蓋國之為國，聚民而成之，天生民而利樂之，民聚則謀公共安全之事，故一切禮樂政法皆以為民也。但民事眾多，不能人人自為公共之事，必公舉人任之，所謂君者，代眾民任此公共保全安樂之事，為民眾之所公舉，即為民眾之所公用。民者如店肆之東人；人君者，乃聘雇之司理人耳。民為主而君為客，民為主而君為僕，故民貴而君賤，易明也。」[16]照此說，君主不是什麼「天子」，而是民眾的一員；君權不是神授的，而是民眾賦予的；君主不是民眾的主人，而是民眾的僕人，君主是受民眾的委託、受民眾的聘雇而為民眾服務的。康有為的解釋很明顯地受到了黃宗羲的影響。黃宗羲在《明夷待訪錄・原君》中指出：君主產生於處理公共事務的需要，因此，「古者以天下為主，君為客，凡君之所畢世經營者，為天下也」。

---

16 康有為學術著作選：《孟子微・中庸注・禮運注》（北京市：中華書局，1987年），頁20-21。

　　資產階級革命派也儘量利用中國古代的民本思想，來為排滿革命服務。孫中山對民本思想的繼承和發揮眾所週知，還有作為資產階級革命派中一翼的國粹派，在這方面也很突出，他們很推崇古代那些有異端思想的「在野君子」，尤其是明末清初的思想家王夫之、黃宗羲、顧炎武和鴉片戰爭前後的龔自珍、魏源等人。劉師培在《中國民約精義》一書中，就曾廣泛地援引這些學者的言論，闡發其中的民主因素，宣傳主權在民和法治思想。這本寫於一九○三年的五萬餘言的小冊子流傳很廣，劉師培也因之被譽為「東方盧梭」。經過國粹派的闡發，中國古代文化中的民主性精華在二十世紀初年得到了發揚，它對當時的資產階級革命運動起了一定的積極推動作用。

　　中國文化從殷周時起就是一個融會了多民族文化而形成的一個綜合體。與歐洲中世紀文化相比，中國傳統文化更具有涵攝性和包容性。中國文化的這個特點，在近代也起了十分重要的作用。近代從西方傳入的各種先進思想，如科技思想、民主思想，以及五四以後傳入的馬克思主義，都可以在博大精深的中國文化中找到接洽點，被吸收到不斷發展更新的中國文化體系中去，這是西方先進文化能夠在中國傳播、生根發展的重要原因之一。

　　中國傳統文化中的活力因素不止以上所列舉的幾點，此外，像自強不息的進取精神、深沉的憂患意識等也都極有意義，在近代文化變革中都起了重要作用或有重要發展。由於在中國傳統文化中存在著許多積極的活力因素，它們在中國近代文化變革中起著聯結新舊文化的作用，因此，中國近代的新文化，無論是資產階級新文化，還是無產階級領導的新民主主義文化，都不可能完全等同於西方文化，而是吸收了許多傳統的文化精華、具有中國民族特色的新文化。

三　文化變革的根本原因是什麼

　　先進的西方文化和中國傳統文化中的活力因素，都是促使中國文化走向近代化的重要原因。但是必須看到，它們都不是根本原因，根本原因和動力是中國近代社會發展的需要。

　　前已指出，植根於中國封建社會農業經濟土壤之中的傳統文化，已經不適應近代社會發展的需要。在近代中國，資本主義經濟成分已不再是原始的萌芽狀態，以大機器生產為特徵的近代資本主義已經產生並逐步發展，資產階級隨之產生並逐漸成長，它要求創造和發展為它服務的新文化，這就使傳統文化產生了危機，並不得不向近代轉型。

　　但是，中國近代社會並不是一個完全意義上的資本主義社會，而是一個半殖民地半封建社會，社會發展的核心問題不是如何發展資本主義的問題，而是如何挽救民族危機的問題。中國近代社會的變化主要是由於民族危機引發的，從一定意義上說，解決這個危機的過程，也就是中國社會向前發展的過程。中國近代文化的發展方向，它的內容，它的特點，也都是由這個危機和解決這個危機的要求所決定的；它對西方文化的選擇，對傳統文化的繼承和改造，都是為解決這個危機服務的。

　　鴉片戰爭後，魏源提出「師夷長技以制夷」，就是為了抵抗外國侵略而宣導學習西方科技。光緒皇帝搞戊戌變法也是出於這種目的。當變法失敗時，慈禧太后把他幽囚在瀛臺，聲色俱厲地質問他為什麼要「變亂祖宗成法」，他戰戰兢兢地答道：「洋人逼迫太急，欲保存國脈，通融試行新法。」[17]在慌亂中，光緒仍然簡捷地說明了救亡圖存和變法的關係。孫中山在談到二十世紀初年的革命風潮時說：「革命

17　〈清廷戊戌朝變記〉，《戊戌變法》資料叢刊第1冊，頁346-347。

的這種風潮，是歐美近來傳進中國的。中國人感受這種風潮，都是愛國志士，有悲天憫人的心理，不忍亡國滅種，所以感受歐美的革命思想，要在中國來革命。」[18]也說明是為救亡才輸入革命思想的。

一代代志士仁人，都是圍繞著挽救民族危機這個主題，苦苦探索，從「師夷長技以制夷」，到「維新變法」，到「排滿革命」，到「馬克思主義」，種種選擇，都是為了這一目的。

中國近代社會發展的客觀需要，不僅決定了中國人對西方文化和傳統文化的內容的選擇，並且決定了如何改造它們。以輸入的西學為例，在中國最有影響的莫過於進化論。所謂進化論，就是西方的社會達爾文主義。這種理論，以生存競爭說來解釋人類社會，是一種為殖民者擴張服務的反動理論。但是一傳入中國，卻起了極大的積極作用，它增強了處於民族危機中的中國人的民族意識，並為社會改革提供了理論根據。再如自由學說，在西方是講基於個人財產基礎上的個人享有的自由權力，而在中國則主要是講國家的獨立自主，民族的自由解放。這顯然是由於中國深重的民族危機的客觀形勢所決定的。道理很簡單，如果沒有民族的獨立自主，就不可能有個人的自由；在為爭取民族獨立的鬥爭中，不宜過分強調個人的自由意志，相反倒要強調個人服從、個人犧牲。因此，在近代中國，個人自由權力的觀念一直很淡薄，「五四」新文化運動中自由主義意識曾流行一時，但很快就被淹沒在新的反帝反封建的政治鬥爭和軍事鬥爭的高潮中了。

中國近代深重的民族危機也決定了近代文化思潮的迅速變遷和發展路向。大約每經過一代人的時間，即二十至三十年間，中國就要更迭和流行一種新的文化思潮。十九世紀六〇至九〇年代，主要是求強

---

18 〈在黃埔軍官學校的告別演說〉，《孫中山全集》（北京市：中華書局，1986年），卷11，頁268。

求富的洋務思潮；十九世紀九〇至二十世紀初年，主要是要求建立西方式民主制度的民主主義思潮；在一九一九年五四運動前後的新文化運動中，主要是追求個性解決的思潮，但為時不久，馬克思主義就取代它而為先進的中國人所接受。中國人之所以最終選擇了馬克思主義，是因為歷史的實踐已經證明：「只有社會主義才能救中國」。

如上所述，中國近代的民族危機和社會發展的需要決定了對中西文化內容的選擇和改造，決定了近代文化思潮的迅速變遷和發展路向，因此它是中國文化近代化的根本動力，與它相比，西方文化和中國傳統文化中的活力因素都還是次要原因。

第四節　中國近代文化發展的正確方向

一　近代文化論爭

在中國近代，圍繞著如何發展近代文化，包括如何處理中西文化關係等問題，發生過多次文化論爭。思想家們提出了許多解決方案或理論，其中影響較大的有「中體西用」論、「本位文化」論、「全盤西化」論等。

「中體西用」論是鴉片戰爭之後就出現的一種觀點，流行於十九世紀六〇至九〇年代洋務運動時期。這種理論一面主張引進西方的物質文化，一面又要捍衛中國傳統的精神文化，而二者的關係，前者為「用」，後者為「體」，「用」是為「體」服務的。早期維新派薛福成對此說得很清楚：「今誠取西人器數之學，以衛吾堯舜禹湯文武周孔之道。」[19]這個處理中西文化關係的方針在洋務運動時期曾經起過積

---

19 薛福成：〈籌洋芻議・變法〉；《戊戌變法》資料叢刊第1冊，頁160。

極的作用，因為那時洋務派是主張變革的，站在他們對立面的是強大的封建頑固勢力，頑固派根本拒絕西學，在這樣的背景下，也只有在「中體西用」的口號下才有可能部分地引進西學。

「中體西用」論的另一個積極作用在於它開始破壞儒家文化固有的體系。儒學的基本體系就是孔子說的「修己安人」，即所謂「內聖外王」。「內聖」是通過內省修身的功夫完成自我道德人格，其具體步驟是「格物、致知、誠意、正心、修身」；「外王」是把自我道德人格由內及外、由近及遠地推開來，以達到「治人」、「安人」的目的，其具體步驟就是「齊家、治國、平天下」。「內聖」是「治身心」之學，「外王」是「治世事」之學。在「內聖外王」的結構中，「內聖」是前提，「外王」是目的，只有先完成「內聖」，才能推及而實現「外王」。「內聖」和「外王」的這種關係也可以用「體」和「用」這對範疇來說明。明末清初學者李　說：「明道存心以為體，經世宰物以為用，則體為真體，用為實用。」[20]「內聖」和「外王」即體和用的關係，二者是一個內在的統一體，這種統一表現在兩個方面：第一，「內聖」修養和「外王」事功都是通過研究儒家經典來實現的，二者即統一在儒家經典的學習和實踐，這就是所謂「通經致用」；第二，通過「修己」即「成德成聖」自然就可以獲得「治國平天下」的「外王」功效，即所謂「明體達用」。

洋務派「中學為體，西學為用」的主張是承襲儒家「內聖外王」的思路而來的，但二者也有一些重要的不同。張之洞在《勸學篇‧外篇》中曾這樣解釋「中體」和「西用」的關係：「中學為內學，西學為外學；中學治身心，西學治世事。」[21]如果是這樣，那麼：第一，

---

20 李顒：〈答顧寧人先生〉，《二曲全集》卷16，頁13，清光緒二十六年，湖南荷花池刻本。

21 張之洞：〈勸學篇〉（外篇），清光緒二十四年，鉛印。

「內聖」的「修己」和「外王」的「事功」已不可能都通過學習儒家的經典來實現，「修己」通過「中學」來實現，「事功」則要通過「西學」來實現，換言之，「通經」已不必然能夠「致用」；第二，由於中學只能「治身心」，而不能「治世事」，因此，「修己成聖」已不可能自然地獲得治國平天下的「外王事功」，也就是說，「明體」已不能完全「達用」。這樣一來，儒家經典已不再具有無所不能的絕對權威性，儒學由「內聖」推及到「外王」的邏輯結構就遭到了破壞，而不得不把西方近代的物質文明引到中國文化中來。這是破天荒的事情，是一個歷史性的進步。

但是，「中體西用」論的進步性是有限的。到十九世紀九〇年代中期，中國文化的近代化進入第二個層面——制度層面，它要求改變封建制度，改變傳統文化的「體」——三綱五常和「堯舜禹湯文武周孔之道」，而「中體西用」論正是要維護這個「體」，因此它就成為中國文化近代化的嚴重阻力。

到戊戌維新時，「中體西用」論就已不再是社會進步思潮的主流了，而成為一股逆流，不斷遭到批判。但它在中國的影響一直很大，還不時興起波瀾，二十世紀二〇年代出現的「東方文化派」，三〇年代出現的「中國本位文化派」，以及主張「返本開新」的現代新儒家，實質上都是變相的「中體西用」論者。

「中國本位文化」論正式提出是在一九三五年一月。當時由王新命、何炳松、陶希聖、薩孟武等十教授在上海《文化建設》月刊上聯名發表了〈中國本位的文化建設宣言〉，正式提出了這種理論。「本位文化」論的核心觀點是：「此時此地的需要，就是中國本位的基礎。」[22]他們認為這就是建設新文化的依據，也是處理中西文化關係

22　〈中國本位的文化宣言〉，《文化建設》第1卷第4期（1935年1月）。

的準則。究竟如何對待中西文化，〈宣言〉的作者寫道：「把過去的一切，加以檢討，存其所當存，去其所當去」；「吸收歐、美的文化是必要而應該的，但當吸收其所當吸收……吸收的標準，當決定於現代中國的需要！」[23]

　　從抽象原則上說，「中國本位文化」的提法並不錯，它主張以中國現實需要為標準來取捨中西文化，超越了「中」、「西」、「體」、「用」之爭。但關鍵並不在於這些理論和原則的抽象闡述，而在於如何具體判定中國「此時此地的需要」，因為它關係到實際上要建設什麼樣的文化的問題。對於這個關鍵性問題，本位文化派是這樣回答的：現在西方世界有三套文化，即英美的資本主義、新的國家主義和蘇俄的共產主義，而這三者均不合於中國國情，中國需要的是「第四套文化」[24]。什麼是「第四套文化」呢？〈宣言〉的後臺陳立夫說：「『將我國固有之道性智慧從根救起，對西方發明之物質科學迎頭趕上』二語，實足為中國本位文化建設之方針也。」[25]這一方針原來就是「中體西用」論的翻版。在這種文化建構中，沒有給民主主義留下任何地位，所謂「此時此地的需要」云云，說穿了，不過是適應蔣介石的文化統治政策的需要罷了。

　　對於「本位文化」論的實質，當時胡適看得比較清楚。他指出：所謂「中國本位的文化」不過是「中體西用」論「最新式的化裝」。他譏諷地寫道：〈宣言〉的作者們把「中國本位」解釋為「此時此地的需要」，而何健、陳濟棠等軍閥，一面從西方購買「最新模特兒」的飛機大炮，一面又在提倡「讀經祀孔」，這也正是根據「中國此時

---

23 同上註。

24 陶希聖：〈對中國本位文化建設宣言的幾點補充意見〉，《大學新聞周報》第3卷第8期（1935年4月23日）。

25 陳立夫：〈文化與中國文化的建設〉，《文化與社會生活》第1卷第8期（1935年5月10日）。

此地的需要」而建設的「中國本位的文化」！[26]胡適的批評可謂一針見血。

　　胡適是個「全盤西化」論者。他在一九二九年首次使用「全盤西化」這個詞來表達他的文化觀點，到三〇年代，又聲明放棄這種提法，因為「數量上的嚴格『全盤西化』是不容易成立的」，所以改為「充分世界化」[27]，其實這兩個詞在胡適和其它西化論者那裏是通用的，誰也沒有把「全盤西化」硬性地解釋為「百分之百西化」。

　　胡適等人的「全盤西化」論主要是針對二〇至三〇年代的「東方文化」派和「中國本位文化」派等文化保守主義派別而提出來的，它具有反對封建復古主義、反對國民黨文化專制主義的積極意義。它在理論上的合理因素主要是分析了文化的整合性，強調了物質文明和精神文明的統一性。

　　胡適在論析物質文明和精神文明的關係時指出：凡是一種文明必有物質的和精神的「兩個因素」，沒有一種文明單是精神的，也沒有一種文明單是物質的。「一部摩托車所代表的人類心思智慧決不亞於一首詩所代表的心思智慧」，「精神的文明必須建築在物質的基礎之上」[28]。胡適已經認識到，中國傳統的精神文明是建築在傳統的農業社會的物質基礎之上的，西方現代文明是建築在工業社會的物質基礎之上的，因此中國要想在物質文明方面仿傚西方，就必須在精神文明方面也仿傚西方，即不但在「機械」上，而且在「政治社會道德」上仿傚西方。這裏表現出資產階級民主主義者對於西方民主政治的熱烈追求。

26　胡適：〈試評所謂「中國本位的文化建設」〉，《大公報・星期論文》（1935年3月31日）。

27　胡適：〈充分世界化與全盤西化〉，《大公報・星期論文》（1935年6月30日）。

28　〈我們對於西洋近代文明的態度〉，《現代評論》第4卷第3期（1926年6月30日）。

但是，「全盤西化」論者過分強調了文化的整合性，把它看成是機械的統一。另一位「全盤西化」論者陳序經說：「文化本身是分開不得，所以它所表現出的各方面都有連帶及密切的關係。設使因為內部或外來的勢力衝動或變更任何一方面，則他方面也受其影響，他並不像一間屋子，屋頂壞了，可以購買新瓦來補好⋯⋯所以我們要格外努力去採納西洋的文化，誠心誠意的全盤接受他，因為他自己本身是一種系統，而他的趨勢，是全部的，而非部分的。」[29]這就是說，要接受西方文化就必須全盤接受，不能有所區分和選擇。這種機械的觀點顯然是錯誤的，也不符合中國近代文化發展的實際。在中國近代文化發展過程中，一直都是有選擇地吸收西方文化，並沒有全盤西化；不僅中國如此，日本、印度等國家也是有選擇地吸收西方文化，都沒有全盤西化。誠然，有什麼樣的物質文明就有什麼樣的與之相適應的精神文明，但它們也不是完全同步發展的。作為觀念形態的文化（文明）是一定社會的經濟和政治的反映，並反轉過來給予社會經濟和政治以巨大影響。因此，人類文化的發展在某一個歷史時期主要表現為物質文化的進步，在另一個歷史時期則主要表現為精神文化的進步，二者表現為辯證的、動態的統一，而不是機械的、靜態的統一。在兩個不同民族之間進行文化交流時，一個民族總是根據自己物質文明發展的水準去吸收另一個民族的文化，於是就表現出文化的選擇性來。在古代，印度佛教傳來時，中國和印度處於同樣的物質文化的發展水準上，因此中國就比較容易接受佛教。在近代，中西文化發生撞擊時，中國和西方不是處於同一發展水準，中國落後於西方，因此，中國首先認識到自己落後並需要吸收的是西方的物質文化，而當中國的近代物質文化有了一定基礎時，才能進而認識和吸收西方的精神文

---

29 陳序經：〈東西文化觀〉，《嶺南學報》第5卷第1-4期。

化。這就表現出對西方文化的選擇性來，而不是要麼全盤接受，要麼全盤排拒。

　　胡適鑒於「全盤西化」的提法有「語病」，而改用「充分世界化」。這表明他很重視文化發展的時代性。但是他在強調時代性時，卻忽略了文化的民族性。在近代，西方文化是先進的，是時代文化的主潮；中國文化是落後的，尚處於「古典時代」，中國應該也必須向西方的先進文化學習。這是近代先進的中國人的共識。但是這並不等於說中國就應該也必須完全拋棄自己的文化傳統，全面認同西方文化。一個獨立的民族，它不僅具有人種學上的意義，而且具有文化學上的意義。一個民族的文化是由民族共同體在長期的歷史發展中創造的，從這個角度來說，不同民族的文化是難分軒輊的，它們均適應了各民族自己的生存和發展的需要。民族文化，特別是其中的民族心理、民族習慣，本民族特有的思維方式、審美情趣等，都是經過長期的歷史沉積而形成的，它們雖然也發生緩慢的變化，但具有不可割斷的歷史繼承性。中國傳統文化是華夏民族在漫長的歲月中共同創造的，從來沒有中斷過，也不是任何人、任何外來力量所能割斷的。就是胡適本人，實際上也終生徜徉在傳統文化的海洋中，並為整理傳統文化作出了很大貢獻。這個事實對於「全盤西化」論者頗有諷刺意味。

二　民族的科學的大眾的文化

　　在二十世紀三〇年代圍繞「全盤西化」論和「本位文化」論的論爭中，一個十分重要的收穫是關於中國新文化的發展路向逐漸清晰起來，這就是要建設「民族的科學的大眾的」新文化。

　　一九三六年六月，魯迅和沈雁冰、馮雪峰商議後提出了「民族革

命戰爭的大眾文學」的口號[30]。這是一個發展新文學的口號，同樣也具有一般的文化學意義。這裏已談到文學的民族性和大眾性問題，魯迅並且指出這個文學運動是「無產階級領導的」。稍後，一九三七年，陳伯達、張申府、胡繩等宣導「新啟蒙運動」。他們明確主張發展無產階級領導的新文化，而這個新文化應該是以科學的方法即「唯物、客觀、辯證、解析」的方法總結和繼承「五四」新文化運動的科學和民主傳統。並且提出：「這個新啟蒙運動應該不只是大眾的，還應該帶有些民族性。」[31]這樣，新文化的性質和發展方向就更明確了。

一九四〇年一月，張聞天（洛甫）在陝甘寧邊區文化界救亡協會第一次代表大會上作《抗戰以來中華民族的新文化運動與今後任務》的報告，指出中國的新文化應該是「民族的」、「民主的」、「科學的」、「大眾的」，並且說這四項是有機聯繫著的。「真正民族的，必然是民主的、科學的、大眾的」。[32]

也是在這年的一月，毛澤東發表了著名的《新民主主義論》，其中有一節專門論述新民主主義文化；說它應該是「民族的科學的大眾的文化」[33]。比較一下，毛澤東的提法比張聞天的少了一個「民主的」，不過毛澤東在解釋「大眾的」含義時，說大眾的「即是民主的。因此兩人的提法實質上是一致的。

毛澤東具體指出：所謂民族的，包括兩層含義。一層是說，「它是反對帝國主義壓迫，主張中華民族的尊嚴和獨立的」。這就是說，新民主主義文化必須為解決中國近代社會的首要任務——挽救民族危

30 魯迅：〈論現在我們的文學運動〉，《且介亭雜文末編》（北京市：北京人民文學出版社，1973年），頁101。

31 張申府：〈五四運動與新啟蒙運動〉，《讀書月報》第2號（1937年）。

32 《張聞天選集》（北京市：人民出版社，1985年），頁252-253。

33 《毛澤東選集》（北京市：人民出版社，1966年），卷2，頁666。

機、維護民族獨立而服務。其實，這不僅是新民主主義文化，也是整個中國近代新文化的根本任務。因此，反對帝國主義，維護民族獨立，就是中國近代新文化的基本內容和特徵。另一層含義是說，「它是我們這個民族的，帶有我們民族的特性」。這是強調新民主主義文化應該具有民族性。這個民族性又包括文化的民族特徵和文化交流中的民族主體意識。毛澤東對於後者特別作了詳細論述。他寫道：「中國應該大量吸收外國的進步文化，作為自己文化糧食的原料……但是一切外國的東西，如同人們對於食物一樣，必須經過自己的口腔咀嚼和胃腸運動，送進唾液胃液腸液，把它分解為精華和糟粕兩部分，然後排泄其糟粕，吸收其精華，才能對我們的身體有益，決不能生吞活剝地毫無批判地吸收。所謂『全盤西化』的主張，乃是一種錯誤的觀點。」[34]毛澤東在這裏指出了文化民族性的深刻內涵：民族性不僅表現在應該有本民族的文化特徵上，而且表現在吸收外來文化時的主體性上，而這種主體性不僅表現在吸收外來文化時的主體選擇性上，而且表現在消化外來文化的能力上。也就是說，即使是外國的優秀文化，也不能完全照搬過來，而必須結合中國的實際情況，經過中國人自己的「消化」，使之成為具有中國特點的文化，包括對馬克思主義也必須採取這種態度。

所謂科學的，一是說內容是科學的，一是說方法是科學的。內容是科學的，是說「它是反對一切封建思想和迷信思想，主張實事求是，主張客觀真理，主張理論和實踐一致的」；方法是科學的，主要是講辯證的方法。為了具體說明新民主主義文化應有的科學內容和科學方法，毛澤東特別講了應該如何清理中國古代文化的問題。他指出：「清理古代文化的發展過程，剔除其封建性的糟粕，吸收其民主

34　《毛澤東選集》卷2，頁667。

性的精華，是發展民族新文化提高民族自信心的必要條件；但是決不能無批判地兼收並蓄。必須將古代封建統治階級的一切腐朽的東西和古代優秀的人民文化即多少帶有民主性和革命性的東西區別開來。中國現時的新政治新經濟是從古代的舊政治舊經濟發展而來，中國現時的新文化也是從古代的舊文化發展而來，因此，我們必須尊重自己的歷史，決不能割斷歷史。但是這種尊重，是給歷史以一定的科學的地位，是尊重歷史的辯證的發展，而不是頌古非今，不是讚揚任何封建的毒素。」[35]這段話概括起來就是兩點：一是不能割斷歷史，二是必須批判地繼承。前者和民族虛無主義劃清了界限，後者同文化保守主義劃清了界限。

　　所謂大眾的，「即是民主的」。這就是說，新民主主義文化必須具有民主精神，而這種民主精神首先就表現在使人民群眾享有文化權。毛澤東特別強調新民主主義文化「應為全民族中百分九十以上的工農勞苦民眾服務，並逐漸成為他們的文化」。這就將民主意識和群眾觀點統一起來。這一點對於發展新文化具有特別重要的意義。在中國這樣一個廣大人民群眾被剝奪了受教育權利因而文盲充斥的國家，新文化運動的重要任務之一就是使廣大人民群眾掌握文化，離開了這一點，新文化運動就失去了意義。

　　事實上，鴉片戰爭以後的中國新文化，大體就是沿著「民族的科學的大眾的文化」的方向發展的，這是一個不以人的意志為轉移的客觀過程，但在很長時期中是不自覺的，在毛澤東提出了這個正確的方針以後，才指導新文化運動自覺地沿著這個方向前進。

　　但是，必須指出，毛澤東的〈新民主主義論〉發表於抗日戰爭時期，而後則是解放戰爭，殘酷的戰爭環境，嚴重地影響了新民主主義

---

35 《毛澤東選集》卷2，頁668。

的文化建設。不但如此，即使胡適等資產階級民主主義者所宣導的資產階級文化也由於種種原因而沒有得到充分發展。因此，中國文化從傳統向近代的轉型並未能很好地完成，從而給新中國的文化建設留下了一個嚴重課題。

參考文獻

龔書鋒主編　中國近代文化概論（第1-4章）　北京市　中華書局
　　　1997年
羅榮渠主編　從「西化」到現代化（羅榮渠所寫〈代序〉）　北京市
　　　北京大學出版社　1990年

思考題

1 試析中國文化從傳統走向近代的動因。
2 評「中體西用」論的積極作用和消極影響。

第十九章
建設社會主義的中國新文化

第一節　中國文化發展的新階段

一　中國人民革命勝利開闢了中國文化發展的新階段

　　早在中華人民共和國成立前夕，毛澤東先生先生就提出了建設中國新文化的歷史任務。他昭告世人：「中國人民解放戰爭和人民大革命，已經復興了並正在復興著偉大的中國人民的文化。」[1]一九四九年六月，在北京召開的新政治協商會議籌備會上，毛澤東先生再次提出，共和國建立後要「有系統地和有步驟地在全國範圍內進行政治的、經濟的、文化的和國防的建設工作」。同年九月召開的中國人民政治協商會議通過的〈共同綱領〉規定：「中華人民共和國的文化教育為新民主主義的，即民族的、科學的、大眾的文化教育。人民政府的文化教育工作，應以提高人民文化水準，培養國家建設人才，肅清封建的、買辦的、法西斯主義的思想，發展為人民服務的思想為主要任務。」

　　在上述方針的指導下，人民政府對舊中國留下的文教單位加以接收改造，清除帝國主義的文化侵略勢力，批判封建買辦思想文化，建立了以馬列主義為指導、以共產黨和青年團為核心的政治思想教育體制，大力發展工農文化教育和少數民族文化教育，對高等院校進行院

1　〈唯心歷史觀的破產〉，《毛澤東先生選集》，頁1405。

系調整，並對知識分子實行「爭取、團結、改造」的政策。成效是十分顯著的。在半封建半殖民地的舊中國，百分之八十的人是文盲，尤其廣大勞動人民根本得不到受教育的權利，廣大少數民族地區的教育更是極端落後。這樣，大力普及教育，大力發展工農教育和少數民族教育，就成為在教育對象方面的一個方向性的革命。新中國的教育事業有了長足的發展。據教育部〈二○○一年全國教育事業發展統計公報〉，到二○○一年底我國小學適齡兒童入學率達到百分之九十九點○五，中等教育在校生有九一一五點三一萬人，高等教育本專科在校生有一一七五點○五萬人，研究生在校生有三十九點三三萬人。我國各類教育還呈現出繼續發展的態勢。在這樣一個底子薄的大國、窮國，建立如此龐大的教育體系，並使其結構、佈局日趨合理，教育品質不斷提高，這是走的一條其它國家所沒有走過的特殊的道路。

以提高全體人民的文化素質為目標，新中國的群眾性文化事業也有很大的發展和進步。圖書報刊發行量增加了數十倍，公共圖書館、博物館、文化館、藝術表演團體、電影放映場所等群眾文化事業單位均成倍地增加，過去沒有的作為現代大眾傳播媒介的電視已普及到千家萬戶。新中國的文物考古、古籍整理和文獻出版工作的成績也十分突出。在雲南元謀縣等一些地區先後發現一百七十萬年、二百萬年、三至四百萬年前的猿人化石；舊石器時期和新石器時期、母系氏族社會和父系氏族社會的文化遺址，在全國許多地方均有發現；夏商周以來的文化遺址，如秦始皇兵馬俑坑、馬王堆漢墓、銀雀山漢墓等出土的各種石器、陶器、竹器、漆器、青銅器、金銀器、墓壁畫、竹簡、帛書等國寶，數量巨大。新中國組織專家學者校勘和標點了《二十四史》、《清史稿》、《資治通鑑》、《續資治通鑑》等許多重要古籍，《十三經》、《諸子集成》、大型類書《冊府元龜》、《太平御覽》等均整理出版或重印，並且有相當高的品質。

　　一九五六年，毛澤東先生提出了繁榮學術文化的「百花齊放，百家爭鳴」的方針。儘管這一方針在貫徹執行中曾受到「左」的路線干擾，但由於它正確地反映了學術文化發展的規律和我們這個時代的特徵，所以還是大大促進了文學、藝術、哲學、社會科學、自然科學、技術科學的發展和繁榮，半個世紀以來在這些文化領域所取得的成就是巨大的，無論數量或品質都是前人所不可企及的，有些已達到或接近世界先進水準。可以說，在二十世紀的後半葉，中國出現了歷史上從來沒有過的文化復興和繁榮的時代。這一時代的特徵首先在於文化事業從少數人掌握、為少數統治階級服務轉變為由多數人掌握、為全體勞動人民服務，因而極大地解放了文化所蘊含的精神生產力。其次，從新民主主義文化發展而來的有中國特色社會主義文化，是以馬克思主義的世界觀和方法論為指導的，因此必然要批判封建主義和資本主義的舊文化，同時又要善於從人類過去創造的文化成果中吸取有用的東西，為建設社會主義新文化提供養料。在這些方面，我們都既有成功的經驗，也有挫折和失誤的教訓。

二　探索過程中的失誤和曲折

　　囿於國際國內條件和自身經驗的不足，也由於當時政治形勢的嚴峻和經濟建設任務的繁重，新中國的文化建設也出現了一些缺憾和不足。新民主主義的文化建設方針雖然已經形成，但是對其發展過程和規律性的認識尚缺乏世界歷史的理性深度。現代民主法制建設還處在草創時期，尚未真正建立起制度化的法理權威和科學決策的民主程序與機制。在新民主主義文化與社會主義文化的過渡銜接上，出現了加速「社會主義改造」的急於求成的做法。在批判電影《武訓傳》，批判梁漱溟、胡適、胡風，批判「綜合經濟基礎」論和「合二而一」論

等歷次學術批判運動中，以致在一些本屬正常的學術討論中，混淆了學術和政治的界限，擴大打擊了一些不該打擊的知識分子。違背科學、文化、教育的發展規律，在這些領域搞「大躍進」，搞一轟而起的群眾運動，造成浮誇和虛假的繁榮，實際上卻降低了科學、文化、教育的品質。總結過去半個世紀中國文化發展的道路，其曲折歷程中的主要經驗教訓，乃是「左」的思想和路線的干擾。對上述問題，黨和政府也曾多次糾偏補救，但在「文革」前，一直未能真正從思想路線上根絕「左」禍，以至為後來的更大失誤留下了後患。

到了「文革」時期，隨著政治動亂的出現和升級，長期在中國社會中潛藏的文化惰性一齊迸發出來，並極力以社會主義「新思想」、「新文化」和無產階級意識形態的面目出現，混淆視聽，蒙蔽了許多幼稚青年和真心擁護革命的人們。這個時期出現了無數文化觀念上的顛倒錯亂，比如把實現現代化的社會要求誤解或歪曲為資本主義復辟，把在真理面前人人平等的民主觀念誤解或歪曲為修正主義的觀點，把人類幾千年積累起來的文化知識當做「偽科學」來加以掃蕩。相反，卻把封建地主階級的「血統論」當做階級論加以宣揚，把封建人身依附關係當做組織紀律性加以貫徹，把踐踏民主法制當做「造反有理」的革命行動加以提倡，把封建株連當做劃分階級陣營加以推廣。這些文化觀念上的顛倒錯亂，不應看做是哪一個人的偏見或失誤，而應該進行民族文化的自我反省。

所謂「文化大革命」，實質上是一場摧殘、毀滅文化的非理性運動。在「造反有理」、「破四舊」（指舊思想、舊文化、舊風俗、舊習慣）、「橫掃一切牛鬼蛇神」的口號蠱惑下，學生「停課鬧革命」，進行「革命大串連」，到處揪鬥教師和「資產階級反動學術權威」，查抄毀壞書籍文物，把許多珍貴文化典籍當做「封、資、修黑貨」加以焚燒。在有著明顯政治目的的「批林批孔」、「評法批儒」運動中，以儒

家思想為代表的中國文化傳統遭到全盤否定；對於西方現代思想文化和科技、管理經驗，則當做資本主義和修正主義的東西一概拒之門外。我國的科學技術、文化教育事業在十年「文革」中遭到了極大的破壞，國民經濟的發展也受到很大的負面影響。號稱「東亞四小龍」的臺灣、香港、新加坡、韓國等國家和地區，正是在六〇至七〇年代實現了經濟起飛，而經過十年封閉和自我文化摧殘，中國是顯著地落在後面了。

「文革」把「左」的思想路線的破壞性作用暴露得最為深刻、徹底。一個實質性問題就是怎樣看待文化和知識的價值。在那些荒唐的年代裏，文化和知識的價值被貶抑，一方面出現了表彰「白卷英雄」的不正常現象；一方面又有人大肆鼓吹「知識越多越反動」。「尊師重道」的傳統被拋棄，許多學有專長的知識分子都被錯誤地當做了「革命對象」，這場「革命」給我們民族和文化帶來的災難就是可想而知的了。

當然，我們也要看到，「文革」的迷誤只是一種暫時的歷史倒退現象，因為新中國的成立、生存和發展這一事實本身就決定著中國文化不斷進步的總的歷史趨勢是不可逆轉的，領導著中國社會主義事業的中國共產黨，終於通過自己總結經驗教訓而從「文革」的迷誤中走了出來。

第二節　八〇年代「文化熱」的反思

一　社會主義改革與八〇年代「文化熱」

黨的十一屆三中全會以後，中國出現了改革開放的大好形勢。伴隨著經濟、政治改革的要求，在思想文化領域出現了一個持續十餘年

的文化研討熱潮。因為這一熱潮主要是在二十世紀八〇年代，所以人們一般稱之為八〇年代的「文化熱」。在這一熱潮中，無論是專家學者、青年學生還是其它社會各界人士，都共同關心並熱烈探討文化問題；無論是報刊雜誌、廣播電視、大學課堂還是其它教育文化場所，文化問題都成為人們議論的中心。

八〇年代的「文化熱」，為什麼會以如此巨大的規模、聲勢和魅力風靡於中國大地？一句話，它是對於造成民族巨大災難的十年浩劫的反思和對於中國未來的現代化宏偉大業的前瞻，它是在中國的社會主義改革和對外開放中應運而生的。

大家知道，當代中國正處在一個以經濟體制改革為先導的社會主義全面改革的新時期。這場改革要實現從原先的半自然經濟、產品經濟向社會主義市場經濟的轉軌，因此不可避免地會發生新舊兩種經濟體制以及新舊觀念之間的對立和衝突。我國幾千年積累下來的文化觀念，並不是與市場經濟和工業社會相適應的文化觀念，而是農業社會的觀念、封建宗法觀念和小生產的觀念。我國近代發生的舊民主主義革命和新民主主義革命，以及解放以後的社會主義革命，都沒有徹底完成破除這些舊觀念的歷史任務；相反，它們卻在「文革」中回潮並氾濫成災。今天，反映這些觀念的平均主義、重農輕商等僵化保守的傳統習慣和社會心理，還在妨礙著市場經濟的順利發展，成為影響經濟改革深入發展的阻力。同時，在政治生活中，人們也可以發現，官僚主義的蔓延，終身制的難以破除，以權謀私、腐化墮落現象的屢禁不絕，以及社會上司空見慣的官本位思想、等級觀念等等，也無一不與傳統文化中的消極落後的方面相聯繫。鄧小平在黨的十二屆三中全會上說：「小生產的習慣勢力還在影響著人們。這種習慣勢力的一個顯著特點，就是因循守舊，安於現狀，不求發展，不求進步，不願接受新事物。」因此他多次強調提出：中國需要改革，不改革就沒有出

路。舊的一套模式經過幾十年的實踐證明是不成功的。過去搬用前蘇
聯模式，未能很好地結合中國國情，走出一條中國式的社會主義現代
化建設道路，結果阻礙了生產力的發展，在思想上導致了僵化，妨礙
了人民群眾積極性的發揮；再加上從一九五七年「反右派」到後來
「文革」中的「左」的錯誤，中國社會從一九五八年到一九七八年這
二十年時間內，經過許多折騰而難以正常穩步地發展，國民經濟和人
民生活沒有得到多大的改善和提高。這種局面必須通過改革來改變。

　　改革既是一場深刻的革命，又是一個巨大的社會系統工程，它要
在經濟領域、政治領域和思想文化領域三個層面或先或後交錯展開，
其任務無疑是十分艱巨的。因此，中國經濟改革和政治改革，期待著
思想文化的改革成為雷鳴前之閃電，先進的文化觀念成為先導，促進
社會主義事業的全面發展。由此可見，文化研討實質上就是在改革開
放的背景下，物質文化、制度文化變革在更深層次的思想文化層面的
必然反映。因此，八○年代「文化熱」與十年改革如影隨形，緊密伴
隨，就是十分自然、可以理解的事情了。

二　文化研究的巨大成績

　　八○年代的文化研究與文化討論，表現出以往的文化研討所不曾
有過的嶄新內容和獨特性質，它取得的成就是巨大的、多方面的，對
中國社會主義新文化建設的推動作用是不可低估的。

　　八○年代「文化熱」的特點之一是它的現實性。它決不是文化殿
堂裏的裝飾物或陳列品，也不是清談館裏供人消遣的談資，而是牢牢
立足於中國的現實，對十年浩劫和一九五七年以來的「左」傾錯誤進
行深刻的反思，並對改革中遇到的各種問題，都從文化的角度加以探
索研究，破除舊框框，打開新思路。因此，這一文化研討熱潮在堅持

正確的政治方向的前提下，實具有思想解放的意義，能夠產生巨大的社會效能，促進社會主義物質文明和精神文明建設，給改革帶來強大的思想動力。

八〇年代「文化熱」的特點之二是它的廣泛性。它已遠遠超出了傳統的文、史、哲研究的學科範圍和領域，也遠遠超出了文化學者的書齋研究和課堂教學的有限天地，而成為一門全民關注、參與的綜合性學問。由於現代科學跨學科研究帶來的各學科相互交叉、滲透、綜合的趨勢，影響於文化研究，不僅形成哲學、文學、歷史學、經濟學、社會學、政治學、倫理學、心理學等各門人文社會科學相互配合、共同研究文化問題的局面，而且打破了人文社會科學和自然科學的傳統界限，許多自然科學家也十分關切人類共同的命運和中國文化的前途問題。就研究內容而言，舉凡人們的思想觀念、社會心理、思維模式、行為方式、倫理道德、審美情趣、文化比較等等，都進入了文化學者的研究視野。八〇年代的文化研究不僅僅限於精英文化的範圍，它還擴展到大眾文化領域，諸如企業文化、校園文化、旅遊文化、服飾文化、飲食文化等均一時興起，文化研究已不再是少數文化學者的專利。

八〇年代「文化熱」的特點之三是它的世界性。在改革開放的總形勢下，中國當代文化已把自己置於世界文化的背景之中，把民族意識和全球意識結合起來，把民族精神和時代精神統一起來。文化研討的一個重要內容，就是中西文化比較。在今天，再也不可能在封閉的情況下來孤立地進行中國文化研究，中國當代文化必然要受到世界文化思潮的影響。一個值得注意的現象是，由於對外開放，許多港臺、海外學者也實際上參與了八〇年代中國的文化討論。這不是壞事情。中國文化正是需要在中外文化交流中打破以往的閉塞狀態，走向世界，走向未來。

　　正因如此，八〇年代的「文化熱」，顯而易見帶有改革開放的時代特徵。它以多維視野反省中國文化，審視世界文化，承認世界文化是多元並舉、互為補充的整體格局，並力圖通過痛定思痛的自我反省，突破框囿的大膽求索，為創造社會主義新文化做好思想理論上的準備，並進行全社會的動員和啟蒙。在這個意義上可以說，八〇年代「文化熱」支持、讚助了改革開放，促進了文化觀念的更新，推動了社會的進步。

　　有人曾經作過一個統計，從一九四九年到一九七九年的三十年間，中國內地出版的文化學著作只有《中國文化史要論》一種。而在八〇年代出版的有關文化學、文化哲學、文化人類學、文化心理學、文化社會學、文化生態學、中國文化概論、中國文化史、西方文化史、東方文化史、比較文化學以及地域文化、專題文化研究著作，數以千計，其中包括一些規模宏大、影響甚廣的文化研究和普及叢書。可以說，在二十世紀八〇年代，中國人文社會科學領域所取得的最突出的進展就是文化研究。文化學作為一門綜合性學科建立起來，已經具有了一定的規模和理論框架，並且展開了它多方面的豐富內容。這對中國文化在九〇年代以至新世紀的發展，起到了有力的推動和指導作用。

三　文化討論中的不諧調音調

　　八〇年代的文化討論表現出一種比較寬鬆的學術氛圍，各種不同的文化觀點、理論和主張都公開提了出來，並且相互間展開了熱烈的爭鳴和辯論。其中絕大多數都是為了深刻總結歷史經驗教訓，為中國文化的未來發展探索一條切實可行的道路，但是也有少數論者是帶著一種政治情緒的偏執來參加文化討論的，因而不能客觀地理性地觀察

文化問題，發出了一些與時代精神不甚諧調的音調。這些文化觀點主要是：

全盤西化論。持此論者利用我國改革開放、國門洞開、西方形形色色思潮湧入之機，借文化包裝販賣政治贋品，極容易引起人們的思想混亂。有人公開主張：「中國現在沒有一樣不落後，應當全方位開放或者叫全盤西化。」「我這個全方位概念，是讓先進的文化全面衝擊中國，不是說哪個角度不要衝擊。……你不要先說哪個一定好，你不要先說堅持四條，堅持這個，堅持那個，我覺得沒必要。」很明顯，這種論調帶有明顯的政治色彩，是八〇年代中國資產階級自由化思潮的代表性言論。如果說我國二三十年代的「全盤西化」論還不失為一種文化主張（當然這種主張並不正確），人們還可以從中汲取一些可供借鑒的思想資料的話，那麼，八〇年代的新的「全盤西化」論則毫無積極的文化意義可言，只是一種毫無掩蓋的崇洋媚外意識，在政治上主張效法西方走資本主義道路。拋棄了民族主體意識，講什麼「全方位開放」，不加選擇地「全方位引進」，實際上是一種民族投降主義、賣國主義，不僅會危及我們的社會主義制度，而且可能危及我們國家的獨立和統一。在這種理論指導下，有人鼓吹中國要當「三百年殖民地」才有可能走上現代化的進程，把「全盤西化」的賣國主義實質可謂暴露無遺。

徹底重建論。持此論者多為一些青年學者。他們認為，立足於二十世紀末期來審視中國的文化傳統，發現其在總體上已一無足取，必須對中國文化進行全力的動搖、震盪，使之徹底瓦解、盡速消亡。欲建設中國新文化，「必須進行徹底的反傳統」，「斷裂傳統」，「以反傳統來繼承傳統」，甚至宣稱反傳統是「永遠不悔的旗幟」。其實這種論點是缺乏科學根據、遠離辯證思維的，是主觀主義和情緒化的表現。

　　每個人都生活在一定的文化傳統中，傳統可以創新、轉換，但是不能隨便割斷、拋棄。對中國文化傳統應進行辯證的分析，全面認識它的正面和負面價值，不加分析地全盤否定危害甚大，「文革」的教訓應很好地記取。但是，由於數十年來（主要是「文革」時期）各方面工作的失誤，到了反思時期，一些青年面對落後局面，容易情緒激動，認識片面；長期受壓受挫的人，則容易採取否定一切的態度。他們把現實的錯誤、落後，面臨「開除球籍」的危險等等，一古腦兒都算在傳統文化的賬上，甚至埋怨生長養育我們的這片「黃土地」未能孕育出西方那樣的科學文明。這種片面、偏激認識很容易導致民族虛無主義，盲目崇拜西方，也是文化討論中出現的一種不正確的理論。

　　復興儒學論。這是八○年代文化討論中的一種保守論調。持此論者多為海外華裔學者，也在少數大陸學者中引起共鳴。在他們看來，中國社會出路的解決在於文化出路的解決，文化出路的根本解決在於儒學的復興。因此，只要抓住復興儒學這個「根本」，就可以解決當代中國包括信仰危機、道德建設、政治民主、經濟發展等在內的一切問題。應該承認，持此論者對中國傳統文化特別是傳統儒學有較深入的瞭解，並有相當深厚的民族感情；但是儒學本身決非盡善盡美，更不是包醫百病的藥方，加之百多年來歐風美雨的衝擊以及馬列主義在新中國確立了指導思想的地位，在這種情況下，如果說要批判地吸收傳統儒學中的某些有價值的思想成分則可，如果說要完全恢復儒學在中國的統治地位，用以指導中國的現代化建設，則不僅是一相情願的主觀幻想，而且是一種歷史的倒退。

　　文化討論中還出現了「西體中用」論、「新啟蒙」論等種種不同主張，情況比較複雜，不宜簡單評判，而應作全面具體的分析和評價。

　　事情很清楚，文化建設是當代中國必須要做好的一篇大文章，必須堅持正確的政治方向，用科學和理性來指導。如果用種種錯誤的、

偏激的方式來進行文化批判和文化重構工作，不僅會在思想上、理論上引起混亂，而且會在實踐中形成錯誤導向，把一些學識尚淺、判斷力不強的青年人引向歧途，為害匪淺。憑實而論，錯誤的東西必將為正確的東西所取代，情緒化的東西終歸要由理性來匡正，非科學的東西必依歸於科學。錯誤的非科學非理性的東西畢竟不能轉化為現實的政策。因此，用理性的頭腦、客觀冷靜的眼光來審視新中國的文化建設問題，無論對於文化學者還是青年一代，都是至關重要的。

第三節　九〇年代文化建設的寶貴經驗

　　二十世紀九〇年代，建設有中國特色的社會主義文化與精神文明建設工作有機融合，取得豐碩成果和寶貴經驗。全黨繼續高舉鄧小平理論偉大旗幟，圍繞中心，服務大局，唱響主旋律，打好主動仗。無論是理論武裝工作，思想道德教育，文化陣地建設，精神產品生產和群眾性文化活動，都呈現出整體推進的態勢。成績的取得與黨中央提出建設有中國特色的社會主義文化的一系列正確主張是分不開的。

　　剛剛進入九〇年代之初，江澤民總書記即《在慶祝中國共產黨成立七十週年大會上的講話》中明確指出：「有中國特色的社會主義文化必須是以馬克思主義、毛澤東先生思想為指導，不能搞指導思想的多元化；必須堅持為人民服務為社會主義服務的方向和『百花齊放，百家爭鳴』的方針，繁榮和發展社會主義的文化，不允許毒害人民、污染社會和反對社會主義的東西氾濫；必須堅持和發揚民族傳統文化，而又充分體現社會主義的時代精神，立足本國而又充分吸收世界優秀文化成果，不許搞民族虛無主義和全盤西化。我們應該牢牢掌握中國特色的社會主義文化的這些要求，極大地提高全民族的思想道德和文化素質，促進社會主義的物質文明和精神文明的發展。」這一講

話精神是對八〇年代文化研討經驗教訓的深刻總結，也是對九〇年代文化建設方向的正確揭示。

一九九六年在黨的十四屆六中全會上，作出了〈中共中央關於加強社會主義精神文明建設若干重要問題的決議〉。〈決議〉論述了社會主義精神文明建設的總的指導思想，設計了社會主義初級階段中國思想道德建設的基本框架，提出我們的任務是「以科學的理論武裝人，以正確的輿論引導人，以高尚的精神塑造人，以優秀的作品鼓舞人」，培養有理想、有道德、有文化、有紀律的社會主義公民，提高全民族的思想道德素質和科學文化素質。這既是加強社會主義精神文明建設的重要指導思想，也是建設有中國特色的社會主義文化的重要指導思想。

一九九七年黨的十五大對建設有中國特色的社會主義文化有了更系統、更深刻和更全面的綱領性認識。十五大報告指出：「有中國特色社會主義的文化，就是以馬克思主義為指導，以培育有理想、有道德、有文化、有紀律的公民為目標，發展面向現代化、面向世界、面向未來的，民族的、科學的、大眾的社會主義文化。這就要堅持用鄧小平理論武裝全黨，教育人民；努力提高全民族的思想、道德素質和教育科學文化水準；堅持為人民服務、為社會主義服務的方向和百花齊放、百家爭鳴的方針，重在建設，繁榮學術和文藝。建設立足中國社會現實、繼承歷史文化優秀傳統、吸取外國文化有益成果的社會主義精神文明。」這一文化主張與綱領，明確指出了建設有中國特色社會主義文化的指導思想、方針原則、基本目標和基本特徵，是中國人民在新世紀建設有中國特色社會主義文化的總要求。第一，馬克思主義是文化建設的指導思想。建設有中國特色社會主義文化必須以馬克思主義為指導。在當代中國，最重要的是堅持鄧小平理論為指導，這是一項根本原則。第二，培育「四有」公民是文化建設的目標。中國

文化的現代化進程，從根本上說取決於國民素質的提高和人才資源的
開發。人是要有精神的，只有造就適應社會主義現代化建設需要的一
代又一代有理想、有道德、有文化、有紀律的公民，全面提高全民族
的思想道德素質和科學文化素質，才能盡快實現中華民族的偉大復
興。第三，面向現代化、面向世界、面向未來的，民族的、科學的、
大眾的社會主義文化，是有中國特色社會主義文化的基本特徵。「三
個面向」表明文化的價值取向，「民族的、科學的、大眾的」表明文
化的民族特性、科學內容和科學方法、民主精神，「社會主義」表明
文化的性質和方向。

　　世紀之交的二〇〇〇年，江澤民同志又提出了「三個代表」的重
要思想，他深刻指出：「始終代表中國先進生產力的發展要求、中國
先進文化的前進方向、中國最廣大人民的根本利益，是我們黨的立黨
之本、執政之基、力量之源。」[2]隨後〈在紀念中國共產黨成立八十
週年大會上的講話〉中再次提出：堅持「三個代表」，「這是保持黨的
先進性，保證黨和國家事業興旺發達的最重大的問題」。「三個代表」
的思想是在總結歷史經驗的基礎上，對中國共產黨的性質、宗旨和根
本任務的完整概括。其中對建設有中國特色的社會主義文化也提出了
更高的要求和不斷更新的奮鬥目標。每一位有志於為黨和社會主義文
化事業做出貢獻的共產黨員、文化學者和青年學生，都會從「三個代
表」的思想中備受鼓舞，並深深地感到，社會主義文化建設方嚮明
確，前景輝煌，任重道遠。

2　〈江澤民在江蘇、浙江、上海考察工作時的講話〉，《光明日報》2000年5月15日。

第四節　「古為今用，洋為中用，批判繼承，綜合創新」
——建設有中國特色社會主義文化的哲學思考

一　從「會通超勝」說到「古今中外法」

在新中國文化建設基本方針和道路這一重大問題上，中國的馬克思主義者提出和堅持「古為今用，洋為中用，批判繼承，綜合創新」的正確主張。這一主張不僅有辯證法的世界觀、方法論作為思想理論基礎，而且是先進的中國人長期探索和縝密思考的結果。

早在明朝末年中國人接觸「泰西之學」[3]之初，科學家徐光啟就有「欲求超勝，必先會通」（《明史‧徐光啟傳》）之說，哲學家方以智亦有「借泰西為剡子，申禹周之矩積」（《物理小識‧總論》）之論，史學家萬斯同則有「兼通中西之學而折其衷」（〈送梅定久南還序〉）之見，經學家焦循還有「會通兩家（指中、西方）之長，不主一偏之見」之辭。降至晚清，魏源提出「天地氣運自西北而東南將中外一家」（〈海國圖志後敘〉）的預言，王韜也有「天下之道其終也由異而同，必有人焉融會貫通而使之同」（《弢園文錄外編》）的判斷。這些早期的中西文化「會通」說，雖然還很難與折衷主義完全劃清界限，有的也有「中體西用」的傾向，但在當時歷史條件下，它是衝破華夏中心主義的樊籬，主張向西方學習的一種最先進、最開放的理論。徐光啟等人正是在這種理論的指導下，做了許多引介西方學術文化的工作。

到了近代，這種古今融合、中外會通的觀點，一直成為富有辯證

3　當時「泰西之學」主要是指西方近代科學技術。

思維的有識之士的共同主張。如章太炎力主會通「華梵聖哲之義諦，東西學人之所說」[4]。孫中山則稱：「余之謀中國革命，其所持主義，有因襲吾國固有之思想者，有規撫歐洲之學說事蹟者，有吾所獨見而創獲者。」[5]蔡元培在文化方面，同樣也持辯證綜合的觀念，他主張吸收世界各國的文化，尤其是共和先進國之文化，但是也應注意：「所得於外國之思想言論學術，吸收而消化之，盡為我之一部，而不為其所同化」[6]。學習要和獨創相結合，要和研究本國的文化遺產相結合，「非徒輸入歐化，而必於歐化之中為更進之發明；非徒保存國粹，而必以科學方法，揭國粹之真相」[7]。由於蔡元培在中國文化界、教育界的特殊地位，他的上述言論影響深遠，尤其是反對被人同化之說，對具有民族情感的人士有很大的激勵作用。

在「五四」新文化運動的洗禮下，中國的馬克思主義者也相繼提出了古今中西文化溝通互補的思想。李大釗認識到：「憑情論之，東西文明，互有短長，不宜妄為軒輊於其間。」他預言人類必將「創造一兼東西文明特質、歐亞民族天才之世界的新文明」[8]。惲代英也提出：「居於今日之世界，宜溝通中西文明之優點，以造吾國之新精神。」[9]這些提法都具有辯證思維的性質，表現出唯物史觀派文化哲學的新的思想高度。

毛澤東先生汲取前人的智慧，綜合黨內外同志的真知灼見，進一步發展和深化了辯證綜合的文化觀。早在新民主主義革命時期，他在

4　《菿漢微言》。
5　《孫中山全集》卷4，頁1。
6　〈在清華學校高等科演說詞〉。
7　〈北京大學月刊發刊詞〉。
8　《李大釗文集》上冊，頁574。
9　《經驗與知識》。

〈如何研究中共黨史〉的講話中就指出：如何研究黨史呢？根本的方法「就是全面的歷史的方法。……通俗地講，我想把它叫做『古今中外法』，就是弄清楚所研究的問題發生的一定的時間和一定的空間，把問題當做一定歷史條件下的歷史過程去研究。所謂『古今』就是歷史的發展，所謂『中外』就是中國和外國，就是己方和彼方。」他還說明，所謂「古今中外法」，「也就是歷史主義的方法」。毛澤東先生在這裏提出的方法也完全適合於一般文化研究。對於文化研究來說，所謂「古今」，就是從時間的角度把文化及其傳統看做是歷史地發展著的；所謂「中外」，就是從空間的角度正確處理民族文化和外來文化的關係。建國以後，他在〈同音樂工作者的談話〉中又指出，「中學為體，西學為用」和「全盤西化」論所以是錯誤的，就是因為在概念上犯了錯誤，因為「『學』是指基本理論，這是中外一致的，不應該分中西。」「中國的和外國的，兩邊都要學好。」總之，在古今關係上要做到「古為今用」；在中外關係上要以解決中國問題為中心，「洋為中用」[10]。這就是毛澤東先生所宣導的「古今中外法」。徐特立曾通俗地講解毛澤東先生這一辯證法的文化觀，他說：「毛澤東先生同志提出的古今中外法，就是說我們古代的也要，現在的也要，外國的也要，中國的也要。把古代的變為自己的，和現代的結合起來，把外國的變為自己的，和中國的結合起來，這樣看問題才是馬列主義的方法。」「古今中外法，把古今結合，中外結合，變成我的。像吃牛肉也好，吃狗肉也好，吃下去了，把它變為我的肉，這就對了，絕不是說吃了狗肉我就變成了狗肉。」[11]應該說，毛澤東先生這一提法不僅富於辯證思維，精闢深刻，而且饒有情趣，雅俗共賞。

---

10 《毛澤東先生著作選讀》下冊，頁752。
11 《徐特立教育文集》，頁88。

二 建設社會主義新文化的指導原則

　　當今中國文化建設應堅持何種方針，怎樣保證中國新文化沿著正確的道路健康、持久、深入地發展？一九八六年九月黨的十二屆六中全會制定的〈中共中央關於社會主義精神文明建設指導方針的決議〉中指出：我們要建設「以馬克思主義為指導的，批判繼承歷史傳統而又充分體現時代精神的，立足本國而又面向世界的，這樣一種高度發達的社會主義精神文明」。一九九七年九月黨的第十五次代表大會進一步提出：「建設立足中國社會現實、繼承歷史文化優秀傳統、吸取外國文化有益成果的社會主義文明。」這是對有中國特色社會主義文化發展方向和道路的準確表述。

　　首先，當代中國文化應以馬克思主義作為自己的指導思想和理論基礎。這是中國人民經歷艱難困苦，經過無數次失敗的教訓才做出的歷史選擇。在此之前，中國人也曾希圖以西方資產階級的天賦人權論、進化論和其它學說作為自己的理論武器，然而成效甚微，失敗卻接踵而至。在懷疑和困惑中，中國人找到了馬克思主義這個人類文化史上最偉大的科學成果、放之四海而皆準的普遍真理，中國文化從此才真正找到了正確的出路。實踐證明，中國人民對於馬克思主義的選擇是正確的，此外沒有別的選擇。在中國文化的指導思想和理論基礎這個問題上，建國以後四十多年的經驗教訓告訴我們，第一，中國文化必須遵循馬克思主義開闢的道路前進，堅持革命性與科學性的統一，同各種非馬克思主義的思想分清原則界限，同反馬克思主義的思想進行堅決的鬥爭，這樣才能堅持社會主義的政治方向，才不致走到邪路上去。第二，在文化領域堅持馬克思主義還必須注意克服「左」的思想干擾，不應當把馬克思主義看做離開人類文明發展大道的、自我封閉的、定於一尊的東西，而應當把它看做是開放的、容納百家精

華的、不斷更新發展的思想體系。建築在這種先進理論基礎上的中國新文化，必然是根深葉茂的，自身有永不枯竭的生機，對外有無比強大的競爭力。

其次，當代中國文化要辯證地處理好「古」和「今」即歷史傳統和時代精神的關係。一方面，當代中國文化立足於新舊世紀之交的歷史背景，它要高瞻遠矚，面向世界，面向未來，有強烈的時代精神，因而決不能把自己局限於一個狹小的格局中孤芳自賞，更不能盲目地頌古、信古、好古、懷古；另一方面，它要對歷史傳統進行認真研究，謹慎地甄別，以當代中國文化建設的需要為標準，分清糟粕和精華，然後進行正確的取捨。在這個問題上，把傳統文化全盤接收過來是不行的，全面反叛、否棄也是不明智的，而應做到立足當今，古為今用。

再次，當代中國文化要辯證地處理好「中」與「外」亦即立足本國與面向世界的關係。所謂立足本國就是說中國文化建設要根據中國的國情、中國人民的民族習慣和中國現代化的需要來進行，而不是簡單地照搬照抄外國文化建設的經驗。中國有自己的特殊情況：人口眾多，幅員廣大，經濟文化發展極不平衡；有些地區近百年來已受到近代經濟和文化的洗禮，而更多的地區在生產方式、生活方式和文化心理方面還沒有完全脫離自然經濟、農業社會的傳統模式；知識分子有較高的科學、民主與法治的要求，而文化程度較低的人們又對傳統的文化、習俗比較適應。凡此種種都必須加以具體分析，因時因地因人制宜地加以解決。所謂面向世界就是說中國文化建設必須實行開放政策，不能搞文化封閉主義。近代世界和中國的歷史都表明，拒絕接受外國的先進文化，任何國家、任何民族要發展進步都是不可能的。或許有人會提出這樣的問題：社會主義的中國為什麼要學習資本主義的文化？我們的看法是：第一，資本主義文化是人類階級社會中所取得

的高於以往各個社會形態的精神成果，它含有以往各個時代先民的智慧，也含有當代工人階級的心血。尤其是那些具有全人類普遍意義的科技成果和管理經驗，我們沒有理由不學習和接受過來。第二，中國人民在取得政權後已經進入和平建設時期，主要任務已從破壞舊世界轉變為建設新世界，隨著這個任務的轉變，我們的文化方針也要有所改變。在過去革命時期看來與中國人民格格不入的一些東西，如西方資本主義的某些政治理論、社會學說、哲學思想，立足於當前和平建設的任務，則也有一定的借鑒意義。當然，我們提出面向世界，學習、吸收外國文化，決不吸收那些腐朽醜惡的東西，決不吸收其維護剝削和壓迫的資產階級思想體系，這是不言而喻的。因此而拒絕一切外國文化，是一種愚蠢的做法，我們要以「文革」時期的教訓為戒。也就是說，立足中國，面向世界，洋為中用，這對我們是絕對必要的。

三　中國文化的認同與適應

對於「古今」、「中西」的辯證關係，還應給以哲學的關照和理解。

任何一個國家、一個民族的文化，在其發展途程中，都經常出現這樣一種矛盾運動：一方面它要維護自己的民族傳統，保持自身文化的特色；另一方面它又需要吸收外來文化以發展壯大自己。這種矛盾運動，文化學上稱之為「認同」與「適應」。

首先，讓我們分析一下民族文化認同問題。按照斯大林的說法，「民族是人們在歷史上形成的一個有共同語言、共同地域、共同經濟生活以及表現於共同文化上的共同心理素質的穩定的共同體。」[12]可見，任何民族都有其與其它民族相互區別的文化傳統。文化傳統是一

12　〈馬克思主義和民族問題〉。

個民族世世代代積纍而成的精神財富，是一個民族發展動力接連不斷的源泉。文化傳統可以造成一個民族的自尊心、自豪感和自強精神。有了它，一個民族在遇到難以應付的歷史環境的挑戰的時候，就有可能激發民族活力，解決面臨的複雜問題，使民族獲得新生。

從世界文化史來看，歐美各國和日本實現現代化的一個強有力的精神槓杆就是本民族強烈的民族意識和愛國主義精神。儘管英、法、德、美、日諸國在採用資本主義制度和資產階級意識形態方面是共同的，但是這些國家實現現代化的具體進程和方式，都各有自己的民族特色，它們都盡可能地保持了自己民族文化的特色，亦即在最大程度上實現了民族文化的自我認同。這些國家的人民在今天仍然常常以虔敬的心情緬懷自己的文化傳統，對於本民族的歷史文化遺跡，那怕片紙只言，也視若瑰寶，倍加珍惜。這種非常執著的、被人們稱為「尋根」意識的東西，其實就是文化心理認同。

中國作為一個文化傳統極其深厚、哲學慧根十分發達的泱泱古國，它的民族文化認同心理更較其它民族為甚。僅以近代為例，無論是資產階級維新派、革命派，還是無產階級革命家，那些為中國近代化、現代化而不懈奮鬥的志士們，他們的基本原動力就是根植於民族文化傳統深層的愛國主義精神。今天的中國正處在歷史轉折的關頭，它要迎接世界現代化潮流的挑戰，把自己建設成為現代化的社會主義強國，更需要以民族文化傳統為依託，進行獨立的思考和判斷，否則就不能自尊、自信、自強，自立於世界民族之林。中國的現代化不應該也不可能是西方各國或東方日本現代化的翻版，而應該是中國人民自己的勇氣、信心、智慧和力量的產物。

半個多世紀以來，不斷地出現這樣一種論調：中國文化的出路在於文化傳統的「斷裂」和「自我超越」。持此論者對舊的傳統充滿了義憤，渴望與傳統一刀兩斷，於是將傳統文化說得一無是處，不可救

藥。其實，一個民族的歷史是不能割裂的，它的文化傳統也是不能強行「斷裂」的，任何一個民族成員都不可能「超越」自己的時代和自己涵泳其內的文化傳統，正如同任何一個人都不可能「超越」自己的皮膚一樣。貌似激烈的口號和過分誇張的言辭所包含的主觀隨意性，決不能真正給民族文化找到正確的出路，至多只能稍稍掩蓋他們對傳統的束手無策、軟弱無力而已。章太炎曾針對這種虛誕的論調，指出：「自國的人，施自國的教育，像水、火、柴、米一個樣，貴也是要用，賤也是要用。」[13]因此，企圖「斷裂」民族文化傳統的設想完全是一種「無根」之論，事實上不可能做到，並在客觀上起到銷蝕人們的民族自信心的作用，完全是有害無益的。

我們肯定民族文化傳統對於現代化的意義，並不是認為傳統文化與現代化沒有任何衝突，可以原封不動地保存下來，也不是主張人們回到陳舊的傳統中去，更不是要人們去盲目地頌揚傳統文化中的封建性毒素。立足於二十世紀的時代高度和面臨實現四個現代化的歷史任務，中華民族的文化認同絕不是向傳統文化的全面認同和復歸，而是立足現實，從傳統文化中汲取可以為今天所用的東西。魯迅說得好：

> 夫國民發展，功雖在於懷古，然其懷也，思理朗然，如鑒明鏡，時時上徵，時時反顧，時時進光明之長途，時時念輝煌之舊有，故其新者日新，而其古亦不死。若不知所以然，漫誇耀以自悅，則長夜之始，即在斯時。[14]

這些話是魯迅在二十世紀初新舊文化衝突激蕩的時刻說的，時隔

---

13 〈教育的根本要從自國心發出來〉。
14 〈摩羅詩力說〉。

數十年，仍然閃耀著理性的光芒，他對於「懷古」與「創新」的辯證分析，至今仍可以作為我們文化工作的指導方針。

其次，讓我們來分析一下民族文化的適應性問題。一般說來，當一個民族處於封閉狀態，與外域文化不發生任何聯繫的時候，是無所謂適應不適應的；只有當它與異民族發生交往、特別是激烈衝突的時候，發展階段較低的民族文化才有一個如何適應發展階段較高的民族文化的問題。文化發展的規律是：一個民族的文化只有遇到更先進的文化，在衝突與融合中才能更新發展。所以說，外部挑戰乃是文化發展的重要條件。

從世界文化史看，歐美國家和日本（他們大都是臨海國家）自古以來就崇尚貿易活動，重視同其它民族的交往，因此把對外文化交流視為習慣和自然，深感文化交流可以帶來本民族的文化進步。在這方面日本是一個適應型文化的範例。日本歷史學家高橋龜吉說：「日本人對於與本國不同的外國文化，不是看做異端，也沒排斥和偏見，而善於以外國先進文化思想為師，並積極地進行全力移植和吸收。」[15] 事實確是如此。它在古代一直以中國為師，深受中國文化的恩惠。近代當它意識到不以西方為師便難以生存和發展時，便斷然「脫亞」，而大量地、普遍地引進西方文化，終於使自己迅速成為世界第一流的強國。

相比之下，中國文化的適應能力是比較薄弱的。中國傳統文化由於地理環境的隔離機制和歷史上長期的領先地位，遂產生強烈的文化優越感和自我中心的文化心態。在近代中國一些文化保守主義者就認為，「華夏」文化高明而精微，「外來」文化低劣而粗淺，因而在對待外來文化上總是難以擺脫自我本位的對應模式。這種對應模式直接繁

---

15 〈戰後日本經濟飛躍發展的根本原因〉。

衍出「文化本位論」、「國粹主義」的種種論調，什麼「中國道德天下
第一」啦，「外國物質文明雖高，中國精神文明更好」啦，「外國的東
西，中國都已有過，某種科學即某子所說的云云」啦，如此等等，不
一而足。在今天，依舊有人主張復歸傳統，復興儒學，以此為自救之
路。我們要排除這種不合時宜的自大心理，就必須從思想上明確：
「中央之國」的觀念是封建時代的觀念，平等觀念、全球觀念才是現
代觀念。我們要面對現實，以世界多民族、多種文化中的普通一員的
身份來界定自身，以平等的身份和其它民族的文化進行交流對話。這
樣中國文化才有可能走向世界，走向未來。否則，深閉固拒，限於一
隅，是難以發展進步的。

　　另一方面，對待外來文化的消極適應、全盤西化的觀點也是錯誤
的。其錯誤之一是散佈民族自卑感，認為中國事事不如人，甚至鼓吹
「中國不亡，是無天理」。既然事事不如人，無可挽救，俯首投降算
啦，還有什麼民族自救可言！其錯誤之二是不辨良莠，全盤引進。這
種引進方法不啻是把癰疽當寶貝，豈不是病上加病！民族虛無主義和
國粹主義，民族自卑感和民族自大心理，看似相反，其實是一種病態
文化心理的兩個方面、兩種症狀，究其病因都是對於文化適應問題缺
乏辯證的認識所致。在這個問題上，還是魯迅的看法較為正確，他說：

> 明哲之士，必洞達世界之大勢，權衡校量，去其偏頗，得其神
> 明，施之國中，翕合無間。外之即不合於世界之潮流，內之仍
> 弗失固有之血脈。[16]

　　這就是說，對待外來文化既要有現代的眼光和宏大的氣魄，敢於

16 〈文化偏至論〉。

正面迎接它；同時又要在保持民族文化固有血脈的基礎上對它加以分析權衡，去取得當，這樣才於民族文化的建設和發展有益。這種分析，充滿辯證法的光彩，無疑是很有見地的。

　　綜上所述，認同與適應是一對辯證的矛盾，認同不是全面的認同，適應不是消極的適應，應當把它們有機地統一起來，既能保持民族主體性和民族文化的優良傳統，又能廣泛吸收外來文化的優秀成果，而最終以建設社會主義新文化、提高中華民族的科學文化水準為依歸。這實際上就是毛澤東先生宣導的「古今中外法」，就是「古為今用」、「洋為中用」的選擇和繼承原則，這才是馬克思主義的文化辯證法。

四　中國文化的綜合與創新

　　關於中國文化建設的具體道路和走向，從「五四」以來直至今日，議論紛紛，但總的說來不外三種意見，三種典型看法。有的學者概括說：中國文化的發展有三條道路：第一是固步自封，因循守舊，以大國自居，自以為高明，這是沒有前途的；第二是全盤西化，完全拋棄固有的文化傳統，這是不應該的，也是沒有前途的；第三是主動吸收世界的先進文化成就，同時保持民族文化的獨立性，發揚固有的優秀傳統，創造自己的新文化，爭取與發達國家並駕齊驅[17]。也有的學者概括說：在「五四」以來的中國現代思想史上，一直存在著馬克思主義、自由主義的西化派和以現代新儒家為代表的文化保守主義三大思潮既互相對立又互動發展的思想格局，八〇年代文化討論中的三個最主要的思想派別——自由主義的全盤西化派、保守主義的儒學復

17　張岱年：《文化與哲學》（北京市：教育科學出版社，1988年7月），頁69。

興派和馬克思主義的「綜合創新」派,「它們之間的對立鬥爭和統一關係,仍然沒有超出『五四』時期業已形成的思想格局,是七十年來的文化論爭在新的歷史條件下的繼續和延伸」。[18]上述論者共同強調:「古為今用,洋為中用,批判繼承,綜合創新」是中國馬克思主義派的文化主張。這四句話是一個整體,合在一起即馬克思主義派對古今中西問題的完整回答,是缺一不可的。這一概括和上述「關於社會主義精神文明建設指導方針」的提法,和毛澤東先生的「古今中外法」,在精神上是完全一致的。其中關於綜合創新的文化主張,很值得重視,具有重要的理論意義和現實意義。

「綜合創新」論是在學習、繼承毛澤東先生「古今中外法」的基礎上,進一步運用辯證思維的方法,立足於多維廣闊的文化背景,超越中西對立、體用二元的簡單思維模式,從社會主義現代化建設的實際出發,展示了中國新文化建設的可供操作的具體思路,體現了正確的理論導向。

古今中西文化的綜合創新是建立在對文化結構進行分析的基礎上的。任何一種文化體系作為完整的結構,可以分解為不同的層面（如物質文化層面、制度文化層面和觀念文化層面）,每一層面又可以分解為若干要素,換言之,文化要素構成文化層面,文化層面構成文化系統。對此是可以加以分析的。

文化要素和系統之間的關係有種種複雜的情況,其中有兩種特別值得注意的情況:一個文化系統所包含的文化要素,有些是不能脫離原系統而存在的,有些則可以經過改造而容納到別的文化系統中去。前者意味著一個文化系統所包含的一些文化要素間,具有不可離的關係,例如中國殷周時代的分封制、井田制、貴族制,就具有「三者相

---

18 〈現代新儒學研究的回顧與展望——訪方克立教授〉,《哲學研究》1990年第3期。

扶以行，孤行則躓」[19]的不可離關係，它們一損俱損，一榮俱榮，並與原系統相終始。後者意味著一個文化系統所包含的一些文化要素之間，具有可離的關係，例如科學和宗教、藝術、風俗是可離的。文化要素之間除了上述可離與不可離關係外，還有相容與不相容的關係。例如，道德教育和法律制度是相輔相成、缺一不可的，而君主專制、封建道德與近代科學的發展是不相容的。

認識到文化要素之間的相容與不相容、可離與不可離的關係十分重要，是我們把文化當作一個動態系統來把握的關鍵。

同一個文化系統中，既有相容並且不可離的許多要素，它們之間的相輔相成、相互補充，是這個文化系統保持相對穩定不變的機制，它們穩定的聯繫即是這個文化系統的結構。同一個文化系統中，也有不相容或者可離的許多要素，前者隱伏著導致系統崩潰的契機，後者則可以成為代之而起的新系統的要素。這也就是說，在時間上相繼而起的兩個不同的文化系統之間，既有一個取代另一個的關係，又有一個繼承另一個的關係。因為有一個繼承另一個的關係，所以可以肯定二者之間包含有一些共同的文化要素。

在空間上並存的不同文化系統包含一些共同的文化要素，也各自包含一些不同的文化要素。前者表現了文化的普遍性，後者表現了文化的特殊性。這些不同文化系統的要素之間，也存在可離與不可離的關係、相容與不相容的關係，這既是它們各具有相對獨立性的根據，也是它們可以互相吸收、相互融合的根據[20]。

正是基於這樣的認識，馬克思主義文化派既反對東方文化優越論，也反對全盤西化論，而主張兼取中西文化之長，融會貫通而創造

19　王夫之：《讀通鑒論》卷3。

20　參見張岱年、程宜山：《中國文化與文化論爭》，頁5-6。

新的中國文化。無論對於中國古老的文化系統，還是對於西方文化系統以及其它民族的文化系統，都應該分門別類地進行整理、研究、分析、剔抉，就像庖丁解牛那樣把整體的牛分解為各個部分，對各個文化系統的剖析則是把系統分解成各個要素，對於當代中國兩個文明建設有益的就「拿來」，無益的就捨棄，有害的就加以批判肅清。這樣就能夠像百川匯海一樣，吸納各個文化系統的優勢和長處，建立古今中西文化的合理互補結構。社會主義文化是多項有價值的文化成果的新的綜合，同時也是一個文化創造的過程。通過這樣的工作，中國固有文化一定可以實現質的飛躍，實現創新。

總之，建設具有中國特色的社會主義文化，就是在社會主義制度下，以馬克思主義為指導，建立古今中外文化的最佳互補結構，亦即批判繼承歷史傳統而又充分體現時代精神的、立足本國而又面向世界的社會主義新文化。這種新文化既不是固守傳統，也不是照搬西方，它是在中國本土上、在中國固有文化基礎上建設起來的，體現民族精神、時代精神和中國現代化進程的新文化。這種新文化承認原有文化基礎的歷史繼承性，承認文化的發展進化是在原有基礎上的發展進化，否則就失去了文化發展的內在根據；同時，這種新文化也承認文化在空間上的交流、民族間的溝通，以開放的胸襟迎接、吸納新的文化要素，不斷充實自己和增加生命活力。建立這種社會主義新文化必須高揚民族主體性的原則，也就是說要把中華民族的利益作為衡量、擇取文化的標準。任何外來文化的吸納和利用，都必須有利於我們國家、民族的生存和發展，有利於這個古老民族的進步和繁榮，使它能夠真正毫無愧色地屹立於世界的東方。

我們堅信，具有光榮歷史傳統的勤勞智慧的中華民族，一定會通過綜合創新而實現民族文化的偉大復興！

參考文獻

〈中共中央關於社會主義精神文明建設指導方針的決議〉。

張岱年、程宜山　中國文化與文化論爭　北京市　中國人民大學出版
　　　社　1986年

方克立　批判繼承，綜合創新　現代新儒學與中國現代化　天津人民
　　　出版社

思考題

1 一九四九年以後中華文化建設取得了哪些重要成就，主要的經驗教
　訓是什麼？

2 怎樣認識和理解建設有中國特色社會主義文化的基本內涵和精神實
　質？

3 怎樣從哲學思想的高度深刻理解「古為今用，洋為中用，批判繼
　承，綜合創新」的文化主張？

後記*

　　本書是在國家教委指導下集體編著的高等學校公用教材。中國文化概論課程已在部分高等學校試開，它在幫助青年學生瞭解中華文化的歷史，提高其人文素質，增強中華民族自信心、自尊心和自豪感，培養愛國情操方面有正面的作用。

　　本書由張岱年（北京大學）、方克立（南開大學）主編，下設包括全體編寫組成員在內的編委會。常務編委為張岱年、方克立、馮天瑜（湖北大學）、郭齊勇（武漢大學）、楊志堅（國家教委）。各章的作者分別是：

　　緒論：何曉明（湖北大學）；

　　第一章：葛劍雄（復旦大學）；

　　第二章：陳支平（廈門大學）；

　　第三章：王連升（南開大學）；

　　第四、五章：周積明（湖北大學）；

　　第六章：申小龍（復旦大學）；

　　第七章：汪茂和（南開大學）；

　　第八章：郭齊家（北京師範大學）；

　　第九章：莫礪鋒（南京大學）；

　　第十章：張法（中國人民大學）；

　　第十一章：許淩雲（曲阜師範大學）；

---

* 編案：本文為簡體版之後記。考量臺灣讀者的閱讀習慣，文字略有調整。

第十二章：樊和平（東南大學）；

第十三章：賴永海（南京大學）；

第十四章：郭齊勇（武漢大學）；

第十五章：任大援（西北大學）；

第十六章：李宗桂（中山大學）；

第十七章：楊國榮（華東師範大學）；

第十八章：房德鄰（北京師範大學）；

第十九章：周德豐（南開大學）。

　　本書編寫工作程序大致是這樣的：今年一月，在北京召開了中國文化研討會暨《中國文化概論》編寫工作會議，二十多位與會專家學者對在高等學校開設這門課程的意義作了充分的肯定和深刻的闡述，並基本上肯定了主編提出的《中國文化概論》編寫大綱的合理性和可行性。會後開始組織編寫隊伍，確定章節分工，並要求在上半年分別寫出各章初稿。八月初，在黑龍江省齊齊哈爾市召開了《中國文化概論》初稿討論會，全體作者出席了會議，並邀請部分專家學者與會指導。會後各位作者根據主編歸納的意見對初稿作了修改。十一月，在武漢召開了統稿會議，由方克立、馮天瑜、郭齊勇執筆分別對上、中、下三編進行統一修改、協調和潤色。最後主編通讀了全稿，於十二月初交出版社付梓。

　　由於這部書稿是多人執筆編寫的，文字風格不盡一致，內容交叉重複在所難免。同時由於經驗不足，內容深淺程度掌握亦不盡如意，總的來說，作為普通高等學校教材，有內容偏深、份量過重之虞。這些問題和不足，在統稿中只能部分地解決，大的改進則要俟諸來日。

　　我們十分感謝多方對本書編寫工作的關心、指導和支持；十分感謝戴逸、羅國傑、張豈之、龔書鐸、蕭父、方立天、張立文、錢遜、

羊滌生、瞿林東、許樹安、張錫勤、董駒翔等專家學者在北京和齊齊
哈爾會議上的熱心參與、指導和幫助，以及在審閱書稿時所提出的十
分中肯的意見和建議；十分感謝中國人民大學、齊齊哈爾師範學院、
湖北大學為三次會議提供的優越條件和優質服務；也十分感謝北京師
範大學出版社及仉春蘭編輯為本書出版所付出的辛勤勞動。

編者

1993年12月1日

修訂本後記*

　　本書作為高等學校人文素質教育課程的公用教材，已被全國各類高等學校廣泛採用。在使用過程中，大學生們和任課教師提出了許多中肯的修改意見。我們這次修訂工作，就是在充分聽取他們意見的基礎上，並考慮到近十年來中國文化的新進展，對原教材做了一次全面的審察與局部的修改、調整，力圖使它更適應於新世紀大學生人文素質教育的需要。

　　在這次修訂工作中，除了第六章「中國語言文字」請北京師範大學王寧、齊元濤重寫之外，其餘各章仍請原作者執筆。為了便於教學，修訂本在各章後面均增補了「思考題」和「參考文獻」。

　　這次修訂工作由主編方克立主持，王連升、周德豐、任大援、齊元濤協助主編做了一些文字通稿的工作。

　　教育部高等教育司和北京師範大學出版社對這次修訂工作十分重視，給予了多方面的指導和支持。

編者

2003年6月20日

---

*　編案：本文為簡體版之修訂本後記。

中華文化思想叢書 A0100002

中國文化概論（修訂版）　下冊

主　　編　張岱年、方克立

責任編輯　蔡雅如

發 行 人　陳滿銘

總 經 理　梁錦興

總 編 輯　陳滿銘

副總編輯　張晏瑞

編 輯 所　萬卷樓圖書股份有限公司

排　　版　林曉敏

印　　刷　百通科技股份有限公司

封面設計　斐類設計工作室

出　　版　昌明文化有限公司

桃園市龜山區中原街 32 號

電話 (02)23216565

發　　行　萬卷樓圖書股份有限公司

臺北市羅斯福路二段 41 號 6 樓之 3

電話 (02)23216565

傳真 (02)23218698

電郵 SERVICE@WANJUAN.COM.TW

大陸經銷

廈門外圖臺灣書店有限公司

　電郵 JKB188@188.COM

ISBN 978-986-92492-9-4

2016 年 4 月初版

定價：新臺幣 380 元

如何購買本書：

1. 劃撥購書，請透過以下郵政劃撥帳號：

　帳號：15624015

　戶名：萬卷樓圖書股份有限公司

2. 轉帳購書，請透過以下帳戶

　合作金庫銀行 古亭分行

　戶名：萬卷樓圖書股份有限公司

　帳號：0877717092596

3. 網路購書，請透過萬卷樓網站

　網址 WWW.WANJUAN.COM.TW

大量購書，請直接聯繫我們，將有專人為您

服務。客服：(02)23216565 分機 10

如有缺頁、破損或裝訂錯誤，請寄回更換

國家圖書館出版品預行編目資料

中國文化概論(修訂版) 下冊 / 張岱年, 方克
立主編.-- 初版.-- 桃園市 : 昌明文化出版 ;
臺北市 : 萬卷樓發行, 2016.04

　冊 ;　公分.-- (中華文化思想叢書)

ISBN 978-986-92492-9-4(下冊 ：平裝)

1.文化史 2.中國

630　　　　　　　　　　　　　　105002827